障害と所得保障

基準の管理から分配の議論へ

Kazama Tomoko
風間朋子

関西学院大学研究叢書　第２６０編

関西学院大学研究叢書　第２６０編

はしがき

本書は、障害を支給理由とする所得保障制度について論じるものであるが、その前に、その保障の対象者である障害者の経済状況について簡単に整理しておきたい。しかし、これがなかなかに難しい。

まず、障害者とは誰なのかという問題がある。非常に重要な論点であるが、ここでは、政府統計で用いられる障害者の定義をいったん容認する。調査対象とされる障害者には、障害者手帳（身体障害者手帳、療育手帳、精神障害者保健福祉手帳）の所持者が含まれはするが、その定義は一定ではない。例えば、後述する「生活のしづらさなどに関する調査（全国在宅障害児・者等実態調査）」では、調査目的を在宅の障害児・者「等」の生活実態とニーズの把握に据え、調査対象に障害者手帳所持者とあわせ「難病患者及び障害者手帳は非所持であるが、長引く病気やけが等により生活のしづらさがある者」（厚生労働省社会・援護局障害保健福祉部 2018: 1）を含んでいる。また、「障害者雇用実態調査」では、身体障害者手帳の交付を受けていないが指定医等の診断書・意見書により身体障害があると確認されている者、児童相談所等によって知的障害があると判定された者、統合失調症、そううつ病、てんかんの診断を受けている者（精神障害者）、発達障害の診断を受けている者についても、障害者として調査対象に含んでいる（厚生労働省職業安定局障害者雇用対策課地域就労支援室 2019: 1-2）。このように、政府統計においても共通する障害者の定義が設けられてない[1]。

次に、そもそも、障害者の経済状況の把握を目的にした全国調査がほとんど行われていないという問題である。手がかりとなるのは、障害者の生活実態調査に含まれる一部の項目である。定期的に実施される調査では、「生活のしづらさなどに関する調査（全国在宅障害児・者等実態調査）」や「年金制度基礎調査（障害年金受給者実態調査）」がある。しかし、前者では在宅者の収入額や支出額が示されるのみで、その内訳も不明である。後者では、就業率、労働収入、世帯収入、生活費、治療・療養・介助にかかった費用等、ある程度の経済状況の把握が可能であるが、障害年金受給者に限定されており、障害者の全体像を把握できるものではない。

とりあえず、ここでは厚生労働省社会・援護局障害保健福祉部「平成二八年生活のしづらさなどに関する調査（全国在宅障害児・者等実態調査）結果」から給料・工賃、年金等を含む障害者本人の収入額を確認してみる。同調査によれば、一八歳以上六五歳未満の障害者の場合、一ヶ月当たりの平均収入九万円未満が五三・一％（うち、六万円以上九万円未満が二六・一％）となっている[2]。この結果は、日本障害者協議会（ＪＤ）が加盟団体会員などを対象として二〇〇六年に実施した調査（ＪＤ調査二〇〇六）とも近似している。ＪＤ調査二〇〇六では、回答者の平均月収は一〇万七七八二円、収入一〇万円未満が五七％を占めていた（日本障害者協議会 2007: 2)。ＪＤ調査二〇〇六は回答者のうち男性が女性の二倍、四分の三が障害年金受給者であるなど代表性に課題があり、また、上記調査の一〇年前に実施されているなど、両者を単純に比較できるものではない。しかし、調査主体や調査時期が異なっていても、調査結果は、障害年金等の公的給付を含めても障害者の多くが低収入であることを示している。

少し見方を変えてみよう。障害者総合支援法に規定される障害福祉サービスの利用には、サービス量に応じた利用者負担や入所・通所施設での食費・光熱水費等の負担等が発生する。食費等実費の負担には減免措置があり、障害福祉サービスの負担には所得に応じて四区分の負担上限月額が設定されている。その四区分のうちの二つの区分、生活保護（生活保護受給世帯）と低所得（市町村民税非課税世帯）[3]では負担上限月額が〇円に設定され、自己負担が発生しないようになっている（全国社会福祉協議会 2021）。二〇二二（令和四）年一〇月時点での上記二区分の対象者は、生活保護一五・〇%、低所得七七・七%と九〇%を超えている（厚生労働省 website）。つまり、福祉サービスが必要な障害者のほとんどが、自分が利用したサービスの費用を負担できるほどの収入がないのである[4]。

もちろん、生きるために要するサービスの利用に自己負担が発生することの是非はある。しかし、自分が生きるためのサービスに対して対価を支払えるほどの就労支援や所得保障がなされていないと言うこともできる。その程度の保障さえ、なされていないのである。

本書執筆に際して筆者が行ってきたのは、「なぜ、こんなことになってしまったのか」という問いへの探索であった。時間の流れの川上で何が起こり、それが、いかにしてここまでたどり着いたのか、解き明かしていきたいと思う。

さらに、本書で述べられることは、労働者（市民）の処遇の歴史として読み替えることが可能である。所得保障制度の対象者は労働者（市民）全般であり、障害は保障の必要性を引き出す要因のひとつに過ぎない。障害者の所得保障制度は、障害者という特定の集団ではなく、障害を負った労働者（市民）ひとりひとりを対象としているのである。したがって、本書で論じられることは、労働者（市民）が、どのように眼差され、どのように扱われる存在であったのか、ということの証左である。

■注

1　政府による障害者数の統計では、精神障害者数として精神障害者保健福祉手帳所持者数ではなく、「患者調査」による精神疾患を有する外来患者数と入院患者数が用いられている。

2　六五歳以上では一五万円未満が五〇・四％、うち、六万円以上九万円未満が一五・六％。

3　ここで用いられる世帯の範囲は、一八歳以上の障害者（施設入所の一八、一九歳を除く）では障害者本人とその配偶者、障害児（施設入所の一八、一九歳を含む）では保護者の属する住民基本台帳の世帯である（全国社会福祉協議会 2021）。

4　ただし、障害年金、障害手当金等が課税の対象となっていないことに留意する必要がある（国民年金法二五条、厚生年金保険法四一条二項）。

障害と所得保障——基準の管理から分配の議論へ

目次

第2章　恩給制度——機能障害基準の確立

第3章　官業共済制度——稼得能力基準の原点

第6章　労働基準法と厚生年金保険法――労働能力基準の誕生

第7章　労働能力を評価する――障害認定基準の整備

序章

1　はじめに

「障害は残ったが比較的軽いので」とか「重度の障害のため」とかいった言葉は、一般的に使われるし、筆者も使う。しかし、そのたびに、いつも思う。障害が軽いとか重いとか、一体、何なのだろうか。障害に軽重があるとするならば、それは何をもって、軽い、重いと評価されるものなのだろうか。体重や身長のように測定したり、他者と比較したりできるものなのだろうか。

日本の障害者福祉施策においては、等級制度によって、これを可能にしている。身体障害者に対しては身体障害者障害程度等級表（身体障害者福祉法施行規則別表五号）によって七等級[1]、精神障害者には三等級（精神保健福祉法施行令六条三項）、知的障害者には重度（A）とその他（B）[2]（「療育手帳制度について」（昭和四八年九月二七日厚生省発児第一五六号厚生事務次官通知〕別紙「療育手帳制度要綱」）を持つ等級制度が設置されている。

同様のことが、障害者を対象とした所得保障制度でも行われている。公的年金や労災補償では、障害程度の軽重によって障害状態（主に機能障害の状態）を序列化した基準を設置し、その基準によって所得保障の対象となる障害者を選定し、障害程度に応じた障害等級を付す。そして、この等級が上位であるほど高額の再分配が行われるのである。この基準には、等級ごとに障害状態を列挙した表（以下、等級表）とともに、認定にあたっての基本的な事項、等級ごとの具体的な障害状態、障害程度の評価方法等からなる認定基準が含まれている。

障害程度を等級によって把握し、これに基づいて所得再分配を行うこの方法は、国際的にも一般的であるとは言えない。例えば百瀬優は、百瀬らが行ったスウェーデン、イタリア、ドイツ、イギリス、フランス、アメリカにおける障害者の所得保障制度に関する研究を踏まえ、障害年金の対象者の選定基準として、機能障害リストが存在しない国が多く、リストがある場合でもその合致が受給の絶対条件であるとは限らないとする（百瀬 2011: 209）。また、労災補償については、一九五六（昭和三一）年時点で、諸外国では等級表のみを根拠として補償を行う方法から個人の所得の減少度も考慮する方法に変わりつつあることが労働省東京労災病院長から指摘されていた（高橋 1956: 5）。

それでも日本においては、等級制度による再分配が継続されている。それほど、日本の等級制度は完成度が高いのだろうか。本研究は、所得再分配制度における障害程度の軽重への依拠、すなわち、稼得能力を問わない所得保障制度への疑念によって駆動した。

2　本書の目的

本書が焦点化するのは、障害者を対象とした所得再分配に用いられるこの基準の設置根拠についてである。さらに踏み込んで言えば、その基準が何を指標として、所得保障が必要な障害者を選別し、保障の程度（障害等級）を設定しているのかということである。これに関する長期的過程を明治初期から国民年金創設までの期間、障害年金制度[3]を中心に追跡する。分析にあたって注視されるのは、それがどのように移り変わったのかといった出来事の推移ではなく、その出来事を生み出したメカニズムと構造である。

これによって明らかにされるのは、現行基準の原型が、障害者本人のニーズではなく、障害者の合理的な管理、つまり、多数を画一的に障害認定するための効率性の追求によって生み出されたということである。そこにあるのは障害者の生活保障でもなければ、医学モデルによる障害者観でさえない。そのような制度がいかにして正統性を獲得し現在に至ったのか、そのメカニズムと構造を解明していくのが本書の目的となる。ゆえに、基準設定に直接的には関係しない各法制度の制定過程、法制度の内容や、障害認定業務の実態などは、最低限が記述されるに留まる。

論を進めるにあたって、まず、現行の障害年金制度を俯瞰し、そのうえで、稼得能力、日常生活能力、労働能力、機能障害という四つの重要概念の交雑と、それによって生み出された障害認定（以下、認定）の論理性の脆弱さを指摘する。

3　障害認定の五つの前提

障害年金と障害手当金（以下、両者を併せて障害給付）の支給対象となる障害状態は、国民年金法施行令別表、厚生年金保険法施行令別表一・二によって示されている。障害給付の請求者は、初診日要件[4]や保険料納付要件[5]を満たしていれば、この規定に則り、障害認定日[6]における障害状態によって一級から三級（三級は厚生年金保険のみ）、もしくは不支給に認定される。または、初診日から五年以内に傷病が治った（症状が固定した）ときの障害状態によっては、厚生年金保険の障害手当金と認定される。この等級の設定にあたって、障害の軽重を評価して障害状態を序列化するために用いられる指標について、まず、整理する。

障害給付の目的は、障害によって発生した稼得能力の喪失、低下に対する所得保障である[7]（福田 2019：92、小山 1959: 11-13 など）。したがって、稼得能力が完全に喪失した場合は最上位の等級（一級）となり、そこから稼得能力の程度が減じるにつれて、より下位の等級に該当する、というように障害程度を示す等級には稼得能力の程度が反映されて然るべきである。そのことを踏まえて、実際の等級を確認してみよう。

現行制度においては、等級とそれに対応する障害状態（例えば、一級一1号イは「両眼の視力がそれぞれ〇・〇三以下のもの」[8]）から構成される等級表が、一級と二級は国民年金法施行令別表に、三級と障害手当金は厚生年金保険法施行令別表一・二に掲げられている。しかし、そこには稼得能力に相当するような文言は見あたらない[9]。それでは、何を指標として、障害状態が序列化されているのか。その回答は、行政通知「国民年金・厚生年金保険障害認定基準」（以下、障害認定基準）の「第二　障害認定に当たっての基本的事項」

に記載されている各等級の「障害の状態の基本」に見ることができる（日本年金機構 website）。

そこでは、一級が「身体の機能の障害又は長期にわたる安静を必要とする病状が日常生活の用を弁ずることを不能ならしめる程度」、二級が「身体の機能の障害又は長期にわたる安静を必要とする病状が、日常生活が著しい制限を受けるか又は日常生活に著しい制限を加えることを必要とする程度」、三級が「労働が著しい制限を受けるか又は労働に著しい制限を加えることを必要とする程度（中略）また、『傷病が治らないもの』にあっては、労働が制限を受けるか又は労働に制限を加えることを必要とする程度」、障害手当金が『傷病が治ったもの』であって、労働が制限を受けるか又は労働に制限を加えることを必要とする程度」と解説されている（傍線は筆者）。

このように、一級と二級では日常生活能力の程度、三級と障害手当金では労働能力の程度が、多種多様な「障害の状態」を序列化するための指標とされているのである。障害給付の目的である稼得能力の喪失、減退に対する所得保障のためには、個人の稼得能力がどの程度、減退したのか把握する必要があるが、これを直接的に評価するのではなく、日常生活能力または労働能力の程度から稼得能力の程度を推定する方式が取られているのである[10]。

先に例示した「両眼の視力がそれぞれ〇・〇三以下のもの」が一級に配置されたのは、二級の「日常生活が著しい制限を受けるか又は日常生活に著しい制限を加えることを必要とする程度」ではなく、一級の「日常生活の用を弁ずることを不能ならしめる程度」の日常生活能力に該当すると判断されたものと解することができる。要するに、誰であっても「両眼の視力がそれぞれ〇・〇三以下のもの」という機能障害の状態であれば、日常生活能力も一級程度の状態であるとして、その等級（日常生活能力の程度）から個人の稼得能力の減退の程度が推定されるのである。したがって、日常生活能力の程度も稼得能力と同様に直接的に問われることはなく、個人の機能障害（以下、機能的障害と器質的障害を併せて機能障害）の状態から日常生活能力の程度が推定され、その日常生活能力の程度から稼得能力の程度も推定されるということになる。

上述のように、等級は、機能障害の程度から日常生活能力・労働能力の程度を推定し、日常生活能力・労働能力の程度から稼得能力の程度を推定するという、機能障害の程度－日常生活能力・労働能力の程度－稼得能力の程度、の直線的な因果関係を前提として設計されている。しかし、この前提は、以下のような五つの本質的な問題を内包し、脆弱である。ここでは、外部障害と精神の障害（精神障害、知的障害）との対比から、それを明確化させる。

①障害の種類によって評価方法の質が異なってもよい

先述した視力障害も含め外部障害の多くは、聴力、関節の可動域、欠損した身体の部位などの機能障害の状態によって、日常生活能力や労働能力の程度を推定し、それらの能力から稼得能力の程度が推定される。その一方で、日常生活能力や労働能力そのものを評価することによって認定が行われる障害がある。その中心となるのが、内部障害、そして、「精神の障害」として分類される精神障害と知的障害である。

精神の障害は、国民年金法施行令別表において一級、二級ともに「精神の障害であって、前各号と同程度以上と認められる程度のもの」と記されるのみで、これを根拠として認定を行うことが困難である[11]。そのため、具体的な認定の基準は、障害認定基準の「第三　障害認定に当たっての基準」にある「第一章　障害等級認定基準」第八節を見なければならない。このなかで「精神の障害」は、「その原因、諸症状、治療及びその病状の経過、具体的な日常生活状況等」を総合的に勘案して、日常生活能力や労働能力の程度、つまり、等級が認定されることになっている。障害給付の請求時に添付する精神の障害用の診断書はその裏面の大半が、「ウ 日常生活状況」として「2 日常生活能力の判定」「3 日常生活能力の程度」という日常生活能力そのものについての質問欄で占められている。

直接的に日常生活能力の程度を評価する方法があるのならば、機能障害の状態から日常生活能力の程度を推定するという迂回をせず、精神の障害以外の障害でもこの評価方法を採用するべきであろう。しかし、これらの診断書では、日常生活能力について直接的に問われることはなく、強いて言えば、精神の障害を含めたどの診断書にも共通の「現症時の日常生活活動能力及び労働能力」という二〜三行程度の自由記述欄と内部障害用の診断書[12]に共通の日常生活動作の程度を五段階で評価する「一般状態区分表」を見ることができるのみである[13]。

②日常生活能力・労働能力の問題は判定方法の標準化で克服できる

前述のように、精神の障害では、日常生活能力の程度が診断書内で直接的に問われている。認定にあたって「その原因、諸症状、治療及びその病状の経過、具体的な日常生活状況等」を総合的に勘案するために、特別に、他の障害にはない日常生活能力の程度そのものを問う項目を設置しているのだから、日常生活能力の把握は他の障害と比較してもより正確なものになっているはずである。ところが、二〇一五（平成二七）年、厚生労働省が公表した「障害基礎年金の障害認定の地域差に関する調査結果」によって、この信頼が大きく揺らぐ事態が明るみになった（厚生労働省 website）。障害基礎年金の新規申請のうち不支給と決定された割合（以下、不支給割合）に、明確な地域差が存在していたのである。

当時、障害基礎年金の請求書類の審査（診査）に関する事務は、都道府県ごとに設けられた日本年金機構の事務センターが担当していたが、このセンターごとに不支給割合が大きく異なっていたのである[14]。しかも、この地域差は、精神の障害において顕著であった。不支給割合と精神の障害の等級非該当割合（障害程度が二級に達せず不支給となった割合）は相関しており、不支給割合が高い自治体では精神の障害の等級非該当割合が高く、不支給割合が低い自治体は、同障害の等級非該当割合が低くなる傾向が見られた。このような傾向は、肢体の障害には見られていない[15]。二〇一二（平成二四）年度、精神の障害の等級非該当割合は、最も高い兵庫県で五五・六％だったのに対し、〇％の自治体が四県（徳島、岩手、宮崎、秋田）もあるなど違いが歴然であった[16]。日常生活能力・労働能力を直接的に問われる精神の障害においては、評価の精度に重大な問題があったということになる。

厚生労働省は、地域差の是正を目的として、二〇一六（平成二八）年九月、精神の障害の障害等級の判定で用いる「国民年金・厚生年金保険　精神の障害に係る等級判定ガイドライン」（以下、ガイドライン）を導入した。さらに、二〇一七（平成二九）年度から、自治体ごとに行っていた障害基礎年金の認定業務が、障害年金センターで一元的に行われることになった。

ここでなされたのは、精神の障害の障害認定基準や診断書等の提出書類の内容の変更ではなく、従来通りの書類の記述欄から必要な情報を抽出し、適切に障害認定基準と照らし合わせる方法の標準化であった。焦点は地域差の解消にあり、基準自体の問題や評価方法の妥当性などといった障害認定の根本は不問とされたのである。しかし、その根本は、後述のように看過できるようなものではない。

③日常生活能力と労働能力とは連続性がある

障害認定基準において、日常生活能力と労働能力は、連続性のある能力として捉えられている。等級の上位となる一級、二級では日常生活能力の程度が、それよりも下位の三級、障害手当金では労働能力の程度が等級区分の指標になっていることを鑑みると、日常生活能力が労働能力を支える基礎的な能力であると見なされていることがわかる。つまり、日常生活能力が低ければ労働能力も低く、日常生活能力が高ければ労働能力も高いという関係が前提とされているのである（梶原 2013: 372）。これら能力の具体像は、以下のように想定されている。

まず、日常生活能力について、精神の障害用の診断書を確認してみよう。診断書裏面の「日常生活能力の判定」欄は、「適切な食事」、「身辺の清潔保持」、「金銭管理と買い物」、「通院と服薬」、「他人との意思伝達及び対人関係」、「身辺の安全保持及び危機対応」、「社会性」の七項目で構成されている。各項目は、その程度について、例えば「適切な食事」では「配膳などの準備も含めて適当量をバランスよく摂ることがほぼできるなど」の添え書きがされた上で、「できる」「自発的にできるが時には助言や指導を必要とする」「自発的かつ適正に行うことはできないが助言や指導があればできる」「助言や指導をしてもできない若しくは行わない」の四段階のどれに当てはまるかをチェックする様式になっている。診断書を作成する医師に向けた「障害年金の診断書（精神の障害用）記載要領~記載にあたって留意していただきたいポイント~」（以下、記載要領）では、同欄が「日常生活の七つの場面における制限度合いを、それぞれ具体的に評価するもの」と解説されている。つまり、日常生活能力とは、日常生活において発揮され、「日常生活能力の判定」欄の七つの場面（項目）にあげられるような基本的日常生活動作（以下、日常生活動作）と手段的日常生活動作の程度から把握しうる能力であると想定されているのである。

さらに、「日常生活能力の程度」欄は、「『日常生活能力の判定』の七つの場面も含めた日常生活全般における制限度合いを包括的に評価する」（傍線は原文のまま）ことが意図されている（記載要領）。ここでは、精神障害または知的障害が認められ、さらに、（1）「社会生活は普通にできる」、（2）「家庭内での日常生活は普通にできるが、社会生活には、援助が必要」、（3）「家庭内での単純な日常生活はできるが、時に応じて援助が必要」、（4）「日常生活における身のまわりのことも、多くの援助が必要」、（5）「身のまわりのこともほとんどできないため、常時の援助が必要」の五段階からの選択が求められる。これら選択肢のうち（2）～（5）の下には括弧内に小さな文字で、その選択肢が含意する生活状態が例示されている。

上述の「日常生活能力の判定」欄と「日常生活能力の程度」欄は、日常生活能力だけでなく労働能力の判定にも用いられることが、先述したガイドラインに示されている。ガイドラインでは、上述の診断書の記載欄「日常生活能力の判定」の平均[17]（以下、判定平均）と「日常生活能力の程度」の組み合わせが等級の目安であるとされ、両者を組み合わせた表には、「日常生活能力の程度」が（2）で判定平均一・五以上二・〇未満か二・〇以上二・五未満ならば三級か三級非該当、（3）で判定平均二・〇以上二・五未満か二・五以上三・〇未満ならば二級か三級に該当、といった目安が示されている。このような方法で、日常生活能力を指標とする二級と労働能力を指標とする三級との差異を評価できるということは、日常生活能力と労働能力が同一の尺度で評価されうる能力であること、つまり、両者間には質的差異がなく、ただ、日常生活能力よりも労働能力の方が高度な能力であるという程度の差が存在するだけである、ということを示している。さらに、日常生活能力は、広義的には労働能力を含む能力として整理されており、労働能力との対比が必要な場面において、「日常生活能力の程度」欄の（2）のような形で狭義的に「家庭内での日常生活」場面で活用される能力として立ち現れるものであることも理解される。また、この「家庭内での日常生活」よりも「社会生活」の方が、高度な能力を要すると解されていることが「日常生活能力の程度」欄の選択肢から読み取れる[18]。

次に、労働能力についてである。指摘すべきは、労働能力と稼得能力との断絶である。このことは、ガイドラインにおいて日常生活能力を指標とする二級と労働能力を指標とする三級との分岐となっていた「日常生活能力の程度」選択肢（3）の具体例から見て取れる。括弧内のその例示は、精神障害で「たとえば、習慣化した外出はできるが、家事をこなすために助言や指導を必要とする。社会的な対人交流は乏しく、自発的な行動に困難がある。金銭管理が困難な場合など。」、知的障害で「たとえば、ごく簡単な読み書きや計算はでき、助言などがあれば作業は可能である。具体的指示であれば理解ができ、身辺生活についてもおおむね一人でできる程度」と記されており、就労については全く触れられていない。また、診断書裏面の「現症時の就労状況」欄には、請求者の勤務先、雇用体系、勤続年数、仕事の頻度、一ヶ月の給与、仕事内容、仕事場での援助や意思疎通の状況を記載することになっているため、ここから、ある程度の稼得能力の把握は可能である。しかし、障害認定基準から精神の障害の基準（第八節）を探してみれば、この就労状況は、「労働に従事していることをもって、直ちに日常生活能力が向上したものと捉えず、その療養状況を考慮するとともに、仕事の種類、内容、就労状況、仕事場で受けている援助の内容、他の従業員との意思疎通の状況等を十分確認したうえで日常生活能力を判断する」として、労働能力ではなく日常生活能力を判断するための一要素に留まっている。つまり、ここで想定される労働能力とは、実際の就労状況などから示されるような稼得能力ではなく、「家庭内の日常生活」よりも高度な能力を求められる「社会生活」の場面で、それに相応しい行動をとるための能力である。「労働能力」として私たちがイメージするであろう、個人がお金を稼ぐために用いる能力と、障害年金制度で用いられる「労働能力」には隔たりがある。

しかも、この診断書を記載するのは、本人の「家庭内での日常生活」や「社会生活」の状況を実際に確認するわけでもない、普段の診察にあたっている医師である。医師が、本人の診察室での言動から「家庭内での日常生活」や「社会生活」の様子を推測し、記載するのがこの診断書なのである。

④機能障害の状態と日常生活能力・労働能力の程度とは直線的な因果関係がある

まず、機能障害の状態が日常生活能力や労働能力と直線的な因果関係を持つのかという素朴な疑問がある。個人の社会的環境を考慮せず、機能障害の状態から能力の評価が可能なのだろうか。

機能障害の状態から何らかの能力を推定する方式は、労災補償の障害（補償）給付においても用いられている。障害（補償）給付に際しては、一四等級からなる障害等級表に基づいて業務・通勤を原因とする傷病によって発生した障害の程度が認定されるのだが、この等級表の大半は外部障害の機能障害の状態で占められている。一四等級制による障害の区分は、「特定の職業に必要な労働能力、即ち職業的労働能力」（高橋ら 1947: 14）とは異なる「一般的の労働能力」（高橋ら 1947: 18）によって、「一般的労働能力に及ぼす影響の度合を主として決定され」（高橋ら 1947:22）たものである。さらに、この「賃金取得能力乃至所得能力ではなく、一般的な抽象的な－労働可能性と解するべき」（岸 1959: 8）労働能力の程度は、「身体損傷の程度を医学的に査定すれば殆んどこれに比例して、（中略）判断され得るとみて差支ない」（岸 1959: 8-9）ものと解説されていた。

また、その支給額は、平均賃金に等級ごとに設定された日数を乗じて算定されるのだが、この乗じる日数が労働能力の減退割合に関連すると解されてきた[19]。具体的には、一〇〇日ならば労働能力一〇〇％喪失、四五〇日ならば労働能力四五％減少に相当すると説明されたのである（労働省労働基準局労災補償部監修 1959: 66-68、岸 1959: 10など）。さらに、この日数と労働能力の減退割合との相関を前提として、自動車損害賠償責任保険の損害賠償額の算定で用いる労働能力喪失率の設定も行われているのである（宮﨑 2017: 4-5）。しかし、安部敬太（2019: 70）も指摘するように、この労働能力の減退割合は科学的根拠を持つものではない。しかし、機能障害の状態によって労働能力の減退の程度が判断でき、しかもその程度が等級ごとに設定された日数により数値として把握可能であるとする見解が、自賠責保険にまで波及しているのである。

これと同様の問題が障害給付にもある。そもそも、のちに厚生年金保険法へと改題される労働者年金保険法の廃疾年金と廃疾手当金（のちに障害年金と障害手当金に名称変更）の等級表は、労働基準法の前身である工場法施行令に規定された等級表を規範として設置されたものである（詳細は第5章）。戦後においても、厚生年金保険の障害給付に用いられた等級は労災補償の等級と対応するように意図的に設定され、労働能力の減退割合は対応する労災補償の等級の日数によって把握しうるとの行政解釈が示されてきた（詳細は第6章、第7章）。このように、障害給付の労働能力には、上述の労災補償と同じ問題が含有されているのである。

また、労働能力と連続性があると解されている日常生活能力でも、上記の問題が同様にあてまる。根拠の不確かな労災の補償費の日数を介して、機能障害の状態と日常生活能力・労働能力の程度が直線的に結ばれているのである。

⑤日常生活能力・労働能力から稼得能力の推定が可能である

上述のように外部障害においては主として機能障害の状態、精神の障害においては基本的日常生活動作と手段的日常生活動作の状態によって把握される日常生活能力・労働能力の程度によって、稼得能力の推定が可能なのかという問題がある。個人の職種、職歴、年齢や置かれた環境によって、日常生活能力・労働能力の程度が稼得能力の程度と比例しない可能性は、当然として指摘しうる。また、上述のように厚生年金保険の創設にあたって参照された工場法施行令（同様に鉱夫労役扶助規則、労働者災害扶助法施行令）の等級表は、機能障害の状態が稼得能力に直結する可能性が比較的に高いと考えられる工場労働者、鉱山労働者、土木建築業等に従事する屋外労働者の業務災害を対象として設定されたものである[20]。産業構造も変化し働き方も多様化した現代にあって、工場法時代の枠組みを継承することには疑義が生じる。同程度の上肢の障害であれば、フリーランスの弦楽器奏者でも一般行政職でも稼得能力の減退割合が同一であると想定するのは無理がある。

4　所得再分配の四つの基準

上述を踏まえ、本書では、以下四つの定義を用いて、障害者を対象とする所得再分配の基準を整理する。定義にあたっては、何を指標としてその基準が設定されたのか、すなわち、何を根拠に再分配が許可されたのかという点に着目する。これら基準の中核にあるのは、所得保障制度の等級表であるが、本書では、障害程度の評価方法、基準の設定過程、行政解釈、制度配置なども含めて精査していく。

①稼得能力基準

上位の等級を日常生活動作の自立度、中位以下を個人の稼得能力の減退の程度を指標として、障害状態を序列化した基準

②日常生活能力基準

機能障害の程度と日常生活能力の程度が関連していることを前提に、日常生活能力の程度を指標として障害状態を序列化した基準

③労働能力基準

機能障害の程度と一般的な労働能力の程度が関連していることを前提に、一般的労働能力を指標として障害状態を序列化した基準

④機能障害基準

主に機能障害の程度を指標として障害状態を序列化した基準

5　本書の構成

本書は、以下のように構成される。

第1章　分析の視点

第1章では、障害者の所得保障制度に関する先行研究の到達点を示し、本書の知見がそれにどのように貢献するものなのか述べる。併せて、本書の分析枠組みについて、具体的には、歴史的制度論で用いられるいくつかの概念について解説する。

第2章　恩給制度──機能障害基準の確立

第2章では、戦闘行為を想定した身体的犠牲の度合いで序列化された軍人対象の公務傷病の等級が、制度的同型化により公務員という共通点を持つ他の職種（文官や公立学校の教職員等）にも共有されて群生化し、やがて、恩給法制定によって統合されるプロセスを確認する。近代医学の最先端にあった軍医が係わる基準が、長期的な運用実績と正統性を有したことで、職種を問わず誰に対しても適応可能な使い勝手の良い機能障害基準の創設を導引したことを明らかにする。

第3章　官業共済制度──稼得能力基準の原点

第3章では、稼得能力基準の原点が、明治初期に設けられた非官吏に対する公務傷病の補償制度にあり、その基準が国有鉄道や官営工場の労働者を対象とした官業共済制度に引き継がれていくプロセスを確認する。殖産興業を背景に官営工場等の労働者の生活保障が図られるようになっても非官吏である彼らは恩給から除外され、独自に保護制度の創設が行われた。このような官吏と非官吏との待遇差別によって、公務傷病の補償の基準が、官吏を対象とした機能障害基準と非官吏を対象とした稼得能力基準に分断されたことを明らかにする。

第4章　工場法——稼得能力基準と機能障害基準の混在

第4章では、個人の障害程度を一律に把握することが困難だとして機能障害基準の導入を見送り非官吏に用いた旧来の稼得能力基準を採用したはずの鉱山・工場の労働者を対象とした業務上の事由による障害の補償において、等級判断に起因する労使間での紛議の多発により、紛議抑制を目的とした機能障害基準の併設が行われるプロセスを確認する。使用者と労働者のコントロールのために行われた併設の結果、等級表内に機能障害基準と稼得能力基準が混在することになったが、官僚は外部障害以外の障害を黙殺してこれを機能障害基準と標榜していたことを明らかにする。

第5章　社会保険の誕生——建て前としての稼得能力基準

第5章では、外部障害には機能障害基準、それ以外の障害には稼得能力基準を用いた工場法の基準が、労働者の生活保障を目的とする厚生年金保険に移され、障害給付は稼得能力基準によって実施されるとの建て前が形成されていくプロセスを確認する。これにより、障害年金制度の創設時点で、給付の目的と給付の基準との間に乖離があることを前提とした制度設計がなされていたことを明らかにする。

第6章　労働基準法と厚生年金保険法——労働能力基準の誕生

第6章では、占領下での労働法規の新設に際して、連合軍総司令部から補償標準の改善と使用者による大部分の費用負担が求められたことにより、当時は一時金のみであった労災補償の障害補償と厚生年金保険の障害年金との連結が強く意識され、両者の等級がこれまで以上に正確に対応するようになるプロセスを確認する。機能障害基準を標榜する労災補償と稼得能力基準を建て前とする厚生年金保険という異なる指標を持つ基準間に整合性を持たせるために、制度の転用、すなわち、旧等級表を踏襲したまま両者の指標は一般的労働能力であったと再解釈する方法が取られたことを明らかにする。

第7章　労働能力を評価する――障害認定基準の整備

第7章では、労働能力の程度そのものの評価を要する結核性疾患に起因する障害が中心であった厚生年金保険の障害給付において、認定業務の標準化のために労働能力の評価方法の整備が希求され、これによって障害認定基準の併設が導かれるプロセスを確認する。障害認定基準の設置にあたり、労災補償のために設定された補償費の日数を労働能力の評価に用いたことで、労働能力基準の安定的な運用が可能になるとともに、労働能力の程度により機能障害の状態が配置されたとする解釈が強化されたことを明らかにする。

第8章　国民年金と日常生活能力

第8章では、障害厚生年金を範として構想された国民年金の等級表が、最終的には身体障害者福祉法施行規則の等級表からの強い影響により変質したことで、現行の障害基礎年金にも継承される日常生活能力基準の誕生が導かれるプロセスを確認する。国民年金の等級表は、厚生年金保険による労働能力基準と、身体障害者福祉法施行規則の等級を用いた制度対象者の簡便な確認方法との調整の場となったが、特に、初年度に大量の裁定業務が発生する無拠出制障害年金（障害福祉年金）の対象となる国民年金一級において、身体障害者福祉法施行規則の等級表一・二級との正確な対応関係が優先されたことを明らかにし、このことが、身体障害者福祉の行政解釈で用いられていた日常生活能力概念の国民年金への流入を導いた可能性を指摘する。

終章

終章では、以上の検討をもとにした結論を示す。

6　凡例等

本書の射程においては、（不具）廃疾と障害が同義で用いられているため、明記する必要のない限りすべて「障害」と表記する。

本書における所得保障制度、障害年金制度は、すべて公的制度のことである。

明記のない法令・通知等の出典は『官報』『法令全書』となる。

引用箇所においても、旧字は新字に改めた。

■注

1　七級単独では身体障害者手帳の交付対象とはならない。

2　自治体によってはさらに等級の細分化が行われている。

3　日本の障害年金制度を指す場合には厚生年金保険の障害手当金を含む。

4　国民年金加入期間、二〇歳前または国内在住で六〇歳以上六五歳未満の年金未加入期間、厚生年金保険の被保険者期間に障害の原因となった傷病について初めて医師等の診察を受けた日（初診日）があること（日本年金機構 2022: 1-2）。

5　初診日の前日において、初診日がある月の前々月までの被保険者期間で、国民年金の保険料納付済期間（厚生年金保険の被保険者期間、共済組合の組合員期間を含む）が保険料免除期間を含めて加入期間の三分の二以上あること（日本年金機構 2022: 5）。初診日が二〇二六（令和八）年三月末日までにあるときは、初診日において六五歳未満であり、かつ、直近一年間に保険料の未納期間がなければ納付要件を満たすものとされる（日本年金機構 2022: 5）。障害基礎年金では、二〇歳前に初診日があるとき納付要件は不要となる（日本年金機構 2022: 1）。

6　初診日から一年六ヶ月を過ぎた日か一年六ヶ月以内で症状が固定した日（日本年金機構 2022: 2）。

7　近年でも第二〇八回国会、参議院、消費者問題に関する特別委員会（二〇二二〔令和四〕年三月一五日）において田原克志（厚生労働省社会・援護局障害保健福祉部長）は、「障害年金は、障害による稼得能力の喪失に対して所得保障を行うことを目的としておりまして、日常生活能力や労働能力の著しい制限といった観点に着目して障害等級を定め、それに応じた所得保障を行っている」（国会会議録検索システム）と発言している。

8　矯正視力によって測定する。視力の測定には、後述する恩給法施行令（一九二三〔大正一二〕年）、労働者災害扶助法施行令（一九三一〔昭和六〕年）以降の業務災害補償、船員保険法施行令（一九四〇〔昭和一五〕年）以降の社会保険による障害給付において矯正視力が用いられてきた。

9　三級と障害手当金には「労働」という文言が使われるがこれは稼得能力と直接的に関係していない。これについては後述する。

10　二級については、日常生活能力の程度として、「必ずしも他人の助けを借りる必要はないが、日常生活は極めて困難で、労働により収入を得ることができない程度のもの」とされているが、後述する「精神の障害」を除いて、請求時に就労状況（仕事内容、給与額等）を問われることはない。

11　三級と障害手当金についても、厚生年金保険法施行令に「精神又は神経系統に、労働が著しい制限を受けるか、又は労働に著しい制限を加えることを必要とする程度の障害を残すもの」（別表一）、「精神又は神経系統に、労働が制限を受けるか、又は労働に制限を加えることを必要とする程度の障害を残すもの」（別表二）と記されるのみである。

12　呼吸器疾患の障害、循環器疾患の障害、腎疾患・肝疾患・糖尿病の障害、血液・造血器・その他の障害、の各診断書。
13　このような障害間の認定の不均衡について、安部は、ダブルスタンダードであると批判している（安部 2019: 73）。
14　二〇一〇（平成二二）年度から二〇一二（平成二四）年度までの平均を見ると、不支給割合が最も低かった栃木県では不支給割合四・〇%、最も高かった大分県では二四・四%と約六倍の差があった。
15　調査結果では「内部障害や外部障害（肢体の障害を除く）の等級非該当割合については、ある程度の地域差がうかがえるが、抽出した事例数が少ないことから、地域差の傾向を確認することは困難であった」と述べられている。
16　内部障害でも等級非該当割合が最も高いのは兵庫県（八五・七%）、一方、〇%の自治体は六県（新潟、宮城、宮崎、岐阜、群馬、岡山）あった。
17　四段階評価の程度が軽いものから順に1～4の数字を当てはめたその平均値。
18　社会保険庁年金保険部監修（1968）では、日常生活能力とは「社会人として平均的な環境のもとにおいて日々の生活を他人の力に頼ることなく送れる能力をいい、国民年金は一般国民を対象としているため、廃疾の程度が該当するかどうかの基本的尺度をこの日常生活能力の減退の程度においている。」（社会保険庁年金保険部監修 1968: 48）と解説されている。
19　労働者災害補償保険の算定方法は一九六〇（昭和三五）年以降の障害補償の年金化により一部異なる。
20　工場法施行令の等級でさえ、稼得能力に直結するとは説明されていない。これについては第4章で論じる。

第1章
分析の視点

所得保障に関する議論がなされる場合であっても、その中心に障害者が据えられることは少ない（山村 2014: 64〔650〕）。同様に、障害年金制度を中心課題とした研究も少ない（百瀬 2010: 2）。このことをまず、強調しなければならない。しかし、このことが、障害者の所得保障の重要性や研究価値が低いということを意味しているわけではない。先行研究は、その制度整備や制度研究の必要性を如実に示しているのである。

第1章では先行研究の整理を通して障害者の所得保障制度に関する研究の到達点を確認する。これを踏まえ、本書の知見が先行研究にどのように貢献するものなのか示す。

まずは、障害者を対象とした所得保障制度の制度配置について概説する。次に、障害年金制度の先行研究について、①制度構造に焦点化した研究、②歴史的アプローチを用いた研究に区分して整理する。これに続けて、本書で用いる分析概念について解説し、最後に本書の到達点を述べる。

1　所得保障制度の制度配置

障害者本人を対象とする現行の所得保障制度は、おおよそ、①障害によって喪失・減退した所得（稼得能力）の保障を目的とする年金制度、②業務・通勤で負った傷病による障害を理由とする所得（稼得能力）の喪失・減退の補償を目的とする労災補償制度、③障害によって発生する特別な出費の補填を目的とする手当制度、④障害によって発生する特別需要の補填を含んだ最低生活の保障を目的とする公的扶助制度、の四つに分類できよう[1]。上記についての代表的な制度は、①国民年金法の障害基礎年金、厚生年金保険法の障害厚生年金と障害手当金、②労働者災害補償保険法の障害（補償）給付、介護（補償）給付、③特別児童扶養手当、障害児福祉手当、特別障害者手当、④生活保護制度と同制度の障害者加算、となる。

これら所得保障制度の役割について百瀬（2008a）は、生存権保障、リスク（障害による勤労収入の減少と出費の増加）に対する保護、自立の支援をあげ、これらが上記の所得保障制度によって「総合的に担われている」（百瀬 2008a: 172）とする[2]。それぞれの制度は制度固有の明確な役割を持っているわけではなく、各制度が独自に障害状態・程度も含む支給要件や給付水準などを設定している。

それらの制度は、「障害者に対する所得保障制度は如何にあるべきか」との構想から配置されたというよりも、長期的過程において断続的に生起し、結果として現在の形となったものと捉えることができる（詳しくは第2章以降）。したがって、実態調査により障害者の経済的課題が把握されても、その解決に対応する制度の特定（単一の制度が担うのか、他の制度も連動させるのか、新設が必要かも含めて）さえも難しい。そのため、制度間の調整方法が（当時は最適解であったかもしれないが）、制度新設による所得保障制度全体の配置や社会状況の変化により不可解になっていることが少なくない。例えば、所得（稼得能力）の喪失・減少の保障が行われているはずの障害基礎年金の受給者であっても、年金だけでは最低限度の生活を維持することができず、生活保護との併給が行われることも多い[3]。

また、業務上または通勤による傷病に起因する障害については、同一の傷病であっても、労災補償制度の障害（補償）年金と障害基礎年金・障害厚生年金は支給調整をした上で併給が可能だが、その場合、調整によって減額されるのは、被保険者も保険料を拠出する障害基礎年金・障害厚生年金ではなく、事業主が保険料を全額負担する障害（補償）年金の方である。したがって、無過失責任主義であるはずの労災による障害の補償が、労働者の拠出によって一部、補償されているということになる[4]。また、障害（補償）給付と障害基礎年金・障害厚生年金との併給は可能でも、同一傷病で障害（補償）給付の受給権がある場合は障害手当金が受給できない（厚生年金保険法五六条三号）。

生活保護制度の障害者加算では、その対象となる障害程度の確認方法が、障害の種類と本人の公的年金制度の加入状況によって異なっている。障害者加算の対象となる障害程度は、身体障害者障害程度等級表（身体障害者福祉法施行規則）一～三級、または、障害基礎年金一～二級である（「生活保護法による保護の基準」〔昭和三八年四月一日厚生省告示第一五八号〕別表第一第二章二（二））。その障害程度の判定は、原則、身体障害者手帳、国民年金証書、特別児童扶養手当証書、福祉手当認定通知書で行われる（「生活保護法による保護の実施要領について」〔昭和三八年四月一日社発第二四六号〕[5]第七－二（二）エ）。それ以外の方法、例えば、精神障害者保健福祉手帳での判定も可能であるが、これは障害基礎年金の受給権がない場合や年金の裁定を申請中（ただし、初診日から一年半を経過している場合に限る）の場合に限定されている（「精神障害者保健福祉手帳による障害者加算の障害の程度の判定について」平成七年九月二七日社援保第二一八号）[6]。そのため、障害基礎年金の受給権を有する精神障害者は、手帳の等級に変動がなくとも、障害基礎年金の等級の上下によって障害者加算の額が変動し、障害基礎年金の対象外となれば障害者加算の支給も止まる[7]。障害者手帳の等級と公的年金制度の等級は必ずしも連動しておらず、手帳の等級に変更はないが、年金の等級は下がる（または非該当になる）ことが十分に発生しうるのである。

上述も含む様々な課題（主には水準、内容、対象）について、制度ごとに検討し、改善策を提示することも重要であろう。しかし、それに加えて、障害者を対象とした所得保障制度全体の意義、目的、役割を整理した上で各制度の配置を精査し、その観点から、課題に対してどの制度がどのような役割を担うべきなのか検討する必要がある[8]。ところが、この取り組みが、十分に行えているとは言い難い。改善策を提示する以前に、障害者の所得保障制度全体どころか、各制度の構造に関する検討も不十分である。それは、障害者の所得保障制度の中心であるとされる障害年金制度においても例外ではない。

2　障害年金制度に関する先行研究

（1）障害年金制度の制度構造に関する研究

百瀬は、包括性、継続性、普遍性、給付水準の面から、障害年金制度を障害者の所得保障制度の中心となるべき制度であると述べている（百瀬 2008a: 172）。障害者の所得保障制度の制度配置において、その要が障害年金制度だとする見解は、多くの論者に共通する（例えば、山田 2001: 181、山村 2014: 67〔653〕、青木 2018: 455、福島 2018: 115）。そのような障害年金制度に関する研究は、①憲法、障害者権利条約による障害者の権利保障の観点からの現状分析（福島 2018、磯野 2020 など）、②財政規模、受給者数、障害種別の受給状況などの実態に関するマクロデータの分析（百瀬 2008a, 2016, 2019、酒井 2022 など）、③国際比較（百瀬 2008b, 2010, 2011、磯野 2021 など）、④制度設計の分析（永野 2012、青木 2013、青木ら 2015、高橋監修・編集 2013 など）に大別することができる。その中核は④であり、①、②、③においても、それぞれの観点や手法から制度設計の問題点が指摘されている。

④において論じられる課題は、（1）社会保険方式による無年金障害者の発生、被用者年金と国民年金の格差、老齢・遺族年金との一体性による弊害（マクロ経済スライドとの連動等）といった制度の体系（百瀬 2008a、福田 2019: 95、鈴木 2020、原 2020、田中 2020 など）、（2）給付内容（稼得能力の補填のみか障害により発生する費用の負担も含むか、等）と給付水準（百瀬 2008a、山村 2014、鈴木 2020 など）、（3）対象者の選定方法についてであり、議論の多くは（3）に集中している。（3）をさらに細かく見ると、ⅰ認定プロセス、ⅱ稼得能力、ⅲ障害認定基準と日常生活能力・労働能力との関係、ⅳ障害認定基準と障害概念との関係、について論じられていることがわかる。

ⅰ　認定プロセス

障害給付の請求手続きは、診断書を含む請求書類を年金事務所や市区町村の窓口等に提出することから始まる。これらの書類は、日本年金機構に集約され、それを元に厚生労働大臣が裁定を行うことになる。しかし、実際の認定業務を厚生労働大臣が行うわけではなく、日本年金機構に委託された障害認定審査医員（認定医）が提出書類に基づいて判定し、これによって実質的な障害認定が行われているとの証言がある（青木ら 2014: 92、市川 2020: 170）。この内部手続きには法令による定めがない（福田 2019: 94）。これについて福田素生は、厚生労働省令に定める調査等をもとに、保健・医療・福祉の学識経験者から成る介護認定審査会の合議体が厚生労働省令で定める基準に従って審査判定を行い、これによって市区町村が要介護認定を行うことが介護保険法で定められている介護保険制度と比較し、法令に基づく合議体による審査、公平性や透明性の担保の必要性を指摘している（福田 2019: 94）。

ii　稼得能力

障害年金制度では、本人の稼得能力を直接的に評価するのではなく、障害認定基準によってこれを推定する形式が取られている。しかし、この基準がその機能を果たしていないとの指摘がなされている。例えば、百瀬（2008a: 179）や磯野博（2020: 7）は、日本障害者協会が二〇〇六年に実施した「障害者自立支援法の影響：ＪＤ調査二〇〇六」において「勤務収入の有無・額」と「障害年金の有無・額」との関連が見られないことから、基準の不全さを主張している[9]（詳細は日本障害者協議会〔2007〕参照）。

また、障害年金の制度設計において、制度発足当初は想定しえなかったワークフェア概念や障害者就労支援施策との関係を明確化することの必要性も指摘されている（例えば、青木 2018、山村 2014、百瀬 2016）。この検討にあたっては、就労インセンティブとの関係も考慮する必要がある（永野 2012: 262-264）。

iii　障害認定基準と日常生活能力・労働能力

前章の繰り返しとなるが、障害年金が保障する稼得能力の喪失・減退の程度は、日常生活能力（障害基礎年金一・二級）と労働能力の程度（障害厚生年金三級、障害手当金）を指標とした基準によって評価されることになっている。これについて、稼得能力の推定に日常生活能力・労働能力を指標とする基準を用いることへの批判が、多くの論者によってなされてきた（例えば、百瀬 2008a、山村 2014、福田 2019）。

また、同じ基準を用いながらも、日常生活能力・労働能力の評価を直接的に行わず機能障害の程度から両能力が推定される外部障害と、両能力が直接的に評価される外部障害以外の障害とで評価方法に差異があり、特に後者において不利益が発生していることは前章でも述べた。また、精神の障害（精神・知的障害）に対して行われる認定では、就労状況が能力評価の一要素となっているため、判定に直接的な影響を与えている可能性が指摘されている。社会保険審査会裁決集から精神・知的障害の障害程度に関する申立を抽出し分析を行った河本純子（2010）は、請求時に労働していた二一例中六例が就労状況のみに着目して裁定されていたことを明らかにした。また、青木聖久ら（2014）も先行研究と事例の分析から、機械的でないにしろ就労の事実が支給停止等を誘引している可能性を指摘している。同制度内にありながら、一方では障害年金を受給しながら固定給がある者がおり、一方では就労状況により減給や打ち切りの対象になる者がいる問題がある（百瀬 2016: 350）。

このように、稼得能力を推定する機能が疑問視される基準を用いて、不透明な認定プロセスによって行われる受給者の選定方法（障害認定）は、変更されるべきであるとの主張がなされている。

iv　障害認定基準と障害概念

このような障害認定の在り方は、医療モデルの障害観に基づくものであり、現在の社会モデルの障害観や障害者の実態から逸脱しているとの批判がある（例えば磯野 2020: 8）。山村りつは、障害年金の制度設計が固定された二項関係、すなわち、障害が重度になるほど自立が困難で支援の必要性が高く稼得能力が低い、障害が軽度になるほど自立が容易で支援の必要性が低く稼得能力が高い、とする前提によって構築されていることを指摘している（山村 2014: 75〔661〕-76〔662〕）。また、高橋芳樹（1998）は「障害者の権利宣言」のような国際的な障害概念と障害年金による機能障害中心の障害概念との齟齬を問題視する。

これらの議論は、医療モデルから社会モデルへの変化を理由として障害認定の在り方に再検討を促すものである。確かに、障害認定で用いられる基準は、医療モデルであると判断されうる。しかし、このことは、医療モデルの障害観によって基準が生み出されたことと同義ではない。現行の基準には課題が多く、改正が必要なことは先行研究でも一致している。その基準が、障害観とは別の要因によって制度内に組み込まれているのであれば、障害観の変化を理由として基準の変更を促すことは困難であろう。その要因次第で、基準の取り換えや修正で事足りるのか、制度の構造自体の変革も要するのか、改正の方向性が変わりうる。

これを見極めるには、この基準がいかなる根拠によって障害年金制度に導入されたのか確認する必要がある。そのためには、静止画として制度を観察するのではなく、制度創設までの長期的過程を対象とした分析が不可欠である。しかし、この検討が十分に行われているとは言い難い。

（2）歴史的アプローチを用いた研究

障害年金制度を長期的過程で分析した研究として、藤井渉（2017）、安部敬太（2020, 2021）がある。藤井（2017）は、身体障害者福祉制度の等級表の起源を追う過程で、恩給制度、障害年金の等級表を含む対象規定の変遷を、安部（2020, 2021）は労働者年金保険法の創設から現在に至るまでの障害認定基準の変遷を精査している。両者の研究の主眼は、制度変化の歴史的経緯を明らかにすることにあり、等級表や障害認定基準が何を根拠として設定され、それがいかなる理由で正統化されて現行に至ったのかを論証するものではない。また、村上貴美子（2000）により、国会会議録や審議会議事録等の一次資料の分析による戦後日本の所得保障制度の形成過程の研究が行われている。そこでは、長期的過程を射程とした制度展開が公的年金制度も含めて詳細に検証されているが、障害年金制度のような障害者を対象とした制度は補足的に触れられるに留まっている。

さらに、近年では、多様なアクターを分析対象とした障害基礎年金制度成立過程の研究が蓄積されている。菅沼隆ら（2018）による厚生官僚のオーラルヒストリーの分析により、一次資料を基にした先行研究の裏付けや一次資料の空白の補充が行われている。そこでは、一次資料には明記されづらい制度設計に関わったアクターの意図も明確化されている（百瀬ら 2017,2018、菅沼ら 2018）。また、髙阪悌雄（2020）によって、障害基礎年金創設のダイナミクスが、障害者団体、厚生官僚、政治家といった多様なアクターの検証と、非難回避戦略モデルを用いた理論化によって明らかにされている。これらの研究と障害基礎年金制度前史の障害者の所得保障制度の有り様を接合させる必要がある。

そのような長期的過程における制度変化の分析を行うため、本書では歴史的制度論の概念を援用する。

3　分析概念

（1）歴史的制度論

歴史的制度論は、新制度論のアプローチのひとつとして位置づけられている。新制度論の対抗軸として称される旧制度論では、アクターによる制度への関与などのダイナミクスは比較的に軽視され、公的制度を中心とした制度の並列的な叙述・記述がなされていた（荒井 2012: 129-130）。これに対して、新制度論では非公式の制度や社会制度等も分析対象とし、その過程に生じるダイナミクスを重視した。新制度論における中心的な問いは、「制度・政策の形成・決定は何によって規定されるのか」（荒井 2012: 130）である。これを解明するために新制度論では①合理的選択制度論、②社会学的制度論、③歴史的制度論の三つのアプローチがとられている（Hall and Taylor 1996）。

①合理的選択制度論では、アクターは自己利益を最大化させるために合理的に行動することが前提とされ、制度はゲームのルールとして捉えられる（荒井 2012: 131）。各アクターの合理的な行動の均衡を具現化したものが制度であり、各アクターが既存の制度の有効性を疑問視すれば、ゲームルールの変更のために各アクターは戦略的に行動し、制度変化が生じるとされる（荒井 2012: 131）。②社会学的制度論では、制度を文化的実践の表れとして捉え、アクターは制度の規範を認識して自分の行動を決定するとされる（古地 2012: 116）。また、制度はアクターの意図的な行動によってではなく社会的に構成されるものであるため、制度変化は容易に発生しないとされる（荒井 2012: 131）。③歴史的制度論では、例えば、重大な転換点（critical juncture）によって生じた偶発的な制度形成が現在の制度選択に及ぼす影響のような、制度形成や変化についての歴史的経緯の分析がなされる（秋吉・伊藤・北山 2020: 170）。

本書の分析に採用するのは、歴史的制度論者によって用いられる概念である。本書がそれを採用するのは、本書の目的が、障害者を対象とした所得保障制度の内容や歴史的変遷の記述ではなく、制度形成や変化を生み出したメカニズムと構造の解明にあるからである。制度を長期的に追跡し、かつ、そのダイナミクスを分析するためには、歴史的制度論によるアプローチが有効である。

（2）経路依存

歴史的制度論は、「歴史的な経緯を重視するという観点と、制度の説明力を重視するという観点」（北山 2011: 14）を持つ[10]。このような時間的過程に着目することについて、歴史的制度論の主要な論者であるポール・ピアソン（Paul Pierson）は、「時間的過程は、アクターの行動を制約する構造の重要な要素であり、この過程に着目することで構造をより明確に把握することが可能」（ピアソン 2004=2010: iv）であるとし、「時間」への着目が、制度の変遷を明確にすることだけでなく、その構造を把握するための有効な方法でもあることを指摘している。ピアソンは、制度形成や変化の原因を重大な転換点（critical juncture）に求めてきたこれまでの歴史的制度論を進展させ、「時間」を制度の分析に取り込んだのである。

その分析における中核概念の一つとしてあげられるのが、経路依存性である（ピアソン 2004=2010: 7）。経路依存性とは、過去のある時点での制度や政策の選択が、後の制度や政策に決定的な影響を与える現象のことである（北山 2011：36、荒井 2012: 134、古地 2012: 118）。いちど、その経路に「ロックイン」されてしまえば、選択可能な選択肢の幅が狭められ、ロックインされた時点の制度や政策が長期間、維持されるようになる。このような現象が発生する理由は、「正のフィードバック」（positive feedback）（ないしは「自己強化」〔self-reinforcing〕）とされるメカニズムにある（ピアソン 2004=2010: 26）。ある制度について何らかの選択がなされると、その選択に沿った事業やサービスが整備され、関係者に対して必要な教育がなされ、運用上の細則が作られる。それらに要する知識や技能は時間の経過と共に蓄積され、制度を安定化させるための強い力となって作用する。そのため、時間が経過するほどに、新しい選択への切り替えに高いコストを要することになり、変化への抵抗が強くなる。また、ピアソンは、経路依存性について検討する際の重要な概念として、タイミングと配列をあげ、ある事象が、どのようなタイミングで、どのような順番で起こったのかが、のちの制度のあり方を左右すると主張している（ピアソン 2004=2010: 83）。

（3）同型化

上述のように、制度には、時間が経過するほどに安定性が高まり、変化が難しくなる性質を有してはいるが、長期的な安定が揺るがされ、制度変化が生じることもある。社会学的制度論者は、制度変化のパターンのひとつとして制度的同型化をあげる。アメリカの社会学者ポール・ディマジオ（Paul J. DiMaggio）とウォルター・パウエル（Walter W. Powell）は、組織が同質化するのはなぜかという問いに対し、同型化（isomorphism）の概念を用いてそれに答えた（DiMaggio and Powell 1983）（以下の訳語は安田・高橋 2007 による）。類似のサービスの供給を行う組織やその顧客などによって構成される組織フィールド（organizational field）の内側で発生する同質化を彼らは、同型化と定義した。この同型化が起こるメカニズムに着目し、置かれた環境に最適化した組織のみが生き残った結果、類似した構造の組織のみが残された競争的同型化（competitive isomorphism）と、合理性や効率性ではなく、正統性によって組織が同質化する制度的同型化（institutional isomorphism）に区分した。さらに、後者については、法規制等の強制力によって生じる強制的同型化（coercive isomorphism）、選択に際しての不確実性が高い場合には正統性によってそれがなされる模倣的同型化（mimetic isomorphism）、専門職によるネットワーク等によって生じる規範的同型化（normative isomorphism）に区分した。同型化論は、組織の形態や慣習に関する分析で用いられることが多いが、公式制度の制度変化の議論にも援用可能であるとされる（ピアソン 2004=2010: 182）。

（4）漸進的制度変化

アメリカの政治学者キャサリン・セレン（Kathleen Thelen）は、事件、事故などの外生的なショックによって急激に制度が再構築されるとする制度変化のモデルを批判し、制度の内生的な発展によって漸進的に進む制度変化のモデル化に取り組んだ[11]（Streeck and Thelen 2005; Mahoney and Thelen 2010）。セレンとドイツの社会学者ウォルフガング・ストリーク（Wolfgang Streeck）は漸進的な制度変化のモデルとして、①支配的な制度が従属的な制度に取って変わられる「置換」（displacement）、②既存の制度に新たな要素が付け加えられることで制度が漸進的に変化する「併設」（layering）、③外的条件の変化にも拘わらず制度維持を怠り制度が機能不全に陥る「放置」（drift）、④既存の制度に当初とは別の目的や機能を付与する「転用」（conversion）、⑤斬新的に制度が衰退する「消耗」（exhaustion）を提示した（Streeck and Thelen 2005）。

セレンとアメリカの政治学者ジェイムズ・マホニー（James Mahoney）は、このモデルをさらに発展させ、政治的背景（変化への拒否権の強弱）と制度の特徴（解釈、執行における裁量の高低）の二軸からなる四象限に整理した（Mahoney and Thelen 2010）。強い拒否権を持つプレイヤーがいる政治状況において、アクターが制度の解釈や執行に高い裁量を持っていればルールの曖昧さを利用した③「放置」、低い裁量しか持ち得なければ既存のルールを維持して新しいルールを重ねる②「併設」が行われる。プレイヤーの拒否権が弱い政治状況において、アクターの制度の解釈や執行の裁量が高ければ④「転用」、低ければ①「置換」が行わ

制度変化とチェンジエージェント

		対象となる制度の特徴	
		解釈・執行で裁量が低い	解釈・執行で裁量が高い
政治的背景の特色	強い拒否権の可能性	②併設（layering） 破壊者（subversives）	③放置（drift） 寄生型共生者（parasitic symbionts）
	弱い拒否権の可能性	①置換（displacement） 反乱者（insurrectionaries）	④転用（conversion） 日和見主義者（opportunists）

Mahoney and Thelen（2010:28）の一部を加工した

れる。さらに、この変化のパターンとチェンジエージェントの種類を結びつけて以下の整理を行った（Mahoney and Thelen 2010）。

　チェンジエージェントは、既存の制度を排除する意思が明確でその制度のルールにも従わない反乱者（insurrectionaries）、私的な利益のために制度を利用し制度の精神や目的に反した行動をすることで長期的に制度を弱体化させる寄生型（parasitic）と私的な利益を高めるために制度を利用するが制度の精神や目的を尊重する方法でルールを破る相互扶助型（mutualistic）の二種類からなる共生者（symbionts）、制度の枠内で密やかに活動し制度の破壊を目論む破壊者（subversives）、自分の目的達成のために制度内のあらゆる可能性を利用する日和見主義者（opportunists）に分類される。さらに、これらのチェンジエージェントが活発に活動する政治的背景と制度の特徴の組み合わせが次のように整理される。拒否権が強い政治状況において、③放置が取られるような制度の解釈や執行の裁量が高い場合は寄生型共生者、②「併設」が取られるような裁量が低い場合は破壊者、拒否権が弱い政治状況において、④「転用」が取られるような制度の解釈や執行の裁量が高い場合は日和見主義者、①「置換」が取られるような裁量が高い場合は反乱者が繁栄すると述べられている。

4　本書の到達点

本書が行うのは、歴史的制度論の概念を用いた長期的過程を射程とする障害者の所得再分配の基準に関する制度分析である。これによって明らかにされるのは、所得再分配の対象となる障害者の選定の根拠である。この知見から、基準を生み出した構造を浮き彫りにし、基準が何を目的として制度設計に組み込まれたのか明確化する。

これによって目指されるのは、障害年金の制度構造の把握を試みる諸研究に一定の知見を与えるのは勿論のこと、障害年金も含む年金制度の改革に向けた検討のための議論基盤の提示である。さらに、所得保障制度全般において、その対象設定が明確な根拠を持って行われているのか再考を促すことである。また、障害者福祉施策に関する研究について、障害者のサービス保障だけではなく所得保障においてもニーズ把握のための適切な評価尺度の検討が必要であることを主張し、その議論のための基礎を提示する。さらに、長期的過程の追跡を行うことで、所得保障の側面から障害者福祉施策の歴史的変遷について知見を与えるものである。

■注

1　山田（2001）、百瀬（2008a）による分類も大枠は同様である。

2　百瀬は自立として自助的自立と依存的自立（ともに、古川（2007）を参照）を含めている。

3　二〇二〇年度被保護者調査（年次調査）によると被保護者の実人員数は二〇二万六〇〇〇人、障害年金受給者の延べ人員数は一四万九〇〇〇人、うち、障害基礎年金のみは一一万三〇〇〇人となっている（厚生労働省 2022）。百瀬も障害年金制度が防貧として機能していない点を指摘している（百瀬 2008a: 180、百瀬 2016: 347）。

4　その理由については、「保険料負担について、厚生年金保険は被保険者と事業主とが折半で、労災保険は事業主が全額負担していることから、事業主の二重負担の問題が生じてしまうため」（厚生労働省 website）と説明されている。その他にも、障害基礎年金と児童扶養手当の併給調整についての問題が指摘されている（仲尾 2020）。

5　中央法規出版編集部編 2022: 355-416

6　中央法規出版編集部編 2022: 490-491

7　知的障害者でも同様に、療育手帳の等級に変動がなくとも障害基礎年金の等級が下がる（または非該当になる）ことで、障害者加算が減額されたり支給の対象外となったりすることが発生しうる。

8　福田（2019: 95）も所得保障制度の総合的な検討の必要性を主張している。

9　磯野（2020: 8）は、その他の原因として、相当数存在する保険料納付要件による無年金障害者による影響を指摘している。

10　河野（2002）からは、歴史的制度論では主要な概念間の理論的関係の整理や検討が十分になされておらず、単に歴史が重要であるとの一般的な立場が強調されているに過ぎないとの指摘もなされている。

11　セレンらのモデルは、阪野（2006）、古地（2012）、荒井（2012）、早川（2012）などに詳しい。

第2章

恩給制度
機能障害基準の確立

恩給制度とは、公務員（旧軍人も含む）の退職や死亡に際して、本人や遺族に一時金や終身の年金を支給する制度のことである。同制度には公務員の年金制度が共済年金制度に移行した昭和三〇年代以降の新規加入者はおらず、現在は、移行前に退職した公務員（一般文官と旧軍人）とその遺族のみが対象の、いずれは役割を終えていく制度である（総務省 website、高塩 2014: 79）。それにも関わらず長期的過程の起点をここに置いたのは、公務傷病の恩給支給で用いられた基準が、のちの所得保障制度の基準に少なからぬ影響を与えたからである。

現在の労災補償制度の等級表の原型である労働者災害扶助法施行令別表「身体障害等級及障害扶助料表」の設定に際しては、恩給制度の等級表が参照された（全国産業団体連合会事務局 1931: 85）。その等級表が、のちに改題して厚生年金保険法となる労働者年金保険法の廃疾給付（のちの障害給付）の等級表の設定に強い影響を与えることになった（安部 2020: 8）。

本章では、のちに他の所得保障制度の規範となる公務傷病に関する恩給支給の基準に焦点化する。

1　軍人恩給制度の確立

(1) 陸軍扶助概則

日本における恩給制度は、軍人を対象として始まった。通説ではその起点を陸軍武官傷痍扶助及ヒ死亡ノ者祭粢並ニ其家族扶助概則（明治八年太政官達第四八号）（以下、陸軍扶助概則）とする（総理府恩給局編 1964: 19)。この陸軍扶助概則では、戦闘や公務中の傷痍によって退隠を命じられた者やこれにより死亡した者の遺族に支給する扶助料について規定された。前者については、傷痍の程度に応じて重度の第一項から軽度の第四項に至る四等級制がとられ、この等級と軍組織内の階級に応じた傷痍扶助料が支給された。この時点で、等級が上位の方が下位よりも支給額が高くなる仕組みが取られていた。さらに、陸軍扶助概則では、これに軍での階級が加味され、傷痍の状態が同一であっても、軍内の階級が上位であればより高額な支給がなされる仕組みとなっていた（総理府恩給局編 1964: 22)。第一項から第三項は終身年金、第四項は一時金として支給された（陸軍扶助概則一条)。

この等級は、以下のように第一項から第三項は外部障害（具体的には肢体と視覚）の機能障害の程度によって、第四項は職務に耐えられないが第三項より軽度で身の回りのことや営産に支障がない、つまり稼得能力と日常生活動作能力の程度によって等級化されたのである。また、上記四項に当てはまらない場合も軍医による検査で軽重を考慮することが但し書きされていた。

第一項　両肢ヲ失ヒ或ハ盲目トナル者
第二項　一肢或ハ一眼ヲ失ヒ及ヒ両肢其用ヲ失ヒシ者
第三項　一肢其用ヲ失ヒ漸ク自己ノ用ヲ弁スルニ足ル者
第四項　職務ニ堪ヘスト雖モ前項ヨリ軽ク自己ノ用弁並ニ営産ニ差支ナキ者
但傷痍ノ形状此四項ニ止ラスト雖モ軍医ノ検査ニ因テ其軽重ヲ酌量シ之ヲ比較スヘシ

（陸軍扶助概則一条より抜粋）

（2）海軍退隠令

同年、海軍においても海軍退隠令（明治八年太政官達第一四八号）によって恩給制度が整備された。ここでは、前述の陸軍扶助概則と同様に戦闘および公務による死傷での退隠に加え、新たに、一定の在職年数と年齢を満たした上での退隠が支給事由に加えられた。後者については退隠料が終身で支給され、前者については退隠料と併せて終身給付の帯傷扶助料や一時金の賑恤金（帯傷扶助料受給者と帯傷扶助料の対象とならない軽度の傷痍の者が対象）が支給された[1]。

帯傷扶助料では以下のように六等級制がとられ、この等級に応じて支給額が設定された。ここでは、陸軍扶助概則と同じく外部障害を主軸にしつつも、これに傷痍となった理由（戦闘かそれ以外の公務か）を加味することで、同程度の傷痍であっても戦闘によるものならば、より高額の支給がなされる仕組みが取られた。

第一　戦闘ニ由テ両肢或ハ両眼ヲ失ヒシ者ニハ退隠料ノ十分ノ六
第二　前項ニ殆ト譲ラサル傷痍ヲ受ケシ者ニハ其十分ノ五
第三　戦闘ニアラサルモ前二項ニ均シキ傷痍ヲ受ケシ者ニハ其十分ノ四
第四　戦闘ニ由テ一肢或ハ一眼ヲ失ヒシ者ニハ其十分ノ三
第五　前項ニ殆ト譲ラサル傷痍ヲ受ケシ者ニハ其十分ノ二
第六　戦闘ニアラサルモ前二項ニ均シキ傷痍ヲ受ケシ者ニハ其十分ノ一

（海軍退隠令一八条より抜粋）

海軍退隠令の制度設計で着目すべきは、公務傷痍を事由とする帯傷扶助料や賑恤金が、在職期間と年齢の要件を満たせば障害の有無に関わらず支給される退隠料に併給されるという点である。つまり、帯傷扶助料と賑恤金は、公務によって発生した障害状態そのものに対して支給されたのである。これは、障害の有無に関わらず生活に要する費用と障害によって発生する費用との構成が明確でない障害年金制度のような現行の所得保障制度と大きく異なる点である。

（3）陸軍恩給令等

陸軍扶助概則の制定の翌年、後継として陸軍恩給令等[2]（明治九年太政官達第九九号）が制定された。これにより、陸軍においても一定の在職年数と年齢を満たした退職者に対して恩給が終身支給されることになった（停年恩給）。また、戦地や公務中の事故によって重傷になり不治に至った者に加えて、新たに服役中の疲労危難によって重病となり不治になった者も恩給の支給対象となった（陸軍恩給令八条二項）。この公務傷病による恩給は、停年恩給との併給ではなく、単独で停年恩給の支給額よりも上乗せされた額として支給された[3]。

その等級は、第一は両眼の盲と二肢の喪失、第二は一肢の喪失、二肢の機能障害（全く用を失う）、第三は一肢の機能障害（全く用を失う）かこれに等しい状態、第四は前項より軽くて自己の用弁に差し支えがない、となっており（陸軍恩給令一一条）、明文化された傷病の状態は、前身の陸軍扶助概則と大差がない。ただし、第四に関しては、「営産」の文言が削除され、機能障害に特化された表記に変更されている。

（4）陸軍恩給令、海軍恩給令

前述した陸軍扶助概則はフランスの、海軍退隠令はイギリスの法律を参考にして作成されたということもあり、両軍の規定の内容には差異があった（総務省政策統括官〔恩給担当〕付恩給制度研究官室編 2019:9,12）。同様に公務傷病による恩給についても、名称、等級の階層数、その等級に対応する傷痍の状態は異なっていた。同じ軍組織でありながら恩給制度の保障内容が不統一であることが問題視されるようになり、一八八三（明治一六）年、陸軍恩給令（太政官達第三七号）と海軍恩給令（太政官達第三八号）の制定をもって、両者の形式も内容もほぼ同一に整えられた（総務省政策統括官〔恩給担当〕付恩給制度研究官室編 2019: 23）。

この改正により、戦闘その他の公務によって傷痍を受けた者や公務による疾病で一肢以上の用を失うに等しい不治の症となった者には、一定の在職期間と年齢を満たした退職者の退職恩給・免除恩給（海軍では退役恩給）に併せて、公務傷病の程度と軍組織の階級に応じた増加恩給が支給されることになった。この公務傷病の程度は、海軍退隠令と同じく六等級制がとられたが、この等級に対応する公務傷病の状態として採用されたのは、一八七六（明治九）年の陸軍恩給令の文言（第一「両眼ヲ盲」か「二肢ヲ亡ス」、第二「一肢ヲ切断」か「全ク二肢ノ用ヲ失フ」、第三「全ク一肢ノ用ヲ失フ」）であった。これらに、海軍退隠令で用いられた「前二項ニ均シキ傷痍ヲ受ケシ者」の表現を少し変えて差し込む、いわば、陸海軍旧規定の折衷により増加恩給の等級が設定されたのである。

一　両眼ヲ盲シ或ハ二肢ヲ亡スル者
二　前項ニ等シキ傷痍ヲ受ケシ者
三　一肢ヲ亡シ或ハ全ク二肢ノ用ヲ失フニ至ル者
四　前項ニ等シキ傷痍ヲ受ケシ者
五　全ク一肢ノ用ヲ失フ者
六　前項ニ等シキ傷痍ヲ受ケシ者

（陸軍恩給令一九条より抜粋、海軍恩給令二〇条より抜粋）

また、増加恩給よりも軽度の公務傷病で退職する下士卒が免除恩給・退役恩給の対象にもならない場合は、一時金の賑恤金が支給された（両令四九条一号二号）。さらに、一定の在職期間を満たし、公務外の傷病によって退職する下士卒に対しても「営業ヲ妨クルニ至ル者」、一肢以上の切断や両眼の盲がある者にも賑恤金が支給された（両令四九条三号）。

(5) 傷痍疾病等差例

旧来の陸軍恩給令等と海軍退隠令を折衷させたような増加恩給の等級制度にあっては、等級の認定にあたって、旧制度以上に明確な判断基準が必要となる。両軍の恩給令(以下、陸・海軍恩給令)が制定された翌年、陸軍恩給令中傷痍疾病等差例並傷痍区分(明治一七年六月三〇日陸軍省達乙第六〇号)と海軍恩給令中傷痍疾病等差例並傷痍区分(明治一七年七月三一日海軍省丙第一一九号)が発出された。両規定(以下、傷痍疾病等差例)の内容は同一であった。傷痍疾病等差例では、増加恩給と賑恤金の対象となる公務傷病の状態が等級ごとに明記され、等級間の「等差」が明確化された。

ここで示された等差の表記方法は、現在の労災補償制度や障害年金制度などで用いられる等級表にも通ずるものであった。すなわち、身体をいくつかの部位(例えば、両耳、一耳、一上肢、一下肢)に分け、その部位ごとの傷病の状態を「用ヲ廃スル」「幾分ノ障碍アル」などの程度で序列化し、その状態に対応する等級が明示されたのである。

増加恩給については、傷病の状態の例示が全三〇条にわたって行われ、陸・海軍恩給令に等級の明示がない賑恤金でも、公務上の傷病の場合(両令四九条一号・二号)、第一款から第五款に、公務外の傷病(両令四九条三号)では第一款と第二款に区分され、その等級ごとの状態が例示された[4]。以下では、これらの等級について、さらに詳しく見ていく。

陸・海軍恩給令では、両眼の盲、肢体の喪失(一肢、二肢)、肢体の全廃(一肢、二肢)について簡潔に示されたのみであったが、傷痍疾病等差例では、傷病の種類も増え、状態の表現も詳細になった。種類では、眼と肢体に加えて、耳、鼻、咀嚼、言語、頸項背腰諸筋、手指、足指、精神、痴呆、健忘症、神経、胃腸膀胱、腸、外性器、不治病と多様になった。また、その状態も眼ならば「偏眼ヲ盲スル者」は第五項、「一眼ヲ失ヒ他ノ一眼昏昧シ僅ニ自己ノ用ヲ弁スルヲ得ル者」は第二項、肢体ならば一上肢の欠損が「肩関節ヨリ腕関節ニ至ル間」にあれば第三項、というように、より具体的な表記がなされた。これら規定の大半は、眼、肢体、耳、鼻、咀嚼、言語、頸項背腰諸筋、手指、足指といった外部障害の状態で占められており、増加恩給においては全三〇条文のうち一八条文[5]、賑恤金においては具体例が示された状態のすべてが外部障害についてであった。

これらの状態は、何を指標して各等級に配置されたのだろうか。外部障害では、機能障害の状態（「全廃」、「用ヲ廃スル」、「幾分ノ障碍アル」、身体の欠損部位など）であった。精神、痴呆、健忘症、神経の状態では、「常ニ看護ヲ要スル」「常ニ看護ヲ要セサル」といった看護の必要度、つまり、日常生活動作の自立度が指標とされた。腹部臓器では、「胃腸膀胱等ニ瘻管ヲ遺ス」や腸ヘルニアのように病状によって区分された。不治病では、第一項から第四項は日常生活動作の自立度（第一・二項「常ニ看護ヲ要スル」、第三項「歩行スル能ハサル」、第四項「自己ノ用弁ニ妨碍アル」）、第五・六項は「営業」の可能性（第五項「営業ヲ為シ難キ」、第六項「営業ニ妨ケアル」）、つまり、稼得能力の程度によって区分された[6]。

上述のように等級区分の指標は、機能障害の程度、日常生活動作の自立度、病状、稼得能力の程度というように、統一感を欠いている。疾病や障害の種類ごとに一定の指標で序列化したことは推察されるが、異なる種類の公務傷病を同じ基準内に収めるために用いた指標が不明である。要するに、何を根拠として、「言語ノ機能ヲ廃スル者」と不治病によって「歩行スル能ハサル者」が同じ第三項に配置されたのかが分らないのである。これについて検討するために、この基準の設定にあたって重要な役割を果したアクターを特定したい。

まず、ひとつの可能性として軍属の文官があげられる。確かに、彼らは他法令との調整や両軍間での折衝等で中心的な役割を果たしたかもしれない。しかし、傷痍疾病等差例の文言の検討などは一般的な文官の専門性から逸脱している。それよりも適任なのは、軍医であろう。

軍医は、陸軍扶助概則一条但書きにおいて「軍医ノ検査ニ因テ其軽重ヲ酌量シ之ヲ比較スヘシ」とされたように、恩給制度の創設当初から等級判定を担っていた[7]（総務省政策統括官〔恩給担当〕付恩給制度研究官室編 2019: 142）。また、当時の日本にあって、軍医は近代西洋医学に最も近しい存在であった。西洋医学は、シーボルト（Philipp Franz Balthasar von Siebold）の鳴滝塾をはじめとした私塾による系統的な教育や医学書の翻訳を通して基盤が作られ、幕末以降は、軍医学校の関係者が教育の担い手となった[8]（蒲原 1987: 2-3）。彼らは、長崎精得館、大阪軍事病院内医学校、東京陸軍医学舎などで後継を養成した（蒲原 1987: 4）。また、明治初期の段階で、軍医部系列の外科医たちによる外科書の翻訳が積極的に行われもした（詳細は蒲原 1987: 4 参照）。このように、実際に等級の判定業務を担い、また、身体の医学的側面について高度な知識を有した軍医は、自らの業務遂行に用いる基準の設定において一定の発言力を持っていたと考えられる。

西洋医学に通じた軍医が傷痍疾病等差例を容認したということは、当時の生理学的・解剖学的観点から、それが妥当であると判断したということであろう。また、同規定が外部障害重視となるのは、その対象者が戦闘、従軍、訓練で負傷のリスクが高い軍人だということを考慮すれば順当である。一方で、外部障害以外は等級区分の尺度も不統一で規定としての洗練に欠けるなど、基準の中核が外部障害にあったことは明白である。戦闘等によって発生する外部障害に焦点化し、生理学的・解剖学的観点から序列化を行ったのが傷痍疾病等差例であったと考えられる。

2　公務員の種別の越境

(1) 官吏恩給令

軍人恩給が整備されたのち、恩給制度はその他の公務員にも拡充されることになった。一八八二(明治一五)年、警察監獄職員を対象とした巡査看守給助例(明治一五年太政官達第四一号)が制定された。一八八四(明治一七)年には、官吏恩給令(太政官達第一号)によって文官とその遺族を対象とした恩給制度が創設された[9]。

官吏恩給令の対象となった文官は、勅任官、奏任官、判任官であり、これらの者が一定の在職年数と年齢を満たして退職した場合、恩給が終身で支給されることになった。さらに、公務傷病を理由としてその職に絶えられず退職する場合は、前述の恩給と併せて、増加恩給[10]が支給されることになった[11]。

この増加恩給の等級に関する規定は、一八八三(明治一六)年の陸・海軍恩給令とほぼ同内容であった(官吏恩給令附則(明治一八年太政官達第一五号)五条)。そして、陸・海軍恩給令において傷痍疾病等差例が設けられたように、官吏恩給令においても、一八八五(明治一八)年、文官傷痍疾病等差例(太政官達第一六号)が規定された。その内容は、陸海軍の傷痍疾病等差例から「戦闘及ヒ戦時平時ニ拘ハラス」の文言と官吏恩給令では規定のない賑恤金に関連する部分を削除し、根拠法を官吏恩給令附則に変更した以外は、陸海軍の傷痍疾病等差例をそのまま引き写したものであった。

（2）旧憲法発布による恩給制度の法律化

一八八九（明治二二）年、大日本帝国憲法が発布され、同憲法下で恩給制度も次々と法律化されていった。一八九〇（明治二三）年には、官吏恩給令が若干の修正を経て官吏恩給法（法律第四三号）へ、陸・海軍恩給令も同一の法律へと編成され軍人恩給法（法律第四五号）へと移行された[12]（総理府恩給局編 1964: 59）。また、その他の公務員についても、市町村立小学校教員退隠料及遺族扶助料法（明治二三年法律第九〇号）、府県立師範学校長俸給並ニ公立学校職員退隠料及遺族扶助料法（明治二三年法律第九一号）、警察監獄職員に対する恩給はこれらに遅れ、一九〇一（明治三四）年になって巡査看守退隠料及遺族扶助料法（法律第三八号）が公布されるなど、公務員の種別ごとに恩給法が整備されていった（以下、公立学校教職員と警察監獄職員を併せて、専門職公務員）。これらの恩給法では、旧来の枠組みが引き継がれ、一定期間の勤務を経て退職した者だけでなく、公務傷病を理由とする退職者にも恩給が支給された。さらに、後者の恩給の等級に関しては、公務員の種別を超えて全く同一の規定がそれぞれの恩給法（以下、軍人、官吏、専門職公務員の恩給法を総じて、各恩給法）に置かれたのである。

その規定は、これまで陸・海軍恩給令、官吏恩給令附則で用いられた六等級の文言に、「一眼ヲ盲シ」（第五項）を追加して全体の文言を多少修正しただけという、陸・海軍恩給令をほぼそのまま継承したものであった。

一　両眼ヲ盲シ若クハ二肢以上ヲ亡シタルトキ

二　前項ニ準スヘキ傷痍ヲ受ケ若クハ疾病ニ罹リタルトキ

三　一肢ヲ亡シ若クハ二肢ノ用ヲ失ヒタルトキ

四　前項ニ準スヘキ傷痍ヲ受ケ若クハ疾病ニ罹リタルトキ

五　一眼ヲ盲シ若クハ一肢ノ用ヲ失ヒタルトキ

六　前項ニ準スヘキ傷痍ヲ受ケ若クハ疾病ニ罹リタルトキ

（官吏恩給法施行規則（明治二三年閣令第三号）一二条[13]、軍人恩給法九条、巡査看守退隠料及遺族扶助料法施行令（明治三四年勅令第一四八号）一条より抜粋）

さらに、陸海軍の傷痍疾病等差例をほぼそのまま引き写した文官傷痍疾病等差例が、その他の種別の恩給においても適用されることになったのである[14]。これにより、軍人の公務傷病のために作られた基準によって、文官も公立学校の教員[15]も警察監獄職員も等級の認定が行われることになった。こうして、軍人のために設定された公務傷病の規定が、戦闘の予定もない文官に適用され、さらに、その対象者は専門職公務員にまで拡大したのである。

（3）等級基準の越境

各恩給法は、一定の継続勤務と年齢を満たした退職者への恩給、公務傷病による退職者への恩給、遺族等への扶助料という枠組みは共通しており、また、公務傷病に関する等級は、前述のように同一の規定となっていた。しかし、恩給の名称や支給要件など不統一な部分も多かった。例えば、一定の継続勤務と年齢を満たした者への恩給の名称は、軍人恩給法では退職恩給（准士官以上）と免除恩給（下官以下）、官吏恩給法では恩給、市町村立小学校教員退隠料及遺族扶助料法では退隠料となっていた[16]。また、支給要件に関しては、年齢ひとつとっても、軍人恩給法では軍内での階級（陸海軍で別）によって三五歳から七〇歳まで幅があり[17]、官吏恩給法・市町村立小学校教員退隠料及遺族扶助料法では六〇歳を超えての退職と違いがあった。さらに、支給額の算定方法も異なっていた（詳細は、総務省政策統括官〔恩給担当〕付恩給制度研究官室編〔2019〕参照）。

このように大枠は共有しても細部では各恩給法で調整が行われていたにも関わらず、公務傷病については等級に関する法規定も各等級の状態を示した傷痍疾病等差例も同一であった。しかし、戦闘に特化した専門職とそれ以外の公務員とでは、業務上に発生する事故の種類も異なり、したがって、頻発する傷病の種類も異なることが容易に予想される。それにも関わらず、同一の基準が忠実に模倣されたのは、なぜだろうか。

ディマジオとパウエル（1983）は、類似のサービスの供給を行う組織やその顧客などによって構成される組織フィールドの内側で発生する同質化を同型化と定義した。さらに、合理性や効率性ではなく、正統性によって起こる組織の同質化を制度的同型化（institutional isomorphism）とした。そのなかでも選択に際しての不確実性が高い場合には正統性によって模倣的同型化（mimetic isomorphism）が行われるとする。各恩給法の対象者は、種別はあれども同じ公務員という同一の組織フィールドに所属しており、その組織フィールド内に設置された各恩給法が類似したものになることは、同型化として説明できる。さらに、競合する類似の制度が存在せず、かつ、新制度の創設という不確実性の高い状況にあって、同じ公務員組織で一定期間の運用実績もある、つまり、正統性の担保された軍人恩給制度からの模倣的同型化が、まず、文官の恩給制度で行われたものと考えられる。この文官の恩給制度が非軍人の他公務員の恩給制度に伝播し、軍人恩給制度を原型とする模倣的同型化が繰り返されることになった。このとき、支給要件等の細部においては各組織の実情に応じた調整が行われた。しかし、公務傷病の恩給の基準で行われた模倣は原典に忠実である。その理由として考えられるのは、基準設定における不確実性が極めて高かったということである。

官吏恩給法、市町村立小学校教員退隠料及遺族扶助料法、府県立師範学校長俸給並ニ公立学校職員退隠料及遺族扶助料法が公布された一八九〇（明治二三）年、公務傷病の恩給（増加恩給）の受給者数は軍人恩給が一二六五人に対し、文官ではわずか二人であった（総務省政策統括官〔恩給担当〕付恩給制度研究官室編 2019: 649）。ディマジオとパウエル（1983）は、不確実性が高いほど模倣的同型化が助長されるとする。つまり、稀にしか起こらないために傾向の予測が困難な公務傷病の恩給では、基準の設定にあたって忠実な模倣が助長されたのである。しかも、その基準は、近代医学の最前線にいた軍医が所属する組織内で運用実績があり、正統性が明らかである。このようにして、軍人のために作られた等級の基準が、公務員の種別の境界を越え、あくまでも公務員内ではあるが、一般化されるに至ったと考えられる。

3　その後の等級の変遷

上述のように公務員の種別ごとに設けられた各恩給法は内容も不揃いであり、これについては、早くから恩給制度の統一と整理が求められていた（総理府恩給局編 1964: 113-114）。一九二三（大正一二）年、恩給法（法律第四八号）として各恩給法の統一が行われ、それに伴って公務傷病の等級も再整理されることになった。これについて論じる前に、同法公布前に行われた陸海軍の傷痍疾病等差例の改正について確認する必要がある。

（1）陸海軍の軍人傷痍疾病恩給等差例

前述の各恩給法で模倣的同型化の原型になった一八八四（明治一七）年の陸海軍の傷痍疾病等差例が改正され、一八九一（明治二五）年に陸軍、その翌年に海軍において軍人傷痍疾病恩給等差例が発出された[18]。その内容が陸海軍ともに同一であるのは、前回と同様である。

今回の規定でも前回と同様に、増加恩給と賑恤金の対象となる状態が列挙され、それらが、増加恩給では第一項から第六項、賑恤金では第一款から第五款に配分された。

増加恩給については、全一三号に整理されたの状態は、前回と同じく外部障害の機能障害で占められていた。例外は、傷病を限定せず「不具若クハ廃疾」となった者とだけ表記し、「常ニ介護ヲ要スルモノ」（第一項、第二項）、「常ニ介護ヲ要セサルモノ」（第三項、第四項）、「介護ヲ要セサルモノ」（第五項、第六項）とする日常生活動作の自立度で区分した規定と、「生殖器」や「内臓器」の機能を「廃シタルモノ」「大ニ妨クルニ至リタルモノ」「妨クルニ至リタルモノ」のような機能障害の程度で区分した規定であった。腹部臓器については、前回のような「胃腸膀胱等ニ瘻管ヲ遺ス」や腸ヘルニアのような病名の表示はなく、「内臓器」として集約され、精神・神経障害では「不具若クハ廃疾」に含められたらしく、言及されていない。

賑恤金については、増加恩給より軽度の状態が第一款から第五款に区分され、その各款が甲症と乙症に分けられる一〇等級制となった。各款の状態は明示されているが、甲と乙の状態は明示されていない。また、前回は指の欠損部位に着目されたが、今回はそれに加え、頭首の醜形の大きさ、一眼の視力、一耳の機能、支肢の機能、手指と足指の機能、足指の欠損部位等、多様な状態とその程度が列挙された。

このように、外部障害では身体部位がより細かく分けられ、その状態もより詳細に明記されるようになった一方で、外部障害以外では「不具若クハ廃疾」「内臓器」のように包括的に整理され、状態の表現も外部障害に接近したものになった。外部障害以外は包括的に整理し、状態の表記は外部障害に準じさせるこの方針は、一九二三（大正一二）年公布の恩給法においても継承されることになった。

（2）恩給制度の統一

恩給法では、文官、軍人、教育職員、警察監獄職員、待遇職員といった公務員と、準公務員（準文官、準軍人、準教育職員）を対象として（一九条一項・二項）、それらの者に①一定の在職期間を満たして退職した者かそれ未満であって増加恩給の対象となる者に支給される普通恩給、②公務上の傷病のために「不具廃疾」[19]となり退職した者等に普通恩給と併せて支給される増加恩給、③増加恩給の対象となるよりも軽度の公務傷病により退職した下士以下の軍人に支給される一時金の傷病賜金、④普通恩給の対象となる在職期間を満たさず退職した者に支給される一時金の一時恩給、⑤普通恩給の受給権者が死亡した場合にその遺族に支給される扶助料、⑥扶助料の支給対象となる遺族がいない場合の兄弟姉妹（未成年か重度障害で扶養者もなく生活困窮の場合に限定）や、死亡ではなく退職によって職を辞していれば一時恩給の対象になったはずの遺族に対して支給される一時扶助料が規定された（総理府恩給局編 1964: 132-136）。

公務傷病に関する恩給の具体的な内容は、恩給法施行令（大正一二年勅令第三六七号）によって明文化された。同施行令二四条において、増加恩給の等級は、これまで用いられてきた六等級制から、第一〜六項症に特別項症を加えた七等級制に改められた。この七等級ごとに、障害状態が全三二号（三二項目）にわたって列挙された。また、軽度の公務傷病によって退職した軍人に支給される傷病賜金についても、第一〜一〇款までの一〇等級、全三〇号[20]で傷病の状態が明示された。傷病賜金の前身である賑恤金では、軍人傷痍疾病恩給等差例に第一～五款の状態は明記されたが、各款の甲乙の具体的な状態は示されていなかった。このように、増加恩給、傷病賜金ともに等級に関する規定がより細分化、明文化されたのである。

また、これまでの等差例と同様に、明示された状態の大半は外部障害についてであった。外部障害以外は、外性器（第三項症二号、第一款症一号）・泌尿器（第四項症一号）の機能障害、頭部・顔面等の醜状（第五項症二号）、精神障害（特別項症二号）、障害の種類を限定しないもの（特別項症一号、第一項症一号・二号、第二項症一号）の全九号に留まった。その状態は、精神障害では介護の必要度、障害の種類を限定しないものでは介護の必要度と「精神的又ハ身体的作業能力」の程度[21]で示された。外部障害が多様かつ詳細に記される一方、それ以外では、介護の必要度と「精神的又ハ身体的作業能力」にほぼ集約され、その程度も「精神的又ハ身体的作業能力」の大部分を失うほどの状態（第二項症一号）と限定的であった[22]。

上述のように、公務傷病の恩給対象者選定の基準設定においては、外部障害ではより詳細な機能障害の程度の表現が、それ以外の障害では障害の種類は包括的で、その程度表記は機能障害に似せた表現が採用された。すなわち、機能障害への収斂がより進んだのである。

4 稼得能力の影響

最後にもう一点、確認しなければならないことがある。それは、上記の増加恩給や傷病賜金の等級が本人の稼得能力に配慮していたのかという点である。恩給法案の審議にあたり、政府委員の法制局長官、馬場鍈一は、恩給が「恩典」や「恵ミ」ではなく、「在職期間内ニ於ケル経済上ノ能力ノ消耗」に対する賠償であると説明している（一九二三〔大正一二〕年二月一六日第四六回帝国議会衆議院、恩給法改正ニ関スル建議案外二件委員会議録第三回）。すなわち、恩給とは、稼得能力の減退に対する補償であるとしたのである。この馬場の発言を前提とするならば、増加恩給や傷病賜金の支給目的は、公務傷病によって失われた稼得能力の補償ということになり、等級は稼得能力の減退率を反映していると解することができる。しかし、これは以下の三つの理由により疑わしい。

まず、稼得能力の程度を示す表現が、恩給制度から早々に削除された点である。陸軍扶助概則（一八七五〔明治八〕年）の第四項にあった「営産ニ差支ナキ者」の文言は、翌年の陸軍恩給令（一八七六〔明治九〕年）では削除されている。例外的に、陸・海軍恩給令（一八八三〔明治一六〕年）では、一定の在職期間を満たし公務外の傷病で退職する下士卒に対する賑恤金の支給対象として、一肢以上の切断や両眼の盲がある者と共に「営業ヲ妨クルニ至ル者」を挙げていた（両令四九条三号）。これについて、陸海軍の傷痍疾病等差例（一八八四〔明治一七〕年）では、一肢以上の切断や両眼の盲、それらと同程度の傷病を第一款、一肢の機能喪失かそれと同程度の傷病によって全く服役に堪えず「営業ヲ妨クルニ至ル者」を第二款と規定し、「営業ヲ妨クルニ至ル」を機能障害の程度を評価するための補足的な指標として用いた。また、この傷痍疾病等差例では、不治病の等級設定に関しては、「営業ヲ為シ難キ」者は第五項、「営業ニ妨ケアル」者は第六項と稼得能力の程度を用いた。このように、稼得能力の程度は、賑恤金と不治病の一部で、あくまでも限定的に用いられた。その後、一八九一（明治二五）年の陸軍、翌年の海軍の軍人傷痍疾病恩給等差例においても、一九二三（大正一二）年の恩給法施行令においても、稼得能力に関連する文言は用いられていない。このように稼得能力の程度は規定上、重視されなくなっていた。

次に、そもそも公務傷病に関する恩給が、稼得能力の補償を意図して設計されたのか疑わしい点である。海軍退隠令（一八七五〔明治八〕年）では、同程度の傷痍でも戦闘によるものならば上位等級に配置され（但し海軍恩給令〔一八八三〔明治一六〕年〕で改正）、その後、他種別の公務員とも統一された恩給法では、同じ階等（職位）、同じ障害等級であっても発生理由が戦闘又は戦闘に準ずべき公務（甲号）であれば、それ以外の普通公務（乙号）によって発生した場合よりも支給額が一・二五倍も高く設定されていた（恩給法別表二号表、三号表）。稼得能力の補償のみが支給目的であるならば、発生理由を加味する必要はなかったはずである。

最後に、増加恩給が普通恩給の積み上げとして併給されるという点である。陸軍恩給令（一八七六〔明治九〕年）では停年恩給〔のちの普通恩給〕との併給は行われなかったが、停年恩給の支給額を基準として、それに上乗せされた額が等級ごとに設定されていた（一一条）。恩給制度創設の初期から、基準となるのは普通恩給で、その支給額の上乗せとして公務傷病の状態で上下する支給額が設定されてきたのである。これについて、普通恩給は障害の有無に関わらず誰でも要する生活費の補償、増加恩給は障害によって発生する特別な出費に対する補償として設定されたと捉えることができるかもしれない。しかし、上述のように増加恩給の支給額は公務傷病の発生理由によって異なっていた。稼得能力の減退に対する補償は、普通恩給で意図されていたとしても、増加恩給でも該当するかは疑問が残る[23]。

以上のことから、公務傷病の恩給で用いられた基準が、公務傷病によって減退した稼得能力の程度を推定するために設定されたと認めることは困難である。それよりも、基準の整備が軍人恩給のなかで外部障害を中心に展開されてきたことを考慮すれば、増加恩給で重視されたのは、国家への献身によって発生した身体的犠牲への報償であったと考えられる[24]。

日清日露戦争、第一次世界大戦を背景として、公務傷病の恩給においては、機能障害の程度を指標として障害状態を序列化し、外部障害以外を包括的、補足的にその序列に追加した基準が作成され、これが恩給支給に用いられた。機能障害基準の原型がここで創設されたのである。

5　小括

本章では、軍人のために作られた公務傷病の恩給支給の基準が、制度的同型化によって戦闘や従軍の可能性が低い他種別の公務員にも共有されて群生化し、それが恩給法によって統合されるプロセスを確認した。これによって、主に機能障害の程度を指標として障害状態を序列化した機能障害基準が、職種を問わずに誰に対しても適用可能な基準となっていったことを明らかにした。

■注

1　公務による疾病（病気）での退隠は帯傷扶助料支給の対象外であったが公務傷痍と同じく在職年数と年齢は不問で退隠料の対象となった（総理府恩給局編 1964: 24-25）。

2　陸軍恩給令等は、陸軍恩給令、陸軍罷役俸並恤金令、将官退職令、陸軍恩給令附録、陸軍武官恩給並扶助料表から成る（総理府恩給局編 1964: 29）。

3　陸軍扶助概則と同じく第一から第三は終身年金、第四は一時金として支給された。

4　状態の明示はないが、軽重によって等級をさらに細分化し、公務上の傷病（両令四九条一号・二号）では各款を甲と乙に、公務外の傷病（両令四九条三号）では第一款を甲と乙に、第二款を甲と乙と丙に区分している。

5　生殖器の障害は外部障害に含めていない。

6　公務外の傷病の賑恤金（両令四九条三号）でも「営業ヲ妨クル」の文言が使われている。

7　一八九四（明治二七）年、恩給顧問医制度が創設されたが、三名の初代顧問医の一人は森林太郎（森鴎外）である（総務省政策統括官〔恩給担当〕付恩給制度研究官室編 2019: 142-143）。

8　例えば長崎海軍伝習所のオランダ海軍軍医ポンペ（Johannes Lydius Cathrinus Pompe van Meerdervoort）、その後任でウトレヒト軍医学校の教官であったボードイン（Antonius Franciscus Bauduin）など（蒲原 1987: 3）。

9　宮内省官吏はもともと官吏恩給令の対象であったが、組織改編と経理事務の関係で、別途、恩給制度（宮内省官吏恩給例〔明治二〇年宮内省達第二号〕、宮内省准官吏恩給例〔明治二二年宮内省達第二四号〕）が新設された（総理府恩給局編 1964: 63）。明治憲法発布後も、官吏恩給法を踏襲しつつ制度としては独立していた（総理府恩給局編 1964: 106-110）。

10　在職年数と年齢によって支給される恩給の最下限年額（在職一五年の額）の一〇分の二から一〇分の七の額が等級に応じて支給された（官吏恩給令附則五条）。

11　その他にも在職中に死亡した文官の寡婦に対して支給される扶助料等の規定があった。

12　軍人恩給法により賑恤金は、公務傷病で退職する下士以下が増加恩給第六項より軽症でかつ免除恩給（勤務年数等の要件を満たして退職する下士以下に支給される恩給）を受けられないときに支給されることになった（一四条）。

13　市町村立小学校教員退隠料及遺族扶助料法四条と府県立師範学校長俸給並ニ公立学校職員退隠料及遺族扶助料法五条では、官吏恩給法の公務傷病の恩給に関する規定が適用された。

14　官吏恩給法施行規則一二条、公立学校職員退隠料及遺族扶助料支給規則（明治二五年文部省令第一号）一七条、市町村立小学校教員退隠料及遺族扶助料支給規則（明治二五年文部省令第二号）一五条、巡査看守退隠料及遺族扶助料法施行令（明治三四年勅令第一四八号）一条

15　一八九九（明治三二）年の府県立師範学校長俸給並ニ公立学校職員退隠料及遺族扶助料法改正（明治三二年法律第九〇号）により舎監と書記が対象に加わった。

16 陸・海軍恩給令では退職恩給（陸軍は准士官以上、海軍は下士以上）、免除恩給（陸軍の下士以下）、退役恩給（海軍の兵〔卒〕）であった（総務省政策統括官〔恩給担当〕付恩給制度研究官室編 2019: 25）。

17 陸海軍軍人現役定限年齢ノ件（明治二三年勅令第九九号）

18 陸軍軍人傷痍疾病恩給等差例（明治二五年一二月二四日陸軍省陸達第九六号）、海軍軍人傷痍疾病恩給等差例（明治二六年一月一三日海軍省達第二号）（総理府恩給局編 1964: 440-441）。

19 「傷痍ヲ受ケ若クハ廃疾ニ罹リ」（官吏恩給法二条二号、軍人恩給法九条）とされていた障害の表現が、傷痍または疾病に罹って「不具廃疾」と成った状態とされた（恩給法四六条一項）。一九八二（昭和五七）年公布、「障害に関する用語の整理に関する法律」（法律第六六号）によって「不具廃疾」は「重度障害」に改められた。

20 「前款ノ各症ニ次ク症ヲ残シタルモノ」（施行令三一条一〇款二号）を含む。

21 「精神的又ハ身体的作業能力ヲ失ヒ僅ニ自用ヲ弁シ得ルニ過キサルモノ」（第一項症二号）、「精神的又ハ身体的作業能力ノ大部ヲ失ヒタルモノ」（第二項症一号）

22 増加恩給には「前項ノ各症ニ該当セサル傷痍疾病ノ症項ハ前項ノ規定ニ準シ之ヲ査定ス」（施行令二四条二項）とある。また、この規定は傷病賜金にも準用された（施行令三一条二項）。

23 陸軍扶助概則の「営産」の文言が、停年恩給が創設されたタイミングで削除されたこともこれを補強しうる。

24 長谷川（1956）は労働者災害扶助法（一九三一〔昭和六〕年）以前の日本の災害補償制度について、「身体的犠牲を倫理的にみて、一の善行もしくは功労として恩賞行賞」（長谷川 1956: 43）であったと述べているが、公務傷病の補償もこれに通ずると考えられる。

第3章

官業共済制度

稼得能力基準の原点

前章で述べたように、業務上の傷病に対する保護は明治初期より行われていた。はじめに軍人に対する恩給制度が整備され、これに警察監獄職員を対象とした巡査看守給助例（一八八二〔明治一五〕年）、文官を対象とした官吏恩給令（一八八四〔明治一七〕年）が続き、その後、他の専門職公務員にまで拡大された。これらの恩給制度は、一九二三〔大正一二〕年、恩給法の公布によって統一された。しかし、同じ公務員でありながら、その対象に雇人、傭人、嘱託といった非官吏が含まれることはなかった。戦前の国家公務員には、天皇を頂点とした「身分制的な階統制」（真渕 2020: 292）がとられていた。天皇の官吏として重責を担うとともに身分や給与面で手厚い保障がなされた官吏であっても、親任官、勅任官、奏任官、判任官のヒエラルキーがあり、官吏と非官吏（雇人、傭人、嘱託）の間には歴然とした雇用待遇の格差が存在した（真渕 2020: 292-293）。

本章では、非官吏を対象とした公務傷病の保護制度が、この差別的構造を土壌として誕生し、恩給制度で行われた機能障害への特化とは別の経路、すなわち、稼得能力基準の創設に向かう過程を明らかにする。

1　官業労働者に対する労災補償

(1) 官役人夫死傷手当規則、各庁技術工芸ノ者就業上死傷ノ節手当内規

非官吏への労災補償の先鞭は、明治初期、官営工場の労働者に対する労災事故への対応に見いだすことができる。官役人夫死傷手当規則（明治八年太政官達第五四号）、各庁技術工芸ノ者就業上死傷ノ節手当内規（明治一二年太政官達第四号）によって、業務上の死傷は傷痍の軽重で五等級に区分され、等級に応じて一時金が支給された。

その等級は、官役人夫死傷手当規則では、第一等「重傷死ニ至ル者」、第二等「重傷死ニ至ラスト雖モ終身自用ヲ弁スル能ハサル者」、第三等「自己ノ動作ヲ得ルト雖モ終身事業ヲ営ム事能ハサル者」、第四等「譬へ事業ヲ営ム事ヲ得ルト雖モ身体ヲ毀傷シテ旧ニ復スル事ヲ得サル者」、第五等「身体ヲ毀傷スルト雖モ一時ノ治療ヲ以テ旧ニ復スル事ヲ得ル者」と規定された。各庁技術工芸ノ者就業上死傷ノ節手当内規の規定もこれとほぼ同じであった。このように、等級は、死亡（第一等）、日常生活動作能力の程度（第二等）、稼得能力の程度（第三等）、身体損傷の回復の程度（第四等、第五等）によって区分された[1]。上位の等級は、日常生活動作の自立度、中位の等級は個人の稼得能力の減退の程度に着目した両規定からは、後述する稼得能力基準の兆しを覗うことができる。

(2) 官役職工人夫扶助令

その後、官役人夫死傷手当規則に代わって官役職工人夫扶助令(明治四〇年勅令第一八六号)が制定された。この改正により、等級から死亡が削除された[2]。また、身体損傷の回復の程度(旧第四等、旧第五等)も削除され、不具廃疾者扶助料として以下のように定められた。

終身自用ヲ弁スルコト能ハサル者　日給百二十日分以上百七十日分以下
終身業務ヲ営ムコト能ハサル者　日給六十日分以上百四十日分以下
其ノ他ノ不具廃疾者　日給四十日分以上百日分以下

(官役職工人夫扶助令別表より抜粋)

官役職工人夫扶助令の制定以前、軍人、文官、専門職公務員の恩給制度は法律化されており(第2章)、非官吏をこれの対象に加えることは、技術的には可能であったはずである。しかし、同じ公務員であってもヒエラルキーの下位にあって身分も待遇も官吏と断絶していた非官吏は、官吏や専門職公務員と組織フィールドを共有しておらず、したがって、制度的同型化が生じなかった。それよりも、既に三〇年以上運用されていた前規定からの自己強化により、日常生活動作の自立度と稼得能力の程度による支給対象の選定が採用されたものと考えられる。

生活保障という観点からは、恩給制度のような機能障害の程度による画一的な補償よりも労働者ひとりひとりの稼得能力の減退の程度に留意する本規定の方が、より労働者のニーズに即していると言うことができるかもしれない。しかし、支給は「終身自用ヲ弁スルコト能ハサル」状態であっても「日給百二十日分以上百七十日分以下」の一時金であり、終身給付の恩給制度とはあまりに大きな隔たりがあった。

2　官業共済組合

(1)　鉄道労働者の共済組合

その後、職域単位に共済制度を設けることで、非官吏労働者の保護を行おうとする動きが広がった。その先駆けとなったのは、一九〇七（明治四〇）年に誕生した帝国鉄道庁職員救済組合である[3]。同組合の設立理由について佐口卓（1955）は、前年に公布された鉄道国有法（明治三九年法律第一七号）との関係を強調している。さらに佐口は、日清・日露戦争を経て、元より鉄道の国有化を企図していた鉄道官僚と軍事輸送の効率化を目指す軍部の要求とが合致し、鉄道国有化が実現されたとする（佐口 1955: 36-38〔198-200〕）。こうして鉄道の九一%が国有化されたことで、元民間鉄道会社の従業員は継続雇用を希望しない一部を除きそのまま国有鉄道に採用され、その職員数は約三万人から九万人に急増した（佐口 1955: 39〔201〕、日本国有鉄道 1974: 347）。それら元民間鉄道会社の従業員に対する手厚い待遇の保障が、当時、活発化していた交通労働者による鉄道ストライキ等の労働運動を防止するために重要であることを政府は十分に認識していたと考えられる（佐口 1955: 40〔202〕）。

これら労働者の保護にあたり最初に検討されていたのは、ドイツの労働保険を参照した社会保険制度であった（鉄道省大臣官房保健課 1938: 11）。非官吏である国有鉄道の労働者を官吏と同様に恩給の適用とすることは、「政治機関ノ全般ニ亘ル大問題ニシテ容易ニ決定実行セラレザルベキ」（鉄道省大臣官房保健課 1938: 19）ものであった。したがって、恩給は選択できず、かといって現行の非官吏の保護制度では明らかに足らずといったとき、見いだされたのが社会保険方式であった。結果的には、時期尚早として廃案となったが、この鉄道作業局職員保険法案には、公務上の死亡に対する一時金や公務上の傷痍に対する終身年金または一時扶助金（傷痍保険）、公務外の死亡に対する一時金や六〇歳を超えて退職した者への終身年金（死亡及老衰保険）、疾病に際しての医療給付等（疾病保険）が設けられていた（鉄道省大臣官房保健課 1938: 34-44）。このときの傷痍保険の終身年金と一時扶助金で用いられた等級は、後述する官業共済組合の規定に引き継がれることになった。また、特定の職域に対して、多種の保険を一束として適応させる同法案の基本設計は、船員保険法として結実することになった（詳細は第5章）。

共済組合方式が採用された帝国鉄道庁職員救済組合規則（明治四〇年四月二二日公達第三一五号）[4]では、上記法案から保険制度、終身年金、医療給付等が除外され、公務上の死傷・療養、死亡、五五歳以上での脱退に対して、救済金（一時金）が支給されることになった（一三〜一七条）。財源は、組合員たる鉄道職員から給与月額の三％を掛金として徴収し（四条）、これに政府による給料総額の二％の補助（帝国鉄道庁職員救済組合事務取扱規程〔明治四〇年五月一日達第三四号〕[5]二一条）をあわせたものであった[6]。

（2）公務傷病の救済金

同組合では、先述の官役人夫死傷手当規則、各庁技術工芸ノ者就業上死傷ノ節手当内規と同じく五等級制の公務傷痍に対する救済金が設けられ、等級に関しても、おおむねこれらが踏襲された。同組合規定との差異は、①第二等の日常生活動作の程度に「両眼ヲ盲シ若クハ二肢以上ノ用ヲ失ヒ」、第三等の稼得能力の程度に「一肢ノ用ヲ失ヒ自用ヲ弁シ得ルト雖モ」のように機能障害の状態に関する文言と「並ニ之ニ準スヘキ傷痍ヲ受ケタル者」を追加した点、②第四等を「退官又ハ退職シタル者」、第五等を「引続キ職務ニ服スル者」と退官退職か勤務継続かで区分した点にある。また、前述のようにこの等級と廃案となった鉄道作業局職員保険法案の傷痍保険の等級は、ほぼ同じ規定であり、同組合規定の第二等と第三等が同法案傷痍保険の終身年金の第一等・第二等、同組合規定の第三等と第四等が同法案傷痍保険の一時扶助金の第一等・第二等と対応していた。

第一等　重傷死ニ到リタル者
第二等　両眼ヲ盲シ若クハ二肢以上ノ用ヲ失ヒ終身自用ヲ弁スルコト能ハサル者並ニ之ニ準スヘキ傷痍ヲ受ケタル者
第三等　一肢ノ用ヲ失ヒ自用ヲ弁シ得ルト雖モ終身業務ニ就クコト能ハサル者並ニ之ニ準スヘキ傷痍ヲ受ケタル者
第四等　自用ヲ弁シ並ニ業務ニ就クコトヲ得ルト雖モ身体ヲ毀損シ旧ニ復スルコトヲ得ス因テ退官又ハ退職シタル者
第五等　身体ヲ毀損シ旧ニ復スルコトヲ得スト雖モ引続キ職務ニ服スル者

（帝国鉄道庁職員救済組合規則一三条より抜粋）

上記の規定では、①のように機能障害の状態が付加されはしたが、先行した非官吏の公務傷痍の等級が継承された上での追加事項であることを考慮すると、等級区分の重点が機能障害に移ったと言うよりも、日常生活動作能力（第二等）や稼得能力（第三等）の程度の目安として機能障害の状態が明記されたと見ることができる。さらに、②の第四等と第五等の区分である。同程度の身体の状態（身体ヲ毀損シ旧ニ復スルコトヲ得ス）であっても退官退職か否かで等級が異なっている。ここで焦点化されるのは、先行の非官吏の等級のような身体の損傷の状態ではなく、それによって発生する個人の就業状況の変化である。このことは、個人の身体の損傷そのものに対する賠償よりも、個人の収入の減少に対する生活保障の方が重視されていたことを意味する。このように、機能障害を重視した恩給制度とは異なり、共済組合では稼得能力が重視されたと見ることができる。

このことは、鉄道労働者に対する総合的な生活保障制度として、退職後の終身年金（死亡及老衰保険）や疾病における医療給付等（疾病保険）を備えた鉄道作業局職員保険法案（廃案）からの政策遺産によるものと考えられる。前述のように等級設定は、同法案から持ち込まれたものである。佐口は帝国鉄道庁職員救済組合規則に先だって策定された要綱について、同法案から疾病保険や終身年金を抜いた「現役労働者に対する直接の生活保障が顧りみられていない」（佐口 1955: 31〔193〕）ものであると批判した。しかし、同法案の骨子は継承されていたと見ることができる。

その後、専売局現業員共済組合規則（明治四一年大蔵省令第三五号）をはじめとして、他職域においても官業共済組合の設立が続くが、その際、公務上の傷痍に関する等級は帝国鉄道庁職員救済組合規則が参照され、どの組合もほぼ同一の規定[7]を持つに至った（岡 1913: 367）。このようにして、等級の上位を日常生活動作の自立度、中位以下を個人の稼得能力の喪失・減退の程度を指標に障害状態を序列化した稼得能力基準が官業共済制度に共通して導入されたのである。

（3）傷痍等差例の導入

官業共済組合における年金制度は、国有鉄道の労働者から開始された（鉄道省大臣官房保健課 1938: 170）。一九一八（大正七）年、鉄道院共済組合規則（二月一日内閣公達第一号）[8]が定められた。これによって、組合の名称は鉄道院共済組合に改められ、公務傷病[9]による公傷救済金の支給額は第一～三等で増額、第二等に該当する退官退職者は終身年金が選択できるようになった（鉄道省大臣官房保健課 1938: 170）。また、公傷救済金の査定標準として、第二等以下を等ごとに六級に区分した計二四段階での各級の支給額の水準（給料何ヶ月分か）が定められた[10]（日本国有鉄道 1974: 372）。これに併せて、傷痍等差例[11]が示された。

傷痍等差例では「本表ハ各等ニ属スル傷痍ノ最低限ヲ示ス」として、分類名こそ明示されていないものの、身体の部位を「眼」、「耳」、「鼻」、「口（咀嚼・言語・歯牙）」、「上肢」、「下肢」、「胸腹部臓器」、「知覚精神・脳脊髄・神経」、「生殖器・泌尿器」、「瘢痕収縮癒着・癒合」に一〇分類され、第一等の死亡を除いた第二～五等の状態が表形式で示された。この表の中心となったのは、機能障害の状態の記述であった。また、胸腹部臓器と知覚精神・脳脊髄・神経の障害では、第二等は「常ニ看護ヲ要スル」、第三等は胸腹部臓器の機能が「恢復ノ見込ナキ」、知覚精神を喪失か「保佐人ヲ要スル」、脳脊髄・神経の機能障害のため「時々看護ヲ要スル」など、日常生活における支援の必要度が重視された。

特に注目すべきは、第四等と第五等が区切られておらず、第二等、第三等、第四等・第五等の三区分で構成されていた点である。第四等と第五等はおおむね同じ状態が共有され、いくつかの例外[12]を除いて、退官退職の場合は第四等、勤務継続の場合には第五等に区別されることになっていた。例えば「上肢」の第四・五等は、「手指ヲ欠損シタル者（骨ニ達シタルモノニ限ル）手指ノ関節ノ用ヲ失ヒタル者」と規定され、どの指を欠損しているかではなく勤務継続の可否こそが等級区分の指標となっていた。このことは、陸海軍の恩給制度で用いられた傷痍疾病等差例（一八八四（明治一七）年）、これを引用して設定された官吏や専門職公務員を対象とした文官傷痍疾病等差例（一八八五（明治一八）年）において、同じ手指の障害であっても、片手の四指以上を失った者は第四項、片手の五指の用を廃した者は第五項、片手の四指か五指の各一部を失ったが掴むことができる者は第六項、片手の親指と人差し指を失った者か親指と人差し指以外の三指を失った者は第六項と詳細に区分されていたのとは、大きく異なっている。

このように、鉄道院共済組合の傷痍等差例は、新しい基準として組合規則に併設されたというよりも、同規則で既に行われていた視力障害と肢体の機能障害の状態による等級の例示を、障害の種類を増やして拡張したものとして捉えることができる。上述した手指の障害でも明らかなように、焦点は機能障害の状態というよりも、稼得能力の程度（勤務継続の可否）にあった。また、本改正によって導入された年金制度が、同じく第二等であっても退官退職者にのみ選択可能であったこともこれを支持する。このことから、級の判別の主軸が組合規則に規定された稼得能力基準であることは揺らがず、傷痍等差例はこの基準を補足するものであったと見ることができる。

その後、一九二〇（大正九）年、組合規則の全般的改正[13]によって、給付内容の整理や年金制度の対象拡大が行われた[14]。給付の種類は、公傷給付、廃疾給付、疾病給付、退職給付、遺族給付、災厄給付となり、そのうち、公傷給付、廃疾給付、退職給付、遺族給付の一部は年金化されて終身給付となった。

業務上の傷痍に対する公傷給付は、旧第一等（重傷による死亡）を遺族年金として独立させ、第二等以下を一等ずつ級上げして四等級制となった。そして、第一等と第二等を終身給付の公傷年金とし、第三等と第四等を一時金のまま据え置いた[15]（二五条）。また、公務外で発生した傷病についても、退官退職の理由が公傷年金（第一等、第二等）程度の傷痍や疾病[16]であれば廃疾年金、職業的疾患か肺結核であれば[17]特症金（一時金）が支給されることになった（三〇条、三四条）。あわせて、公傷給付の査定標準と傷痍等差例も改正された（大正九年達第三三六号）[18]。査定標準は、年金化された第一等（旧第二等）と第二等（旧第三等）では各三級、第三等（旧第四等）と第四等（旧第五等）では従来通り各六級の計一八区分となった。傷痍等差例では、旧第一等の削除とそれに伴う級の繰り上げによって、若干の文言修正が行われた。

これまで論じてきたように、非官吏の恩給制度加入が阻まれたことにより、公務傷病の補償に関する基準は、軍人・官吏・専門職公務員、それ以外の公務員のうち官業共済組合の組合員となった者、官業共済組合の加入対象とならなかった非官吏を対象とした各制度によって個別に設定されることになった。このことが、民間労働者の労災補償の基準（第４章）や社会保険の障害給付の基準（第５章）の混乱の一因となっていくことを次章より論ずる。

3　小括

公務上の傷病を負った公務員の保護は、軍人、官吏、専門職公務員を対象とした恩給制度、官業共済組合の組合員を対象とした組合規則、官業共済組合の加入対象とならなかった公務員に対する保護法[19]と公務員の身分によって異なった制度が適用された。これらは、軍人を頂点としたヒエラルキー構造となっており、公務傷病の補償内容も支給額も身分によって歴然たる差が存在した。各制度の展開も、機能障害に特化した基準を洗練させていった恩給制度、稼得能力の程度を重視し年金制度を備えるに至った官業共済制度、基本的枠組みは明治初期のまま据え置かれたその他公務員の保護法と、同じ公務員を対象としながら制度展開も全く異なるものになった。

次章からは、これまで論じてきた恩給制度や官業共済制度が、民間労働者の保護法にどのような影響を与えたのか検証していく。

■注

1 各庁技術工芸ノ者就業上死傷ノ節手当内規の対象には一般官員も含まれた（前文但し書き）。

2 等級からは削除されたが、業務上の死亡は遺族扶助料と葬祭料の支給事由であった。

3 一九〇八（明治四一）年に鉄道院職員救済組合、一九一八（大正七）年に鉄道院共済組合に改称（鉄道省大臣官房保健課 1938: 169）。

4 鉄道省大臣官房保健課 1938: 49-59

5 鉄道省大臣官房保健課 1938: 62-66

6 その後、一九一四（大正三）年「鉄道院職員ノ療養ニ関スル件」（大正三年勅令第一〇五号）を受けて公傷による療養は官費に委譲され、一九二〇（大正九）年の本格的な年金制度の開始に伴い政府負担が三％上乗せされ給料総額の五％に、さらに、同年四月の組合規則の改正によって強制加入の組合員（甲種組合員）の掛金が六％に改正された（鉄道省大臣官房保健課 1938: 190-207）。

7 専売局現業員共済組合規則一三条四等には「退官又ハ」の文言がない程度の差異はある。

8 日本国有鉄道 1974: 366-371

9 職務執行上の傷病も傷痍に準じ、公傷救済金の対象とされた（一七条）。

10 給与額は第二等一級の三ヶ年分から第五等六級一ヶ月分の間で設定された。

11 日本国有鉄道 1974: 372-373

12 呼吸障害、歯牙の欠損のみ、胸腹部臓器の障害、知覚精神・脳脊髄・神経の機能障害の場合、勤務継続ならば給付の対象外であった。

13 鉄道省大臣官房保健課 1938: 191-206

14 同改正の前年、大正八年七月一二日公達第四号によって公傷救済金の増額が行われた（日本国有鉄道 1974: 373）。詳細は鉄道省大臣官房保健課（1938: 188-189）参照。

15 その他、微細な文言の修正が行われた。

16 かつ、自己の重大過失に因らない傷病であって、組合加入後一〇年経過した者。廃疾年金の対象となる疾病については、大正九年四月達第三三二号として二一種類が列挙された（鉄道省大臣官房保健課 1938: 210-211）。

17 かつ、組合加入一年以上の者。

18 社会局編 1924: 26-30

19 官役人夫死傷手当規則（一八七五〔明治八〕年）は官役職工人夫扶助令（一九〇七〔明治四〇〕年）により廃止。後者は傭人扶助令（一九一八〔大正七〕年）によって廃止。各庁技術工芸ノ者就業上死傷ノ節手当内規（一八七九〔明治一二〕年）は雇員扶助令（一九二八〔昭和三〕年）によって廃止。

第4章

工場法

稼得能力基準と機能障害基準の混在

前章で述べたように、公務傷病を負った公務員の保護においては、恩給制度、官業共済組合の規則、官役人夫死傷手当規則などの保護規定が整備されていた。本章では、それらと並行して準備が進められつつあった民間労働者の保護立法に着目する。民間労働者を対象とした労災補償制度において、保護対象者はどのような基準で選定されたのか、なぜ、その基準が選択されたのか検討する。

1 工場法

(1) 鉱山労働者に対する労災補償

明治一〇年代には、民間労働者の保護立法の準備が始まっていた。未発表のまま廃案となったが、農商務省は一八八二（明治一五）年に「労役法」、「工場条例」の立案準備を開始し、一八八七（明治二〇）年に「職工条例」、「職工徒弟条例」を脱稿している（労働省労働基準局労災補償部編 1961: 5）。その後、一九一一（明治四四）年の工場法の制定まで立案が続けられたが、先んじて立法化に漕ぎ着けたのは、法的保護もないまま過酷な労働を強いられていた鉱山労働者に対する鉱業条例（明治二三年法律第八七号）であった。

鉱山業に関する法としては、日本坑法（明治六年太政官布告二五九号）が既に存在していたが、同法は労働者を保護するようなものではなく、鉱山労働者は劣悪な労働条件のままに産業の近代化に伴って増大する石炭需要を支えていた（石田 2018: 54）。その結果、高島炭鉱事件を筆頭とする鉱山労働者による闘争が多発し、鉱業の発展促進と併せて労働者の保護についても対策を講じる必要が生じた（労働省労働基準局労災補償部編 1961: 6、石田 2018: 54）。このような経緯により一八九〇（明治二三）年に公布された鉱業条例（法律第八七号）では、鉱夫の過失なく就業中に負傷した場合の診察費と療養費の補給や障害状態となった場合の一定期間の補助金の支給等について定めた救恤規則を作成し、所轄鉱山監督署の認可を受けることを鉱業人に義務づけた（七二条）。しかし、鉱夫に過失がないことが要件であったため、これを口実として、事業主は鉱夫からの保護の要求を容易に退け得たのである（労災サポートセンター 2020: 20）。

その後、鉱業条例に代わって鉱業法（明治三八年法律第四五号）が制定され、鉱業権者が扶助を免れることができるのは、鉱夫に重大な過失がある場合に限られるとともに、扶助の金額も命令で定められることになった（八〇条）。しかし、その命令（鉱夫労役扶助規則（大正五年農商務省令第二一号））は、それから一一年間も保留され、一九一六（大正五）年、後述する工場法施行令（大正五年勅令第一九三号）と同時に発出された。鉱夫労役扶助規則と工場法施行令の扶助の内容や支給額の水準は同一に調整されており、のちの改正においても両者の同一性が保たれた。

（2）工場労働者に対する労災補償

工場労働者に対する労働保護立法の準備は、日清戦争以降の労働争議の頻発を背景に農商務省を中心に進められていたが、一八九八（明治三一）年の工場法案は内閣更迭により提案の見送り、明治三五年法案は日露戦争で中断、明治四二年法案は産業界、特に紡績業者からの激しい反対によって撤回されるなど停滞し、一九一一（明治四四）年にようやく、工場法公布に至った（労働省労働基準局労災補償部編 1961: 6-11、石田 2018: 60-64）。しかも、施行はさらに五年後、一九一六（大正五）年まで保留された。同年、鉱夫労役扶助規則と併せて工場法施行令が公布された。

工場法（明治四四年法律第四六号）は、常時一五人以上[1]の職工を使用する工場、または事業の性質上、危険または衛生上有害の虞のある工場（勅令によって適用除外が可能）（一条）における、一二歳未満の就業の原則禁止（二条）、一五歳未満の者と女性の長時間労働の制限や深夜労働の禁止（三条、四条）などの年少者と女性の保護について定めるとともに、職工の重大な過失によらない業務上の事由による傷病や死亡に対する工業主の扶助責任が課され（一五条）、この扶助の対象となる傷病の程度や扶助料の支給額が同法施行令によって明文化された。

扶助の内容は、既存の官役職工人夫扶助令、官業共済組合、鉱業法施行細則による鉱夫の扶助に関する規定等を参照して定められた（岡 1917: 603, 625）。同法施行令により、業務上の事由による職工の傷病や死亡が発生した場合には、工業主の全額負担で本人や遺族に以下六種類の扶助が支給されることになった。具体的には、①療養に必要な費用の負担（五条）、②療養による休業中に賃金の一部を支給する扶助料（六条、一九二六〔大正一五〕年改正〔勅令第一五三号〕により休業扶助料）、③傷病が治癒したときに一定以上の身体障害がある場合の扶助料（七条、一九二六〔大正一五〕年改正により障害扶助料。以下、改正前についても障害扶助料と称す）、④職工が死亡したときに遺族に対して賃金の一七〇日分以上を支給する遺族扶助料（八条）、⑤葬祭を行う遺族に支給する葬祭料（九条）について規定された[2]。さらに、⑥療養開始後、三年を経過しても傷病が治癒しないときは、工業主が賃金一七〇日分以上の扶助料を支給して、扶助を打ち切ることができると定めた（一四条、一九二六〔大正一五〕年改正により打切扶助料）。

ただし、職工に重大な過失があった場合、扶助の対象外となった（法一五条、施行令四条）が、この規定は工場法の一九二三（大正一二）年改正（法律第三三号）によって削除され、支給に際して職工の過失の有無は問われなくなった。ところが、障害扶助料と休業扶助料に限り、地方長官が重大な過失があると認めた場合はこれまでと同様に支給対象外とする例外規定が施行令に盛り込まれた（一九一六〔大正一五〕年改正施行令七条ノ二）。

(3) 障害扶助料

障害扶助料は、傷病が治癒したのちに残った障害に対応した扶助である。障害扶助料では、以下のように身体障害の程度が四等級化され、各級に支給最低額が示された（工場法施行令七条）。それらは、終身年金ではなく、一時金として支給された。

一　終身自用ヲ弁スルコト能ハサルモノ　賃金百七十日分以上
二　終身労務ニ服スルコト能ハサルモノ　賃金百五十日分以上

三　従来ノ労務ニ服スルコト能ハサルモノ、健康旧ニ復スルコト能ハサルモノ又ハ女子ノ外貌ニ醜痕ヲ残シタルモノ　賃金百日分以上

四　身体ヲ傷害シ旧ニ復スルコト能ハスト雖引続キ従来ノ労務ニ服スルコトヲ得ルモノ　賃金三十日分以上

上記のように、障害扶助料では、上位の等級では日常生活動作の自立度、中位以下では「労務」、つまり、稼得能力の喪失・減退の程度を指標とした稼得能力基準が採用された。工場法施行令が公布された一九一六（大正五）年時点、業務によって発生した障害に関しては、恩給制度、官業共済制度、官役職工人夫扶助令などの保護規定が対応していた。それらの基準では、恩給制度では機能障害、それ以外では稼得能力が重視されていた。工場法施行令において稼得能力基準が採用された理由について、農商務官僚として工場法制定に尽力した岡實の著書『工場法論（改訂増補第三版）』を元に精査する。

障害扶助料の障害程度に関する規定について岡は、官役職工人夫扶助令とほぼ同様であるが、鉄道院共済組合の規定に比べると遙かに抽象的だと述べている（岡 1917: 625）。さらに、立案の際、具体的な規定にするかどうかは相当論議したが、具体的に傷《ママ》害の程度を明確にするのが困難だったため、むしろ抽象的な標準を掲げて個別に判定する方が勝るとして、このような規定にしたと解説した（岡 1917: 625）。

上記のように岡は、身体障害の程度を官役職工人夫扶助令とほぼ同様としているが、実際の官役職工人夫扶助令は、「終身自用ヲ弁スルコト能ハサル者」「終身業務ヲ営ムコト能ハサル者」「其ノ他ノ不具廃疾者」（三条二項）となっており、工場法施行令にある第三号と第四号の区別がない。官業共済組合の規定ではそれらに区分を設けていたが、重点は勤務継続の可否にあり工場法施行令とは観点が異なっていた。工場法施

行令で第三号と第四号を区分する「従来ノ労務ニ服スル」ことができるか否かの評価は、退職か勤務継続かといった就業状況の変動ではなく、例えば、以前使っていた機械を使っていても事故前より生産能率が減退するなど事故前と同量の作業ができなくなったり、障害によって技術の進歩が難しくなったり、作業中の危機に防止措置がとれなくなったりという、実際の業務の状態によって行われるものであった[3]（『第九回工場監督年報』: 378）。つまり、個人の業務上の能力に着目し、仕事を遂行する能力が労災によってどの程度、減退したのかが注視されたのである。また、第三号には女子の外貌の障害も含めるなど損害賠償としての側面が強調された。このように、官業共済組合と同じく、工場法施行令では稼得能力基準が採用されていても前者では生活保障、後者では稼得能力の減退に対する補償と両者の力点は異なっていた。

上述の岡による身体障害の程度の解説は、このような個人の稼得能力の減退の程度について、具体的な規定にすることが困難であったという主旨であると考えられる。それでは、岡たちが相当議論した上で放棄した具体的な規定とはどのようなものだったのか。ひとつは、岡が触れた官業共済組合の規定であろう。そこでは、日常生活能力と稼得能力の程度の目安として機能障害の状態が補足され、就業状況（退官退職か勤務継続か）による等級区分が行われていた（詳細は第3章）。

そして、もう一つが、岡が参考のため『工場法論（改訂増補第三版）』に掲載したのだとする「身体傷害ニ因スル労働率減退ノ割合（ケリーガー教授案）（百分率）」の表である（岡 1917: 626-627）。岡は、英独の立法では傷害の程度を全部不能か一部不能で区別しているが、ドイツでは、おおよそ、このケリーガー教授による分類に従っていると説明した。同表は、二六種類の欠損障害[4]と鼠径ヘルニア（一種類）を列挙し、例えば、「両眼ヲ失ヒタル場合」だと一〇〇、「二趾以上ヲ失ヒタル場合」だと一五~三〇というように、それぞれの

「労働率減退ノ割合」を百分率で示した。

岡は同表について、ドイツにおいても批評を免れ得ないものなので、これを直ちに現行法に引用することはできないとも述べている（岡 1917: 626）。工場法の対象となる労働者には工場労働者という共通点はあっても、業種も従事する作業もそれに要する技能も異なっていたはずである。そのような労働者の稼得能力について、機能障害の状態に応じた「労働率減退ノ割合」を示し、その基準のみによって画一的に評価するのは困難だと結論づけられたものと考えられる。しかし、帝国鉄道庁職員救済組合規則（一九〇七〔明治四〇〕年）では、等級の目安として機能障害の状態を規定に加えているし、工場法施行令公布後ではあるが、一九一八（大正七）年には傷痍等差例によって等級に応じた機能障害の状態が示された（第3章）。このように、各等級の目安として機能障害の状態を例示することならば、工場法でも可能だったはずである。しかし、工場法には、これを選択するための制度的な基盤が欠けていた。

機能障害の状態を等級判定に加味するのであれば、機能障害の状態を評価する専門家とその評価に対して判定や認定を行う機関が必要になる。前出の帝国鉄道庁職員救済組合規則では、公務上の傷痍に関する支給の決定は、鉄道医かそれ以外の医師の証明書に基づき帝国鉄道庁総裁が行うことになっていた（四三条一項・二項）。しかし、工場法施行令では、扶助の支給事由、最低支給額は定めても、扶助の請求手続きについては、何の規定も設けていなかった（労働省労働基準局労災補償部編 1961: 214）。これに関して工業主に求められたのは、事前に扶助の金額や手続き等の扶助に必要な事項を定めた扶助規則を作成し、地方長官に提出することだけだった[5]（工場法施行令一九条一項）。扶助の支給決定は、原則、労使間に委ねられていたのである。

（4）扶助の支給

工場法の定める扶助の支給事由が発生した場合、工業主は自らが作成した扶助規則に従って扶助を行うことになっていた。提出した扶助規則[6]の修正を命じられることはあったが、これを手直しして再提出した後は、支給に際して、原則、行政機関等の第三者による審査は行われなかった。そのため、等級の決定も基本的には、労使間の折衝に任されていたのである[7]。岡によると、このような形式となったのは、扶助の請求や支給の手続きが「簡易ニシテ且敏活ナルヲ要ス」（岡 1917: 646）ためであり、「手続ヲ繁雑ニシテ職工ニ不便ヲ感セシムルカ如キハ扶助令ノ本旨ニ非ス」（岡 1917: 646）のためであった。

行政による介入は、労使間で扶助に関して合意に至らない場合に、地方長官への審査・調停の申請があってはじめて行われた（工場法施行令一八条一項）。労働者は労災事故についての民事訴訟も可能であった[8]が、岡は「複雑ナル手続ニ依リ民事裁判所ニ出訴スルコトナク、成ルヘク地方長官ヲシテ扶助ニ関スル一切ノ紛争ヲ解決セシメンコトヲ期シタリ」（岡 1917: 647）として、行政による調停は民事訴訟を防ぐためにも必要であると述べている。当時、農商務省は、諸外国の労災補償制度について把握しており、労使間の紛争で利用される仲裁裁判制度の役割についても認識していた[9]（岡 1917: 649-652）。しかし、我が国において労使間の問題は相互の協商互譲で解決されるのが常であり、仲裁裁判制度の創設は健訴を促進し、労働者保護の規定はかえって社会問題を誘起する導火線になる虞があるとされ、結果、地方長官による調停が導入されたのである[10]（岡 1917: 648-649）。

このように、障害扶助料は、労働者の求めに応じた工業主が、扶助規則の規定に従って支給するのが原則とされた。この方式による支給の適切な実施には、労使間の力関係が対等であることが前提となる。労働者が工業主に対抗する力を持ち得なければ、雇用側の決定に否を唱えることは困難である。労災によって障害を負った労働者が、労働者に重大な過失があった、支給の対象となる障害程度とはいえない、労働者の主張よりも下の等級が妥当である、支給はするが規定の金額は払わない等の工業主の主張に抗い、自らの権利を主張するためには、その労働者個人を支える仕組みが必要である。

以下では、労働者を互助する仕組みとしての組合運動が、障害扶助料に与えた影響について考察していく。

2 「工場監督年報」における紛議

工場法の施行と後述する通達の発出、その後の法改正が行われた大正から昭和初期の期間は、「日本における戦前の労働運動の中で、最も組合運動が活発に展開された時期」(田村 1984: 3) とされる。

工場法施行から一九二二(大正一一)年頃までは、所管省編[11]『工場監督年報』においても、扶助料に関する労使間での問題は、「大ナル紛議ヲ醸シタルコト稀ナリ」(『大正六年工場監督年報(第二回)』: 175)、「稀ニ問題ヲ惹起シタルモノナキニ非ルモ多クハ法ノ誤解」(『大正一〇年工場監督年報(第六回)』: 193) と記されてきた[12]。ところが、『大正一二年工場監督年報(第八回)』以降、論調が一変する。第八回『工場監督年報』では、労働組合の活動が活発になるにつれ、労働者が扶助料の請求のみならず民事上の損害賠償等で自らの権利を主張することが漸次増加していることが述べられ、翌年の第九回『工場監督年報』では、「扶助ニ関スル紛議」の項目が新設され、最近の傾向では労働組合幹部や顧問弁護士を介して雇用主に扶助請求を行うことが増加し、大阪では本年中の調停受付事件が昨年の三一件から七六件に増加したとの報告がなされている（『大正一二年工場監督年報（第八回）』：257、『大正一三年工場監督年報（第九回）』：376）。このような紛議の増加に直面した行政は、「工場監督官吏ニ於テ調停シ工場労働者ノ間ニ平和裡ニ解決セシムルニ努力シ其成績見ルヘキモノ少ナカラス」（『大正一四年工場監督年報（第一〇回）』：434）との記述から見て取れるように、労使間の紛争解決に多くの手間を費やさなければならなくなったのである。

このような紛議の調停は地方長官に任されていたが、実務として担当したのは地方に置かれた調停官吏であった（労働省労働基準局労災補償部編 1961: 214）。しかし、工場監督に関わる地方庁の人員は常に不足していた。農商務大臣の指揮下、道府県の警察部に配属された工場監督官（奏任官）、工場監督官補（判任官）は、扶助を含む工場法の執行に関する実務を担当した（河合 1920: 31-33）。これら工場監督官吏は制度創設当初から定員充足もままならず、警察官吏等の兼任によってようやく業務が遂行されていた（前田 2018: 228）。その後、工場監督官吏の補充が行われたが工場法適用工場数の増加に追いつかず、深刻な人員不足が慢性化していた（前田 2018: 227-228）。このような状況にある地方の工場監督機関が、増加の一途にある紛議を解決することは、相当に困難なことであったと考えられる。

その紛議のなかでも特に問題となっていたのは、障害扶助料であった。一九二五（大正一四）年の大阪府からの報告には、争議の焦点として①重大過失の有無、②業務上の過失か否か、③施行令七条三号（従来ノ労務ニ服スルコト能ハサル）と四号（引続キ従来ノ労務ニ服スルコトヲ得ル）のどちらに該当するかの三点があげられている（『大正一四年工場監督年報（第一〇回）』：435）。これら三点のすべてに該当するのが障害扶助料である。そして、一九二七（昭和二）年、上記③に関わる通達が発出された。

3　工場法等通達

(1) 工場法等通達の発出

一九二七（昭和二）年、障害扶助料支給の対象となる身体障害の程度に関する行政通達、「工場法施行令第七条（及鉱夫労役扶助規則第二十条）ノ身体障害ノ程度ニ関スル標準」[13]（昭和二年四月四日労発第一五号）（以下、工場法等通達）が発せられた。その発出理由については、同通達の前文にて以下のように説明された。

障害扶助料の支給に際しての身体障害の程度に関する規定は、「極メテ抽象的」であるため等級の決定が困難なことが多く、別に身体各部の障害について具体的標準を定めるものも少なくない。さらに、障害程度についての「紛議モ尠カラサル」ので、今後、身体障害程度はこの標準に依ることになった。これは法令の変更ではないので、法令によって等級が明確な場合は法令の規定に従うものとする。

このように、法改正ではないことを強調したうえで、これまで紛議が少なくなかった障害程度について、その標準を示したものが同通達であると説明されたのである。その通達の内容は、次のようなものであった。

工場法等通達では、障害を「眼」、「耳」、「鼻」、「口」、「精神及神経」、「頭、顔及躯幹」、「胸腹部臓器」、「上肢」、「下肢」、「皮膚」、「泌尿、生殖器」の一一部位と「併合ノ場合」によって整理した[14]。そして、それぞれの部位ごとに障害状態を列挙し、その状態が一号から四号のどの等級に当てはまるのかを示した。例えば、「鼻」ならば、以下のような形式である。

第三　鼻
一　鼻ノ全部又ハ大部分ヲ欠損シタル者　　三号
二　鼻ノ機能ヲ失ヒタル者　　三号
三　鼻ノ一部ヲ欠損シタル者　　四号（女子ニ在リテハ三号）

このようにして、身体の一一部位について全六七種類の障害状態が提示されたのである。これは、当時の恩給法施行令（一九二三〔大正一二〕年）の増加恩給（三二種類[15]）と傷病賜金（三〇種類[16]）を併せたもの（全六二種類）よりも、鉄道院共済組合の傷痍等差例（一九二〇〔大正九〕年改正）の公傷給付（二八種類）よりも詳細な設定であった。

この工場法等通達において明文化された「身体障害ノ程度」は、恩給制度や官業共済組合の傷痍等差例と同様に、その多くが外部障害の機能障害の状態で占められていた。一部では、「頸又ハ腰ニ著シキ運動障碍ヲ胎ス者　三号」「頸又ハ腰ニ運動障碍ヲ胎スモ従来ノ労務ニ支障ナキ者　四号」のように、従来の労務に従事し得るか否かを指標として等級に配置されていたが、大体は機能障害の状態のみに着目して各等級に割り当てられた。しかし、「精神及神経」と「胸腹部臓器」については、「神経系統ノ機能ニ著シキ障碍ヲ胎シ修身[17]労務ニ服スルコト能ハサルニ至リタル者　一号」のように、障害の種別に工場法施行令の条文をそのまま加えただけの「極メテ抽象的」な状態に取り残された。このように、工場法等通達では、外部障害のほとんどが機能障害基準、一部の外部障害と「精神及神経」「胸腹部臓器」が稼得能力基準というように、ひとつの通達内に二つの基準が包含されていた。

ここで疑問となるのは、工場法施行令の検討過程において破棄されたはずの機能障害基準が、なぜ今となって、一規定内に稼得能力基準と機能障害基準を混在させた形で呼び戻されたのかという点である。しかも、従来の工場法施行令の規定改正は行わず、施行令への追加として工場法等通達を発出したのである。なぜ改正ではなく、追加だったのか。

（2）併設としての工場法等通達

前述のように、工場法等通達の発出理由には、障害程度についての「紛議モ尠カラサル」ことがあげられていた。先述した『工場監督年報』にあるように、大正末期、行政は紛議の増加を問題視していた。また、これに対応する地方の工場監督機関は前述のように慢性的に人員不足であった。この紛議を抑制するための一方策として採用されたのが工場法等通達であったと考えられる。工場法等通達が具体的で客観的な基準であるほど、障害程度に関する労使間の紛議の余地は狭まり、審査・調停の申請があった場合でも官吏の判断は容易になり負担が軽減する。工場法等通達の基準は、より詳細で具体的、客観的である必要があったのである。その基準が機能障害の状態を中心として構成されたのも具体性、客観性の観点から説明しうる。

また、機能障害を主軸とした基準は、明治初期から整備が始まった軍人恩給制度以降、武官から文官、文官から専門職公務員へと伝播を続け、一九二三（大正一二）年の恩給法施行令公布によって職種を超えた統一基準となった経緯がある（第2章）。工場法等通達以前に、機能障害基準は、どの職種にも適応可能な汎用性の高い基準として確立されており、その長期的な運用により等級認定の事例も蓄積されていた。加えて、官吏をはじめとする公務員ヒエラルキーの上位者を対象とした恩給制度で用いられてきた機能障害基準は、民間労働者の規範とするうえで十分な正統性を持ち得ていたと考えられる。

しかし、同通達は、従来の「極メテ抽象的」な規定を維持したまま、判断が迷われた場合に用いられる基準として導入された。なぜ、欠陥を認めた従来の規定を温存したままで、新しい基準が付加されたのだろうか。

上述のように、既存の制度を保持したまま、並行して新しい制度を導入するタイプの制度変化をマホニーとセレンは併設（layering）と定義し、これが起こりうる状況として、制度変化への強い拒否権を持つプレイヤーの存在と制度の解釈・強制の裁量の狭さをあげた（Mahoney and Thelen 2010: 19-20）。また、このような状況では、制度の枠内で密やかに活動し制度の破壊を目論む破壊者（subversives）がチェンジエージェントとして活発に活動すると述べた（Mahoney and Thelen 2010 :25-26）。彼らの理論で工場法を照らすと次のように説明できる。

工場法には、使用者と労働者という拒否権プレイヤーが存在し、工場法の成立過程において法案修正の要請や批判活動など積極的な関与がなされてきた経緯があった（石田 2018: 59-64）。法改正を伴う制度変化に際して彼らが拒否権を行使する可能性は十分に予想しうる。また、等級の決定を労使に委ねる工場法の基準においては、そこに解釈の余地があってはならず、まして、紛議抑制を目的とするならば、規定は「具体的標準の明示によつて紛議の余地を少からしめ」（『昭和二年工場監督年報（第一二回）』：261）るような解釈の幅のさらなる縮小が必要となる。紛議抑制のため既存制度の破壊を目論む破壊者であった官僚は、チェンジエージェントとして既存制度と工場法等通達との併設による制度変化を主導したと考えられるのである。

さらに、制度変化が併設として行われたことは、行政にとって次のようなメリットがあった。まず、工場法施行令の検討過程でも発生したであろう稼得能力の程度と機能障害の程度との対応関係に関する議論を回避することができたという点である。実体としては同通達による等級判断が中心になったとしても、制度上の主体は従来の工場法施行令にある。同施行令は稼得能力の程度を指標とした基準が設置され、これにより稼得能力の減退が補償される仕組みになっていた。工場等通達の基準は、等級の判断に窮する場面に用いられる補助である。そのため、取り立てて機能障害と稼得能力との関係を明言する必要はなく、両者の関係を曖昧なままにしておくことが可能になったと考えられる。次に、同通達の発出を法令の変更ではなく、その補足として留めたことで、例えば、医師の診断書を提出する等の機能障害の程度を評価する方法や、その評価を判定・認定する機関の設定を回避することができた点である。

多発する紛議の抑制のために、官僚は具体性、汎用性、正統性を有する機能障害基準が柱となった工場法等通達の併設を主導した。行政側にとってこの制度変化は、旧制度の破壊を狙いながらも、機能障害と稼得能力の対応関係の検討や法改正を伴う規定や機関の設定を回避することができるメリットがあった。

(3) 工場法等通達の運用

ところが、ことは行政側の思惑通りには進まなかった。工場法等通達の発出以降も障害扶助料は、「忌むべき事例の跡を絶たゝざること是なり」(『昭和四年工場監督年報〔第一四回〕』: 259)、「扶助料中最も問題多きは障害扶助料」(『昭和四年工場監督年報〔第一四回〕』: 262)と述べられるような状態であった。さらに、昭和恐慌を経て、「扶助に関する紛議、扶助金支給の遅延等の事象相当増加」(『昭和六年工場監督年報〔第一六回〕』: 335)し、紛議の「件数に至りては異常の数を示せるは、刮目に価するものと云ふべし」(『昭和六年工場監督年報〔第一六回〕』：343）と報告されるまでに至った。また、労働争議も中小経営を中心に高揚を見せ、『工場監督年報』で報告される紛議件数も一九三二（昭和七）年の一四九件が、翌年には二〇五件に急増している（西澤 2009: 124、『昭和七年工場監督年報〔第一七回〕』：369、『昭和八年工場監督年報〔第一八回〕』：502-503）。このように急拡大する紛議にあって、「従来の労務に服することの不能なりや否や」（『昭和九年工場監督年報〔第一九回〕』：564）の判断は、紛議の焦点であり続けたのである。

4　労働者災害扶助法

（1）労働者災害扶助法施行令別表

前述のように工場労働者は工場法、鉱山労働者は鉱業法の対象であったが、土木建築業等に従事する屋外労働者を対象とする保護法は設けられていなかった。そこで、一九二二（大正一一）年一一月より、労働者災害扶助制度についての調査研究が内務省社会局労働部で開始され、一九二七（昭和二）年一一月の「労働者災害扶助法案要綱」作成を経て、一九三一（昭和六）年、労働者災害扶助法（法律第五四号）が成立した（中脇 1979: 54-55）。要綱の作成から法制定まで月日を要したのは、日本土木建築請負業者連合会を中心とする強固な反対運動に一因があった。特に、数次の請負によって行われる事業について第一次の請負人を事業者として扱うこと、つまり、第一次請負人が扶助料を全額負担する（扶助義務を負う）ことについて反発が強く、法案が各請負人の連帯による扶助義務に修正された後も、これに代わって国営保険方式の導入が強く要求された（中脇 1979: 55-56）。政府は、一九二九（昭和四）年五月から事業主と共同で検討を進め、翌年七月に国営保険を採用した案を作成、関係団体に諮問した（労働省労働基準局労災補償部編 1961: 114）。こうして、土木建築工事や運輸事業等を営む事業主に対して労働者が業務上の事由により傷病、死亡となった場合の扶助を義務づける労働者災害扶助法と併せて、保険者を政府、被保険者を事業主として事業主の扶助責任を保険する労働者災害扶助責任保険法（昭和六年法律第五五号）が公布された[18]。

労働者災害扶助法施行令（昭和六年勅令第二七六号）によって、工場法や鉱業法と同様の扶助が創設されたが、障害扶助料の等級制度については工場法等とは異なる独自の設定がなされた。同法による障害扶助料は、同法施行令の「別表ニ掲グル区別ニ依」（六条一項）って支給されることになった。その別表は、「身体障害等級及障害扶助料表」と題され、全九八種類に列挙された身体障害の状態を一級から一四級に配置した等級表として示された。この等級表は、工場法等通達と似通った構造を有していた。

労働者災害扶助法施行令の障害状態は、視力・聴力や身体部位の欠損等からなる機能障害によるものがほとんどであり、稼得能力に関する記載は神経障害、胸腹部臓器の障害（以下、内部障害）、外部障害の「一上肢又ハ一下肢ノ一関節ニ機能障害ヲ残スト雖モ従来ノ労務ニ服スルコトヲ得ルモノ」（一二級五号）のみでなされていた。ひとつの等級表のなかに外部障害を対象とする機能障害基準とその他の障害を対象とする稼得能力基準を組み込む構造が、工場等通達と類似していたのである。さらに、障害状態の表現も工場法等通達と似通っていた。特に精神・神経障害と内部障害については、工場法等通達の規定がほぼそのまま労働者災害扶助法施行令別表に継承された[19]。

ここで問題となるのは、機能障害と稼得能力との関係である。工場法では、主たる規定である工場法施行令において稼得能力基準が採用され、これに、工場法等通達による機能障害基準と稼得能力基準からなる基準が併設された。このとき、機能障害と稼得能力の関係性の明言を免れたことは前述した。

しかし、法として明文化され、しかも工場法・鉱業法の四等級制から一四等級制と相当に細分化された等級制度の創設に際して、労働者災害扶助法施行令の等級表が何を指標として障害状態を序列化したのかという工場法等通達で曖昧にされた部分について、説明を避けるのは困難である。これについて、行政は如何なる解説を行ったのか。当時の社会局監督課長であった北岡壽逸による発言と論考を中心に検討する。

（2）別表と工場法等通達

北岡は、一四等級制の設置がこれまでの「抽象的の標準」から「具体的の標準」への変更であり、これは、従来の例規、恩給法、官業の取扱事例その他を参酌して作成したものであると説明した（全国産業団体連合会事務局 1931: 85 北岡発言）。なかでも、工場法等通達は、等級表作成にあたっての基礎とされた（労働省労働基準局労災補償部監修 1959: 6）。

上述のように労働者災害扶助法施行令の等級表では、工場法施行令のような稼得能力基準ではなく、工場法等通達にならい、外部障害の機能障害基準とその他障害の稼得能力基準から構成された基準が採用された。さらに、前述のように精神・神経障害と内部障害の状態は、工場法等通達からほぼそのまま同等級表に継承されていた。加えて、支給額においても、同施行令の障害扶助料と稼得能力基準をとる工場法施行令の障害扶助料は意図的に関連付けられており、例えば、同施行令の一級は標準賃金五四〇日分、工場法施行令の一号は賃金五四〇日分以上、同じように四級は二号、八級は三号、一三級は四号と同程度に設定された[20]（北岡 1930: 19）。このように、同施行令の等級表は、工場法施行令に規定される稼得能力基準との一定の関連性が前提とされていた。しかし、北岡は、この等級表と稼得能力との関係を完全に否定したのである。

（3）稼得能力と機能障害

北岡（1930）は、労働者災害扶助法要綱の解説に際して、「機能障害の種類及程度に依り細分」（北岡 1930: 19）した一四等級からなる等級表の導入理由を「労働能力（賃銀収得能力）の減少に応じて、減少率の一定割合と定むる方法」（北岡 1930: 31）、例えば、「賃金が五割減少すれば其の三分の二の終身年金とするが如きもの」（北岡 1930: 31）は、「抽象的には正しきも身体の一部の機能を失ふた人を見て果して幾何の賃銀取得能力を失つたかを決定することは容易な業ではない」（北岡 1930: 31）ので、「施行に当つては障害の程度及扶助料を客観的に分類する必要がある」（北岡 1930: 32）とし、稼得能力と等級表に掲げた機能障害との関係を否定した。

さらに北岡は、工場法施行令の四等級制と比較して格段に細分された一四等級制を取った理由について、事業主と労働者との間に起こる扶助に関する紛議の大部分は「永久労働不能を生じたる場合に障害扶助料の第何号に該当するかと云ふ問題」（北岡 1930: 47）であるため、「か丶る紛争を避くるために上に述べた様に障害の程度及種類は各個の機能障害に応じて細分すべき」（北岡 1930: 47）であったと述べた。要するに、労使間の紛議を回避するために、抽象的な稼得能力ではなく、具体的な機能障害の程度を指標して細分化した等級表を用意したと説明したのである[21]。

上記の北岡の解説からは、稼得能力基準が採用されていた精神・神経障害や内部障害のことが抜け落ちている。これは、工場法施行令の「極メテ抽象的」で「紛議モ尠カラサル」状態から脱するために設定された工場法等通達において、両障害に関しては施行令の条文に障害の種別を付け足しただけで放置したのと同じである。補償の中心は外部障害にあり、それ以外の障害はおざなりであった。

5　工場法等の統一

その後、一九三六（昭和一一）年の労働者災害扶助法施行令改正（勅令第四四八号）により、等級表にも修正が加えられた。これにより、各級ごとの障害扶助料の最低支給額が男女別（男子の方が一・五～約一・七倍高額）に設定[22]され、一級から八級の支給水準も約一・一～一・二五倍に上昇した。また、若干の級の変更や文言の修正が行われるとともに、列挙される障害状態も九八から一二〇種類に増加した。さらに、外部障害の状態から稼得能力に関する文言（労務）が排除され、これについて言及されるのは精神・神経障害、内部障害に限定された。

同施行令の改正と同時に、工場法施行令と鉱夫労役扶助規則の改正も行われた。そこで中心となったのは、障害扶助料についての改正である。これまでの四等級制が廃止され、代わって、一九三六（昭和一一）年改正労働者災害扶助法施行令と同一の等級表を用いた一四等級制が導入され、三法の補償水準も統一された[23]（以下、一九三六（昭和一一）年改正以降の工場法の障害扶助料の論証には、言及がなくとも他の二法を含む）。

これにより、工場法の障害扶助料の基準は、①工場法施行令による稼得能力基準、②工場法等通達による機能障害基準と稼得能力基準、この①と②の併設から、前述の北岡の解説によれば、稼得能力からは切り離されて具体的に設定された労働者災害扶助法の等級表に移行したということになる。北岡の説に従えば、外部障害においては稼得能力と機能障害との対応関係に関する難題は、本改正によって解決したかに思われる。

しかし、外部障害においても、障害扶助料から稼得能力が完全に消去されたわけではなかった。改正された工場法施行令（昭和一一年勅令第四四七号）には、等級表とは別に、「従来ノ労務ニ服スルコト能ハザルトキハ賃金百八十日分（中略）ヲ下ルコトヲ得ズ」という稼得能力を考慮した最低支給額の規定[24]が追加された（七条一項）。しかもこの規定は、一九三六（昭和一一）年改正によって、稼得能力とは無縁だと説明された労働者災害扶助法施行令にも盛り込まれたのである[25]（六条一項但書）。この「従来ノ労務ニ服スルコト能ハザル」か否かが、労使間の紛議の中心的課題であったことは先述したとおりである。そのような紛議を誘発する規定がわざわざ追加されたのは、なぜだろうか。

その理由として考えられるのは、労働者からの反発である。一九三六（昭和一一）年『工場監督年報』によると、一九三一（昭和六）年以降、重工業をはじめその他一般工業界は好転したにも関わらず扶助に関する紛議は依然として増加傾向にあり、行政は、「従来の労務に服することの不能なりや否や」などの紛議で「監督取締に相当の苦心を払ひたる」状態であった（『昭和一一年工場監督年報（第二一回）』：413）。このような紛議の渦中にある「従来の労務に服すことの不能なりや否や」を削除し、機能障害基準にすげ替えることは、特に、労働者側からの反発を喚起する可能性がある。紛議の中心であったからこそ、削除できない、ならばどうするか。そこで行われたのが、併設を維持したままでの主副の逆転であった。

工場法等の一九三六（昭和一一）年改正によって生じた制度変化は、旧工場法施行令の基準と工場法等通達の基準との併設から、労働者災害扶助法施行令の等級表への置換えではない。これまで主であった旧工場法施行令の稼得能力基準が補助役割へ、これまで副であった工場法等通達の機能障害基準と稼得能力基準から構成された基準が主たる役割へと主副が逆転しただけだったのである。この変化が、三法の障害扶助料に関する規定を同一にする方針によって労働者災害扶助法施行令に波及し、上記の規定が設置されたものと考えられる。

こうして、労使間の紛議の抑制、つまり、行政による労使のコントロールのために導入された機能障害基準と稼得能力基準から成る工場法等通達の基準が、稼得能力基準を黙殺したまま三法同一の障害扶助料の等級表として導入された。しかし、稼得能力への配慮が完全に失われたわけではなく、施行令内には稼得能力に配慮する条文が設置された。ただ、等級表のように機能障害の程度と稼得能力の程度とが並列になるときに、稼得能力の程度（それを指標とする精神・神経障害、内部障害）を無視することで、両者の関係を曖昧なままに留めたのである。

6　精神・神経障害、内部障害と打切扶助料

これまで述べたように、精神・神経障害、内部障害は工場法等通達から一貫して「労務ニ服スル」能力の程度を指標とした等級化が行われた。行政側から紛議の原因と目され、その解消を図るために行われた度重なる改正でも、その旧工場法施行令由来の「極メテ抽象的」で「紛議モ尠カラサル」文言のまま維持された。

これについては、外部障害における視力や聴力、身体部位の欠損や関節の可動域のような比較的に分かりやすい評価基準を精神・神経障害、内部障害では見いだし得なかった可能性を指摘できる。しかし、工場法等通達の発出（一九二七〔昭和二〕年）以前に制定された恩給法施行令（一九二三〔大正一二〕年）では、「精

神的又ハ身体的作業能力」の程度といった観点からの等級化が試みられていた。また国有鉄道の傷痍等差例（一九二〇〔大正九〕年）でも看護や保佐人の必要性や回復の見込みなどから、等級化が試行されている。一方、工場法施行令においては、そのような取り組みが見られず、精神・神経障害、内部障害がいわば放置された状態であったのは、なぜだろうか。

ひとつには、障害扶助料の対象となったのが、鉱山労働者（鉱業法）、工場労働者（工場法）、土木建築工事や運輸事業等に従事する屋外労働者（労働者災害扶助法）といった外傷の危険性の高い職種に限定されていたため、総じて外部障害の発生割合が高く、相対的にその他障害の補償が軽視された可能性である。また、精神・神経障害、内部障害では、その障害状態が業務上の災害に起因することを事業主に認めさせることが外部障害よりも困難であったため、表面的には発生件数が少なくなり、これがその他障害を閑却させる原因になったとも考えられる。

さらに、考慮すべきは、打切扶助料の存在である。打切扶助料とは、一定期間[26]、療養しても傷病が治癒しない場合に支給される一時金である。この打切扶助料を支給して以降、事業主はすべての扶助の支給義務から免れることができた。この規定は、工場法施行令制定当初からあり、労働者災害扶助法施行令にも踏襲された。負傷による外部障害よりも、疾病による精神・神経障害や内部臓器の障害の方が長期治療になりやすい。そのため、療養の費用の扶助[27]の対象となっても一定期間内に治癒せず、障害扶助料の対象となる前に扶助が打ち切られた、つまり、打切扶助の支給対象となった労働者もいたと考えられる[28]。業務上の事由による傷病については、工場法よりも一九二二（大正一一）年公布の健康保険法による対応が中心になっていたと考えられるが、これについては次章で論じる。

そもそも発生件数が少なく、その少数も打切扶助料によって障害扶助料の支給に至らない。そのため、行政側からは紛議の発生リスクの観点により、精神・神経障害、内部障害は、「極メテ抽象的」な表現のままでも問題ないと判断され、あえて手を加えることなく従前の規定のまま放置されたものと推測される。

上述のように、精神・神経障害や内部障害が放置されたことこそが、次章から論じる障害年金制度に強い影響を与えることになるのである。

7 小括

当初、工場法施行令では、機能障害基準の導入を見送り、非官吏に用いた旧来の稼得能力基準が採用されたが、従来の労務に服すことができるか否かという個人の稼得能力の程度に関して労使間の紛議が多発すると、①工場法施行令の稼得能力基準と②工場法等通達の機能障害基準と稼得能力基準で構成された基準によって、①を主、②を副とする併設が行われた。その後、②の基準が稼得能力ではなく機能障害の程度を指標とする等級化であると解釈された上で、②を基盤とした労働者災害扶助法施行令の等級表が設定され、のちに、これが工場法にも共有された。しかし、紛議が集中したからこそ稼得能力の程度による支給を完全に廃することはできず、②を起源とする等級表を主、①を起源とする稼得能力の程度による支給規定を副とした併設が継続された。その間、等級表においては、精神・神経障害や内部障害が対象となった②の稼得能力基準が黙殺され、稼得能力と機能障害との対応関係が明確化されないままで等級表内に稼得能力基準と機能障害基準とが混在することになった。

上述のように、紛争回避のための労使のコントロールを目的として設置された等級表は、その後、社会保険制度における障害給付の基準に大きな影響を与えていくことになる。

■注

1 一九一三(大正一二)年改正(法律第三三号)により常時一〇人以上の労働者を使用する工場を対象とするなど適用範囲が拡大された。

2 工場法施行令の一九二六(大正一五)年改正で地方長官の許可があれば障害扶助料と遺族扶助料の分割支給が可能になり(一三条二項)、一九三六(昭和一一)年改正で本人の承諾があれば雇用期間内の障害扶助料の支給を延期することができるようになった(一三条二項)。

3 労働省労働基準局労災補償部編(1961)では、「当初の工場法では、(中略)扶助料の額は、労務に従事できるかできないかによつて決定されたから、障害程度が大きくても引き続き使用し従来の賃金を支給しているならば第四号(工場法施行令七条参照。当初は四〇日分)の扶助料でよかつた」(p.225)と述べられているが、少なくとも『第九回工場監督年報』(一九二四〔大正一三〕年)時点ではそのように運用されていない。なお、工場法施行令創設時の第四号の扶助料は三〇日分以上である。四〇日分以上への引き上げは、一九二六(大正一五)年改正施行令による。

4 表記方法は、「両足ヲ失ヒタル場合」のように、文頭に「両腕」、「二指以上」など身体の部位をあげ、「ヲ失ヒタル場合」と続ける形式であった。

5 『大正五年工場監督年報(第一回)』によると、北海道、京都、神奈川、兵庫、長崎、新潟、群馬、千葉、栃木、静岡、愛知、山梨、岩手、青森、山形、富山、島根、和歌山、香川、高知、鹿児島、沖縄等の府県では、扶助規則の準則、用例を定めて一般に公示、または、参考として警察官署に配布する等していた(p.29)。地方長官が必要と認めるときは、扶助規則の変更を命ずることができた(施行令一九条二項)。

6 施行初年において、四ヶ月の猶予期間内に届け出を全て終了させたのは十数県に留まり、届け出られたものも不完全で変更修正を命じられることも少なくなかった(『大正五年工場監督年報(第一回)』: 29)。

7 審査・調停の申請があった場合は「必要ト認ムルトキハ医師ヲシテ診断又ハ検案セシムルコトヲ得」(工場法施行令一八条二項)と規

定されていた。静岡県の扶助規則（準則）（静岡県警察部編 1917-1921: 28-32）では、労働者が障害扶助料（同準則では不具廃疾扶助料と称される）を請求する際に、工業主が「必要アリト認ムルトキ」は医師の診断書の提出を「請求スルコトアルヘシ」とされていた（準則一六条）。また、「扶助規則作成上ノ注意」（静岡県警察部編 1917-1921: 32-34）として、扶助請求の手続きはかなり簡易であることが必要なので、障害扶助料、遺族扶助料以外で医師の診断書の提出について規定するのは避けるのがよいと解説されていた。

8 民事上の損害賠償請求と工場法による扶助の請求との関係は、労働省労働基準局労災補償部編（1961: 201-202）に詳しい。

9 同書では、イギリス、ドイツ、フランスの仲裁裁判制度が紹介されている（岡 1917: 649-652）。

10 扶助規定に限らず、労使間の紛争を法律に基づく一定の手続きによって解決するのではなく、官吏による調停によって解決しようとする動きは、労働争議調停法（一九二六〔大正一五〕年）の制定以降も拡大していった（西澤 2009: 124）。

11 『工場監督年報』の編者は第一～四回が農商務省、第五～一〇回が内務省社会局、第一一～一三回が厚生省。

12 その他にも労使間の紛議は「絶エテ無カリシ」（『大正八年工場監督年報〔第四回〕』: 197）、「多少ノ紛議ヲ惹起シ行政官庁ノ審査ヲ申請シ若ハ私訴ヲ提起シ或ハ刑事訴追ニ付セラルルノ類ナキニ非ラサリシモ多クハ法ノ解釈ヲ誤リタルニ出テタルモノ」（『大正一一年工場監督年報〔第七回〕』: 195-196）などの記載がある。

13 愛知県工場課校閲・愛知県健康保険課校閲 1932: 34 ノ 1-34 ノ 8

14 この身体部位の区分は現在でもほぼそのまま使われている（労災サポートセンター 2020: 74-77）。

15 特別項症三号（複数の障害がある場合の対応に関する規定）も含んでいる。

16 第一〇款症二号（「前款ノ各症ニ次ク症ヲ残シタルモノ」）も含んでいる。

17 例えば、労災サポートセンター（2020:25）のように、文献によっては「修身」ではなく「終身」と記載されている。

18 工場法制定当初より災害扶助の労働保険化について意識はされていたようである（厚生省保険局編 1958: 32）。しかし、労働者災害扶助責任保険法は工場法・鉱業法の適用事業の事業主について、任意加入で扶助責任の保険適用の対象としたが、同法施行令には任意加入の規定は設けられなかったため、実質的には同法の対象から排除された（労働省労働基準局労災補償部編 1961: 233-234）。

19 工場法等通達の「神経系統ノ機能ニ著シキ障碍ヲ貽シ修身労務ニ服スルコト能ハサルニ至リタル者」、「神経系統ノ機能障碍又ハ神経症状ヲ貽スモ従来ノ労務ニ服シ得ル者」は継承されていない。

20 工場法の障害扶助料の支給額は、一九二六（大正一五）年改正工場法施行令（勅令第一五三号）により一号は賃金五四〇日分以上、二号は賃金三六〇日分以上、三号は賃金一八〇日分以上、四号は賃金四〇日分以上に変更された。この賃金は、当初、就業日の平均賃金とされていたが、同改正施行令にて、健康保険の被保険者の場合は健康保険法の標準報酬日額、被保険者でない場合は過去三ヶ月分の賃金の平均となった（工場法施行令一六条一項一号・二号、労働省労働基準局労災補償部編 1961: 207-210）。短期雇用が多い屋外労働者が対象となる労働者災害扶助法施行令では業務等によって算出方法の異なる標準賃金が用いられた（一五条一項）。

21 後年、労働省の年史では、「責任保険法の関係もあつて、できるかぎり細分して具体的な場合に疑義の生じるのを防止することとした」（労働省労働基準局労災補償部編 1961: 225）と説明されている。

22 最低支給額の導入理由について労働省は、「賃金の少ない者にとつて極めて不利であつて扶助の目的を達しない場合もあ」（労働省労働基準局労災補償部編 1961: 185）ったためだと述べているが、男女差が設けられた理由には触れていない。

23 業務災害の扶助に関しては、工場法と鉱業法もあわせ、すべて労働者災害扶助法に統一する改正案が準備されていたが、議会提出前に廃案になった（労働省労働基準局労災補償部編 1961: 181）。

24 鉱夫労役扶助規則（二〇条一項）も同じ。略部分は、その金額が男子一五〇円、女子九〇円に満たない場合は男子一五〇円、女子九〇円。一九三六（昭和一一年）年改正によって労働者災害扶助法施行令の等級表から「従来ノ労務ニ服スルコト能ハザルモノ」の文言が削除され、代わって「軽易ナル労務ノ外服スルコトヲ得ザルモノ」が加わったのも、この条文が関係していると考えられる。

25 同施行令には、「事業主ガ従来ノ賃金ヲ支給シテ引続キ雇用スル場合ニ於テ本人ノ承諾アリタルトキハ雇用期間内障害扶助料ノ支給ヲ延期スルコトヲ得」（一〇条二項但書）との規定があったが、一九三六（昭和一一）年改正によって「従来ノ賃金ヲ支給シテ」部分が削除された。

26 一定期間とは、工場法・鉱業法で療養開始後三年、労働者災害扶助法で療養開始後一年（一九四五〔昭和二〇〕年改正施行令で三年）。

27 健康保険法施行後は療養の給付。詳細は第5章。

28 戦後の労災法規でもこの枠組みは継承されたが、けい肺や外傷性せき髄障害等の長期療養者の補償問題を契機として、一九六〇（昭和三五）年、これが廃され年金制度が導入された（労働省労働基準局労災補償部編 1961: 339）。ただし、現行の労働基準法八一条には打切補償の規定がある。

第5章

社会保険の創設

建て前としての稼得能力基準

障害を理由として生じる稼得能力の減退に対する補填であるはずの労働者年金保険（厚生年金保険）の廃疾（障害）給付において踏襲されたのは、機能障害基準が強調された工場法の等級表であった。その理由を明らかにするために、まず、社会保険方式をとって先行した健康保険と船員保険について検討する。日本初の社会保険である健康保険が保険給付に業務上の事由を含んだことで、社会保険における業務上の事由に対する保険給付が方向付けられ、これにより、船員保険と労働者年金保険に工場法施行令の等級表を導入する素地が作られたことを確認する。

1　健康保険法

（1）概要

一九二二（大正一一）年、日本初の社会保険法となる健康保険法（法律第七〇号）が公布された。同法の保険者は政府または健康保険組合、被保険者は強制加入の工場法・鉱業法の適用を受ける事業所[1]に使用される者と、強制加入者以外の一定の事業に使用される任意加入の者等であった[2]（法一三条、法二二条）。また、保険給付として、疾病、負傷、死亡、分娩に関して、①診察、薬剤、治療、看護等の現物給付を原則とする療養の給付（施行令七四条一項）、②休業中の賃金の一部を支給する傷病手当金（法四五条）、③被保険者死亡の場合に支給する埋葬料（法四九条）、④被保険者が分娩した場合に支給する分娩費（法五〇条）、⑤分娩の前後一定期間の賃金の一部を支給する出産手当金（法五〇条）が定められた。健康保険事業に要する費用は、国庫負担と併せて、被保険者と事業主が二分の一ずつ負担する保険料によって賄われた（法七二条）。

（2）保険給付と業務上の傷病

上述のように、発足当初の健康保険からは現行制度の骨格を見出すことができるが、大きく異なる点もあった。そのひとつが、業務災害の扱いである。現行制度とは異なり、創設時の健康保険の給付対象には、業務上の事由による傷病が含まれていた。同法の被保険者は工場法・鉱業法の対象となる労働者と重なっていたため、工場法（以下、鉱業法を含む）の療養の費用、休業扶助料、葬祭料の支給対象者と健康保険法の①療養の給付、②傷病手当金、③埋葬料の支給対象者は概ね重複しており、両者からの支給が可能な場合は、健康保険法の給付が工場法のそれに優先されることになっていた（一九二六〔大正一五〕年改正工場法施行令第一三条ノ二第一項・第二項）。よって、業務上の事由による傷病については、同一傷病につき一八〇日を限度に健康保険法の①療養の給付や②傷病手当金が支給され（健康保険法四七条）、それを超える場合にはじめて、工場法の療養の費用や休業扶助料が打切扶助料の対象となるまで支給されることになった（労働省労働基準局労災補償部編 1961: 35, 38）。

保険給付の原資となる保険料の拠出は、被保険者である労働者とその事業主が折半して行っていた。一方、工場法による扶助は、工業主（事業主）の全額負担で行われた。したがって、健康保険の保険給付が工場法の扶助に優先するということは、これまで事業主による全額負担の扶助費によって行われていた業務災害の補償に、労働者が拠出した保険料が充てられるということを意味していた。

法案提出から公布までは迅速に進められた健康保険法にあっても、その施行は関東大震災を挟み一九二六（大正一五）年まで延期されるなど難航した[3]。さらに、実施については、労働者、資本家、医師会それぞれの立場からの強い批判に晒されることになった[4]（佐口 1957: 154）。労働者は、日本労働組合評議会の加盟組合による全国的な反対闘争、すなわち、健康保険ストライキを展開した（佐口 1957: 154）。この健康保険ストライキの中核となったのは、上述の業務上の傷病に対する保険給付への批判であった（佐口 1957: 160）。

このような反対闘争の原因となった保険料の労使折半がなぜ決定されたのか、その理由について労働省の編著『労災補償行政史』では、当時の政府が行った説明が以下のように紹介されている。

（1）数理的理由

調査の結果、業務上の事由による傷病率と業務外の事由による傷病率の割合は一対三である。業務上傷病については事業主のみが負担し、業務外傷病については当時のドイツの疾病保険の例により事業主が三分の一、被保険者が三分の二を負担すれば、

	業務上		業務外		負担割合
事　業　主	$\frac{1}{4}\times 1$	+	$\frac{3}{4}\times\frac{1}{3}=\frac{2}{4}$	=	$\frac{1}{2}$
被保険者	$\frac{1}{4}\times 0$	+	$\frac{3}{4}\times\frac{2}{3}=\frac{2}{4}$	=	$\frac{1}{2}$

の如く、事業主及び被保険者がそれぞれ二分の一を負担することとなる。

（2）その他の理由

外国立法例が当時事業主、労働者各二分の一主義の趨勢にあり、二分の一主義がもつとも公平にして協調の精神を助長し、かつ、事業主と労働者とが協力して健康保険組合の管理を行なうに適している。

（労働省労働基準局労災補償部編 1961: 38）

政府の主張は、労働者の拠出した保険料が数理的には業務上の事由による傷病の保険給付に充てられていないこと、かつ、保険料の労使折半は国際標準であるというものであった[5]。

業務上の事由による傷病を労働者の拠出金によって補償する仕組みは官業共済組合でも取られていた（詳細は第3章）。しかし、官業共済組合の先駆けとして一九〇七（明治四〇）年に誕生した国有鉄道の共済組合では、その七年後となる一九一四（大正三）年、組合負担の増大により「傷害救済の能く耐ふるところでない」（鉄道省大臣官房保健課 1938: 105）、「業務上の災害に対する補償制度を充分実行することが出来ぬ。事業主自ら之を経営するのが当然である」（鉄道省大臣官房保健課 1938: 107）と組合が業務災害の補償を代行することの非合理などを訴え、公務上の傷病の療養に関する補償をすべて官費に委譲していたのである（鉄道省大臣官房保健課 1938: 108）。

このように、業務災害補償を労働者に代行させ、それが上手くいかずに官費に回収した経緯がありながら、健康保険においては、ストライキを押し切り、業務上の事由への保険給付の実施が開始されたのである。

2 船員保険法

（1）立案の経緯

健康保険が日本における社会保険方式の祖であるならば、船員保険は社会保険方式による年金制度の祖である[6]。船員保険法（昭和一四年法律第七三号）公布以前、船員の保護については、船員法（明治三二年法律第四七号）、商法（明治三二年法律第四八号）においてわずかに定められていた。商法では、業務中の食料を船舶所有者の負担とすること（五七七条）や、業務中の重大過失によらない傷病について治療や看護の費用を三ヶ月以内で船舶所有者が負担すること（五七八条一項）、さらに、労働者がその期間の給料を請求する権利（五七八条二項）などが規定されるのみであった。恩給制度、官業共済組合の規定、工場法、鉱業法、労働者災害扶助法、先述の健康保険法など、陸上労働者を対象とした保護規定の整備は進みつつあったが、船員の保護はそこから取り残されていた。

船員保険法の立案準備は一九二〇（大正九）年、逓信省で始まったとされる（厚生省保険局編 1958b: 4）。翌一九二一（大正一〇）年に示された「海員保険要綱（逓信省第一次案）」では、疾病保険、傷病保険、遺族保険、失業保険と並んで、廃疾保険（廃疾年金・廃疾手当金）が設けられた（厚生省保険局編 1958b: 4-5）。その後、失業保険（失業手当金）が逓信省第六次案で削除され、逓信省から立案作業を移管された内務省社会局において新たに付け加えられた養老年金と脱退手当金のうち養老年金が一九二八（昭和三）年八月・九月の社会局参与会議の結果、「陸上労働者の保護と均衡を失するとの意見が多かつた」（厚生省保険局編 1958b: 12）として削除、一九二九（昭和四）年九月二六日に内務大臣に提出された同要綱では廃疾年金が削除、遺族年金も遺族手当金に修正されるなど、年金制度を削除して一時金に限定する等の変更がなされた（厚生省保険局編 1958b: 6, 12, 29-31）。年金制度を廃止したのは、「船主の負担能力の関係、陸上労働者保護法規との権衡等のため」（厚生省保険局編 1958b: 32）とされた。

その後、一九三一（昭和六）年第五九回帝国議会に提出された船員保険法案（審議未了で廃案）、未定稿として一九三六（昭和一一）年九月一四日に社会局が非公式に発表した船員健康保険制度要綱案、一九三七（昭和一二）年六月一九日作成の船員保険制度案要綱でも年金の非採用が継続された（厚生省保険局編 1958b: 38-45, 51-56）。ところが、一九三八（昭和一三）年一月、厚生省の創設により保険院が開設され保険院保険制度調査会が発足、同調査会第一回総会（一九三八（昭和一三）年一一月一四日）の議題となった船員保険制度案要綱には、養老年金と廃疾年金が復権していたのである[7]（厚生省保険局編 1958b: 58, 61-62）。しかも、同要綱の説明では、「此の保険は後に段々述べますように、疾病、負傷に対する保険という部分よりも、寧ろ老令、廃疾、脱退[8]と言うような年金制度の方に主眼点を置いて居る」（厚生省保険局編 1958b: 65）とまで述べられたのである。こうして、年金制度の組み込まれた船員保険法が、一九三九（昭和一四）年に公布されることになった。

（2）船員保険法の概要

船員保険は、政府管掌（二条）、被保険者を船員法一条に規定する日本国籍を有する船員（一七条）として発足した。保険給付は、疾病、負傷、老齢、廃疾、脱退、死亡に関して、①療養の給付（二八条）、②傷病手当金（三〇条）、③養老年金（三四条）、④廃疾年金・廃疾手当金（四〇条）、⑤脱退手当金（四六条）、⑥死亡手当金（五〇条）が定められた[9]。費用は、国庫負担と併せ、被保険者とこれを雇用する船舶所有者とで折半する保険料とで賄われた（五八条一項・二項、六〇条）。

このように、船員保険は、船員のみを被保険者とし、同一法規内に医療保険、年金保険を含み、傷病・障害の発生理由を問わない総合保険として誕生した。船員保険法が公布されるまで、民間労働者の業務上の事由による傷病・障害には工場法等の補償、業務外の事由による傷病には健康保険の給付はあっても、業務外の事由による障害に対する公的な保護制度は設けられていなかった。しかも、それには、工場法にもなかった年金制度が整備されていたのである。このような社会保険制度が、船員という特定の職種を対象として創設されたのは、なぜだろうか。

（3）海上労働者の特殊性

まず考えられるのは、海運国策の観点からの船員の保護である。船員保険の審議過程で度々言及されたのが、日本の産業発展には海運業の隆盛が最重要であり、そのためには、優秀な船員を安定的に確保するための優遇措置が必要であるという点であった。例えば、先述の保険院保険制度調査会第一回総会（一九三八〔昭和一三〕年一一月一四日）にて保険院総務局長の佐藤基は、「一般に行わないで船員に就て先ず行おうというのは、主として海運国策に投ずる為」（厚生省保険局編 1958b: 65）であり、「同じ条件で、或は多少悪い条件でも陸上で働けるならば海上で働くよりそちらの方を望むということは一般に認められるのでありまして、そういう見地から成る可く優秀な船員を成る可く長く海上に勤務せしむるということは、海運国策上極めて必要である、斯様な見地から、特に此の船員に就きまして年金制度を先にやるということにした」（厚生省保険局編 1958b: 65）と述べている。軍需品も含め物資の大量輸送には海運が欠かせない。船員の保護は国益のために不可欠であったと考えられる。

上述の事情から、船員保護の必要性は理解できる。しかし、なぜ、船員のみを対象とした総合保険に帰結したのだろうか。例えば、療養の給付や傷病手当金は先行する健康保険、業務災害の補償は工場法や労働者災害扶助法の扶助（障害扶助料は年金ではなく一時扶助ではあるが）に組み込むなど、既存制度を活用する方法もあったはずである。そこをあえて総合保険として創設した理由として強調されたのが、船員の労働形態の特殊性であった。

船員の雇用は一定の期間や航海を限定してその都度行われていた（蒲 1983: 21、厚生省保険局編 1958b: 65）。そのため、船員として雇用されている期間は、そのほとんどを職場である船上で過ごすことになり、雇用期間中の傷病が業務上で発生したのか業務外で発生したのか判別することが困難であった[10]。さらに、特に船員側から、また、政府においても共通して主張されたのは、陸上労働者と比べて危険が多く、かつ、船員をリタイアする年齢も比較的若い上に陸上生活に慣れておらず再就職が困難という船員の特殊な労働事情であった（厚生省保険局編 1958b: 6, 33, 46, 49）。

そのような状況にも関わらず、船員は、「陸上労働に対しましては、健康保険法、工場法施行令、鉱夫労役扶助規則等の相当に進歩した法制の備わつて居るに比例致しまして、著しく権衡を失して居る」（一九三一〔昭和六〕年三月七日衆議院本会議における安達内務大臣による同法案提出理由説明、厚生省保険局編 1958b: 44-45）

状態であった。このような特殊な労働事情を考慮するならば、船員に対する社会保険は、至急、かつ、陸上労働者とは別に設定する必要があるし、生活と労働との区分が難しい船員の労働実態に即すのならば、業務上と業務外の切り分けをしない保険制度の新設が必要だとの理屈は成り立つ。

（4）廃疾年金・廃疾手当金の対象となる「廃疾ノ状態」

次に、廃疾年金と廃疾手当金（以下、併せて廃疾給付）の支給対象者の設定について確認する。船員保険立法の最も初期的な案である逓信省「海員保険要綱（逓信省第一次案）」では、廃疾年金は業務上外で発生した傷病が治癒したか、治癒していなくとも一年の医療期間の経過後その傷病を原因として労働能力が三分の一以下に減退した場合に、廃疾手当金は業務上に発生した傷病が治癒したか、治癒していなくとも一年の医療期間の経過後に労働能力が三分の一を超え三分の二以下になった場合に支給するとされた（厚生省保険局編 1958b: 5）。その後、内務省社会局の船員保険法案要綱（一九二八〔昭和三〕年八月、社会局参与会議にて諮問）では、傷病が治癒したが労働能力が三分の一以下に減退したときや業務外の事由による傷病が一定期間内に治癒せず「労務ニ服スルコト能ハザルトキ」には、労働能力喪失の程度に応じて報酬年額の三分の一から四分の一に相当する金額を廃疾年金として支給するとされた[11]（厚生省保険局編 1958b: 14-15）。また、傷病が治癒したが労働能力が三分の一を超え三分の二以下になった場合には報酬年額一年から二年の範囲で廃疾手当金を支給するものとした（厚生省保険局編 1958b: 15）。のちに案から廃疾年金が削除されたことは前述のとおりである。年金が削除されていた間も廃疾手当金は残留したが、対象となる状態は「廃疾ト為リタル」等と記されるのみで、労働能力に関する文言もなくなった（厚生省保険局編 1958b: 41, 51-52, 54）。

廃疾年金も含めた年金制度は、保険院保険制度調査会の第一回総会（一九三八（昭和一三）年一一月一四日）にて議論された船員保険制度案要綱で回帰した。そこでは、廃疾年金が「終身労務ニ服スルコト能ハザル程度ノ廃疾」（厚生省保険局編 1958b: 61）、廃疾手当金が「廃疾年金ヲ支給スル程度ニ至ラザルモ船員トシテ従来ノ労務ニ服スルコト能ハザル程度ノ廃疾」（厚生省保険局編 1958b: 62）となった者が支給対象とされた。同要綱をもとに作成された第七四回帝国議会提出の船員保険法案では、廃疾給付の対象者は、「勅令ノ定ムル程度ノ廃疾ノ状態」（法案四〇条）にある者とされた（厚生省保険局編 1958b: 115-116, 119）。これについては、同案の審議を行った一九三九（昭和一四）年三月一五日衆議院「船員保険法案審議に関する第三回委員会」において、「勅令ノ要鋼《ママ》ニ依リマスト、廃疾年金ノ方ハ生涯労働ガ出来ナイ、ソレカラ手当金ノ方ハ今マデノ労働ガ出来ナイ、斯ウ云フコトニナッテ居リマス」（厚生省保険局編 1958b: 142）との委員発言があるので一九三八（昭和一三）年の船員保険制度案要綱と大差ないと推測される。

（5）船員保険法案と労働能力

上述のように船員保険法案では、当初、廃疾年金は労働能力が三分の一以下に減退、廃疾手当金は労働能力が三分の二以下に減退を基準としていたが、年金案が復活した一九三八（昭和一三）年の船員保険制度案要綱では、「終身労務ニ服スルコト能ハザル」「従来ノ労務ニ服スルコト能ハザル」という旧工場法の障害扶助料で用いられた文言に替えられていた。この変化について論じる前に、まず、労働能力減退の目安にされた「三分の一」「三分の二」が、当時の国際基準とかけ離れていたとまでは言えないことを確認する。

日本は一九一九年に発足した国際労働機関（以下、ＩＬＯ）の原加盟国のひとつであり（一九四〇年に脱退、一九五一年に再加盟)、第一回会議にも政府、資本家、労働者の代表を派遣していた[12](田村 1984: 95-171)。このＩＬＯの第七回会議(一九二五年)で採択された「労働者補償の最小限度の規模に関する勧告」(Workmen's Compensation (Minimum Scale) Recommendation, 1925 (No. 22))[13]では、傷害による労働能力の喪失に対する補償の最低基準が示された[14]。

同勧告では、①終身の全部労働不能(permanent total incapacity)の場合は年間の労働所得の三分の二と同額の定期金、②終身の一部労働不能(permanent partial incapacity)の場合は①の定期金を基準にして労働所得能力の減少に応じて計算した定期金、③一時的な全部労働不能(temporary total incapacity)の場合は補償のために計算された労働者の基礎労働所得の三分の二と同額を毎日か毎週の定期金、④一時的な一部労働不能(temporary partial incapacity)の場合は③を基準にして労働所得能力の減少に応じて計算した定期金、が規定された。あわせて、補償が一時金の場合は、定期金たる①~④の現価を下回ってはならないとされた。

また、ドイツのライヒ保険法(一九三〇年一月現行)においても、労災については、①完全な所得不能の場合は年間労働収入の三分の二、②部分的な所得不能の場合は所得能力の欠損程度に応じて①の一部が、年金として支給されると規定されていた(五五九条a.)(以下、ライヒ保険法は岡田〔1930〕を参照)。

これらを船員保険の廃疾給付案と比較してみる。ＩＬＯ勧告とライヒ保険法では、①労働能力を完全に失った場合は年間所得(収入)の三分の二を年金として支給し、②それの部分的な減少の場合は、減少の程度に応じて①の一部を年金として支給することを原則とした。一方、船員保険の案では、労働能力が三分の一以下に減退(=損傷した能力が三分の二以上)した場合に年金が支給されることになっていた。労働能力が三分の二損なわれた状態を完全な労働能力の喪失だとし、この喪失した労働能力三分の二の部分が年間所得

（収入）の三分の二で補償（保障）されていると捉えれば、上記①に相当する。さらに、それよりも軽度の労働能力の損傷を労働能力が三分の二以下に減退した（＝損傷した能力が三分の一以上）と設定し、廃疾手当金の対象としたとも考えられる。しかし、ＩＬＯ勧告でもライヒ保険法の条文でも、労働能力を数値として示してはおらず、また、労働能力と補償額との間に、労働能力の三分の二損傷ならば年間所得三分の二を補償するといったような、直線的な対応関係を持たせてもいない。両者は、能力の損傷程度によって補償額を算出する仕組みを取っているが、能力の損傷程度と支給水準との対応関係を数値化してはいないのである。

船員保険法案の廃疾給付が当初案どおりであれば、受給要件の確認には損傷した労働能力が三分の二以上なのか三分の一以上なのか評価する必要があったであろう。ライヒ保険法の廃疾年金では、その対象となる廃疾者を力量、技倆に相当し、かつ、教養と従来の職業とをよく考慮して至当と認められる動作により、同一地方において類似の教養がある同職業者で肉体上、精神上健全な者の所得の三分の一を稼げない者と定義するなど（一二五五条二項）、対象者の選定にあたっては、個人の状態が質的・量的に評価されることになっていた。船員保険においても同様に、労働能力の三分の二以上、三分の一以上が損傷した状態についての定義や、その評価方法の検討を要したであろう。

ところが、一九三八（昭和一三）年、船員保険法案に廃疾年金が復帰すると、これが廃疾年金では「終身労務ニ服スルコト能ハザル」、廃疾手当金では「従来ノ労務ニ服スルコト能ハザル」へと修正された。この稼得能力に関する文言が紛議の争点として排除され、一九三六（昭和一一）年の工場法施行令改正により、条文の但し書きと等級表の精神・神経障害、内部障害だけにわずかに残されるに至ったことは第４章で述べた。その規定が、船員保険に持ち込まれたのである。

（6）船員保険と工場法施行令の等級表

船員保険の廃疾給付に関する受給要件が明確に示されたのは、船員保険法施行令（昭和一五年勅令第六六号）によってである。廃疾給付の対象となる「廃疾ノ状態」は、廃疾年金が同施行令別表一、廃疾手当金が別表二によって定められた。両者とも一級が設定されているのみで、等級の階層化は行われなかった。

この等級表について、安部（2020）は、一九三六（昭和一一）年改正の工場法施行令の等級表との相関関係を指摘する。安部（2020: 8）は、船員保険の廃疾年金が工場法施行令の等級表の三級から六級と、船員保険の等級表に明記のない障害状態（船員保険の等級表「以上各号ニ該当セザルモノ」のこと。以下、前各号外の障害）に「終身労務ニ服スルコト能ハザルモノ」を加えたもの、廃疾手当金が工場法施行令の七級から一〇級と、前各号外の障害に「従来ノ労務ニ服スルコト能ハザルモノ」を加えたものから作成されたとする。要は、身体の部位ごとに、廃疾年金ならば一部を除き[15]工場法施行令の等級表六級以上のうち最も低い級の障害状態、廃疾手当金ならば一部を除き[16]同等級表の一〇級以上のうち最も低い級の障害状態が船員保険の等級表に採用されたのである。このことから、船員保険の等級表は、工場法施行令の等級表を規範として設定されていることがわかる[17]。

先述（第4章）したように、工場法施行令の等級表には、外部障害は機能障害基準、精神・神経障害と内部障害は稼得能力基準という二基準が内包されていた。そのうちの後者が黙殺され、表全体が機能障害基準として解説されていたのは、先述のとおりである。この等級表は「傷害の軽重と賃銀の減少割合とは一致しない。（中略）片手を失へば二号とか、親指は三号とか云ふ一定の客観的標準を設け具体的に其人の働けるや否やに拘らず法規を適用」（北岡 1930: 32）する客観的な分類に基づくものであると解説されていた。一方、船員保険の廃疾給付案では、これが、個人の労働能力の程度に基づくとされていた。労働能力の程度が数値ではなく「終身労務ニ服スルコト能ハザル」「従来ノ労務ニ服スルコト能ハザル」と表されるようになっても、その能力は「火夫トシテ働ケナクナツタ、所ガ司厨部ノ人間トシテ働ケルト云フヨウナ場合ハ、（中略）火夫トシテ働ケナクナツタナラバ、仮令ソレガ給仕トシテ働ケテモ、廃疾手当金ハ支給スル」（厚生省保険局編 1958b: 142）というように、個人の稼得能力が基準とされていた。稼得能力に着目するのであれば、当時、既に官業共済組合の傷痍等差例があった。しかし、船員保険で踏襲されたのは工場法施行令の等級表であった。

上述を踏まえ、船員保険の等級表をさらに精査する必要があるが、これについては、のちにほぼ同一の等級表を設置することになる労働者年金保険（厚生年金保険）とあわせて検討したい。まずは、船員保険法施行令公布の翌年に公布される労働者年金保険法（昭和一六年法律第六〇号）と労働者年金保険法施行令（昭和一六年勅令第一二五〇号）について概説する。

3 労働者年金保険法（厚生年金保険法）

（1）概要

一九三八（昭和一三）年一月の厚生省の創設に伴い外局として保険院が設置され、保険院総務局にて労働者の養老、廃疾、遺族年金保険が扱われることになった（厚生省年金局編 1968: 8）。当初、当局が注力したのは船員保険法と職員健康保険法[18]であった（厚生省年金局編 1968: 8）。労働者年金保険法の立案が本格的に開始されたのは、一九三九（昭和一四）年四月の両法の公布後だとされる（厚生省年金局編 1968: 8）。その後の検討と調整を経て、一九四一（昭和一六）年、第七六回帝国議会に法案提出、両院での審議を経て同年三月に公布、その翌年に実施となった[19]。同法と同法施行令の公布時期は、太平洋戦争開戦を挟むことになった。

次に、同法の概要を整理する。労働者年金保険は、政府管掌（二条）であり、常時一〇人以上の労働者を使用する健康保険法の適用事業所で使用される男性労働者を強制被保険者とした[20]（一六条）。女子や常時一〇人未満の労働者を使用する事業所に使用される労働者等は任意被保険者とされ、強制被保険者からは排除された[21]（一七条一項）。

保険事故は、老齢、障害、死亡、脱退であり、これに対して①養老年金、②廃疾年金、廃疾手当金、③遺族年金、④脱退手当金が支給されることになった。②については、障害となった日前五年間に被保険者期間が三年以上ある者であって、障害の原因となった傷病について医師または歯科医師の診療を受けた日（健康保険の被保険者は健康保険法の療養の給付を受けた日）から起算して一年以内に治癒したか、治癒しないまま一年を経過したときに同法施行令別表が規定する障害状態となっている者には、廃疾年金（終身）か廃疾手当金（一時金）が支給されることになった（法三六条一項・二項、施行令二〇条、施行令二一条）。また、支給額については、廃疾年金は養老年金と同じ算定方法による金額、廃疾手当金は被保険者であった全期間の平均報酬月額の七ヶ月分とされた[22]（三七条一～四項）。

同保険に要する費用の国庫負担は、保険給付が坑内夫で二割、その他の被保険者で一割、事務の執行は全額負担となった（五七条一項・二項）。保険料率は、平準保険料方式（保険料を段階的に引き上げるのではなく、全期間にわたり一定水準で維持する方式）が取られ、坑内夫が一〇〇〇分の八〇、その他の被保険者が一〇〇〇分の六四と定められ、これを労使折半で負担するとされた[23]（昭和一七年厚生省告示第一六三号[24]、

厚生省年金局編 1968: 28, 617-619)。

(2) 保険給付の目的

一九四〇(昭和一五)年一〇月一〇日、保険院保険制度調査会にて審議された労働者年金保険制度案要綱の内容説明に際して、保険院総務局長の川村秀文は次のように述べた。

「我国当面ノ目標タル国防国家体制ノ完成」(厚生団編 1953: 52)のために「職分奉公ノ精神」(厚生団編 1953: 52)を徹底させることが肝要だが、同時に、「其ノ労ニ報イテ其ノ生活ノ確保ヲ図リ、労働者ヲシテ後顧ノ憂ナク、安ンジテ其ノ職務ニ精励セシムル」(厚生団編 1953: 52)ことが重要である。「老齢、廃疾、死亡ハ労働者ノ唯一ノ資本デアル労働能力ヲ喪失セシメ、其ノ生活資源獲得ノ途ヲ塞グモノデアリマシテ、労働者ニ採リマシテハ、其ノ生活上ノ不断ノ脅威デアリマス。労働者年金保険ノ制度ハ即チ是等ノ事故ニ際シテ労働者ノ生活ヲ確保セントスルモノ」(厚生団編 1953: 52)である。

上述の川村の説明によると、労働者年金保険は国防国家体制の完成のために労働者保護が必要となったために準備され、その保険給付は労働者の減退した稼得能力の補塡のために行われるということになる。この説明は、労働者年金保険法案が提出された第七六回帝国議会の審議においても踏襲され、国防国家体制の確立のために労働者の生活保障が必要であることが強調された[25](厚生団編 1953: 76-78)。さらに、川村は、廃疾年金と廃疾手当金の支給対象について、前者は「終身労務ニ服スルコト能ハザル程度ノ廃疾」

（厚生団編 1953: 59）、後者は「従来ノ労務ニ服スル事ノ出来ナイ程度ノ廃疾」（厚生団編 1953: 59）と述べている。これは、一九三八（昭和一三）年以降の船員保険の廃疾給付案で行われた説明と同一である。

次に、稼得能力の減退を補填するべく設置された廃疾給付の法規定について確認していく。

（3）廃疾給付と稼得能力

廃疾年金を支給すべき程度の「廃疾ノ状態」は別表一に、廃疾手当金を支給すべき程度の「廃疾ノ状態」は別表二に定められた（施行令二一条）。両別表は、先行する船員保険の等級表とほぼ同じ内容であった。唯一、異なるのは、別表二（廃疾手当金）第一五号の「以上各号ニ該当セザルモノト雖モ疾病又ハ負傷ニ因リ労働者トシテ従来ノ労務ニ服スルコト能ハザルモノ」の「労働者」が、船員保険法施行令では、「船員」となっている部分だけである。船員保険の廃疾給付の等級表が工場法施行令のそれに対応していることは既に述べた。そのため、労働者年金保険についても工場法施行令の等級表との対応関係が引き継がれたことになる。

次に、前述の川村による廃疾年金は「終身労務ニ服スルコト能ハザル程度ノ廃疾」、廃疾手当金は「従来ノ労務ニ服スル事ノ出来ナイ程度ノ廃疾」とする説明が、どのように等級表に反映されたのか確認する。

廃疾年金（労働者年金保険法施行令別表一）（傍線、※以下は筆者）

第九号

胸腹部臓器ノ機能ニ著シキ障害ヲ残シ終身労務ニ服スルコト能ハザルモノ

※一九三六（昭和一一）年改正工場法施行令の等級表三級四号と同文

第一〇号
精神又ハ神経系統ノ機能ニ著シキ障害ヲ残シ終身労務ニ服スルコト能ハザルモノ
第一一号
以上各号ニ該当セザルモノト雖モ疾病又ハ負傷ニ因リ終身労務ニ服スルコト能ハザルモノ

廃疾手当金（労働者年金保険法施行令別表二）（傍線、※以下は筆者）
第一二号
胸腹部臓器ノ機能ニ障害ヲ残シ軽易ナル労務ノ外服スルコトヲ得ザルモノ
※一九三六（昭和一一）年改正工場法施行令の等級表七級四号と同文
第一三号
精神ニ障害ヲ残シ軽易ナル労務ノ外服スルコトヲ得ザルモノ
※一九三六（昭和一一）年改正工場法施行令の等級表七級三号と同文
第一四号
神経系統ノ機能ニ障害ヲ残シ軽易ナル労務ノ外服スルコトヲ得ザルモノ
※一九三六（昭和一一）年改正工場法施行令の等級表八級三号とほぼ同文（工場法施行令は「著シキ」障害）
第一五号
以上各号ニ該当セザルモノト雖モ疾病又ハ負傷ニ因リ労働者トシテ従来ノ労務ニ服スルコト能ハザルモノ

※一九三六（昭和一一）年改正工場法施行令七条一項「従来ノ労務ニ服スルコト能ハザルトキハ賃金百八十日分（中略）ヲ下ルコトヲ得ズ」

このように、「労務」の程度は、精神・神経障害、内部障害、前各号外の障害において顕在化し、それ以外では、外部障害の機能障害の状態が列挙された。川村の説明によるならば、外部障害にも稼得能力の程度が反映されているはずである。しかし、官僚たちは、以下のように実際の廃疾給付の支給は稼得能力の程度によるものではないとの解釈を示していたのである。

当時、厚生省保険院年金保険課長であった花澤武夫は、著書『労働者年金保険法解説』のなかで、終身労務に服し得る程度の障害か、従来の労務に服すること能わざる程度の障害かを具体的に認定するのは困難なため、「身体障害の程度に依り廃疾年金及廃疾手当金を支給すべき廃疾の程度を限定し、勅令別表第一に該当する廃疾の状態に在る者には廃疾年金を、勅令別表第二に該当する廃疾の状態に在るものには廃疾手当金を支給することとしたのである（令第三十一条）。従つて現実には当該廃疾者が終身労務に服し得ざると否と、又実際労務に服し得たりと否とを問はないのであつて、唯客観的に別表第一又は第二に規定する身体障害が存すれば足る」（花澤 1942a: 197）と説明している（花澤 1942a: 196-197）。つまり、廃疾給付は、稼得能力ではなく身体障害の状態によるものだと明言していたのである。

このように、稼得能力の保障を謳いながら、実際の認定においては、稼得能力と切り離された別の基準を用いるとの説明は、船員保険でも行われていた。船員保険法案の審議において、個人の稼得能力が基準になると説明されていたことは前述した。にも関わらず、保険院事務官の伊吹貞治による『船員保険法詳解』では、労働能力について次のような解説が行われていた。

まず、伊吹は労働不能の状態を、一時的廃疾、永久的廃疾、全部的廃疾、一部的廃疾の四つに分け、この「四の廃疾を各種に『コンバイン』することに依つて、各種の廃疾が生れて来る」とした上で、「更に観点を変へて之を分類すると」「終身自用を弁ずること能はざるもの」、「終身労務に従事すること能はざるもの」、「従来の労務に従事すること能はざるもの」、「労務に服し得るも身体に障害を残すもの」の四つに分けられると述べた（引用はすべて、伊吹 1941: 244-245）。そして、船員保険においては、廃疾年金を「全部的永久廃疾（終身労務に服し得ざるもの）」（伊吹 1941: 245）に、廃疾手当金を「一部的永久廃疾（従来の労務に服し得ざるもの）」（伊吹 1941: 245）に支給する、つまり、稼得能力の程度に応じて支給すると説明されていた。しかし、実際の認定についての解説では、以下のように、これと異なる説明がなされた。

支給に際しては、「其の具体的事実に当面して、其の何れに属するかを決定することは蓋し至難の業たるを免れない」（伊吹 1941: 245）ので、これを避けるために支給対象となる障害をあらかじめ「一々具体的に列挙して（中略）其の一に該当すると、実際問題として終身労務に服し得るや、否や、或は従来の労務に服し得るや否やを詮議立てしないで、唯其の条件に該当することのみに依つて、年金なり手当金の支給を受けると」（伊吹 1941: 246）ようにした。したがって、両眼の視力を失った者は、それにより「実際終身労務に服し得ないものか否かは問題とならない。故に其の者が偶々語学の素養に勝れて居た為め、盲目に為つてからでも、語学教師となつて従来と同額又は従来以上の収入を得ることが出来る場合でも、盲目と為つたことを理由として廃疾年金の支給を受けることが出来る」（伊吹 1941: 246）のである。つまり、廃疾給付は稼得能力の程度に応じて行うとしながらも、実際の支給に際しては、稼得能力を考慮せず、廃疾を「一々具体的に列挙」した等級表によって選定するとしたのである。これは、前述の花澤の説明とも同一である。

このような廃疾給付の支給目的と支給基準との乖離を当時の学説はどのように見ていたのだろうか。後藤清と近藤文二の共著『労働者年金保険法論』（1942）からこれを確認する。近藤（1942: 83）は、障害を肉体的不能、職業不能、一般的労働不能に三分類し、そのうち保険として問題になるのは職業（的）不能と一般的労働不能であるとした。これを労働者年金保険にあてはめると、「終身労務不能程度の廃疾の状態にあるもの、換言すれば、廃疾者が労働市場で新たな就職口を見出し得ない場合、即ち『一般的労働不能』」（近藤 1942: 16）では廃疾年金を、「従来の労働乃至職業に服することの出来ない程度の廃疾の状態にあるもの即ち『職業的不能』」（近藤 1942: 16）では廃疾手当金が支給されるということになる[26]。

少なくとも船員保険の審議までは、例えば「廃疾年金ノ方ハ生涯労働ガ出来ナイ、ソレカラ手当金ノ方ハ今マデノ労働ガ出来ナイ」（厚生省保険局編 1958b: 142）というように労働能力は個人の稼得能力に等しいものとして扱われていた。ところが、近藤はこれまで一括りにされてきた労働能力について、個人が収入を得るために活用してきた労働や職業を遂行するための「職業的」な能力、つまり、稼得能力と、そのような「職業的」な能力とは切り離された個人の職業や職歴等には紐付けられない「一般的」な労働能力とに区分することができ、稼得能力の程度が問われるのは廃疾手当金のみであると解したのである。

一方、近藤の共著者である後藤（1942: 465）は、廃疾給付の支給基準について、廃疾年金は終身労務不能程度、廃疾手当金は従来の労務に服すること能はざる程度であることは「建てまへ」（後藤 1942: 465）であると述べた。実際問題として、終身労務不能か従来の労務に服することができないかを「具体的に認定することは困難であるから、身体障害の程度により廃疾年金及び廃疾手当金を支給すべき廃疾の程度を限定し、

（中略）実際においては、客観的に別表第一又は第二に規定する身体障害が存すれば足るのであつて、当該廃疾者が実際労務に服し得ざると否とを問はない」（後藤 1942: 465）とした。後藤は、近藤が稼得能力によると解した廃疾手当金も、当然、廃疾年金も、稼得能力の程度による支給とされているのは「建てまへ」であり、実際には身体障害の程度によると解したのである。これは、前述した官僚たちの解釈に通じる。

このように官僚や後藤は、廃疾給付が個人の稼得能力ではなく身体障害の程度に基づく等級表によって行われることを当然とした。先述のように、この等級表は工場法施行令の等級表を基調として設定されている。第4章で論じたように、工場法施行令の等級表は、外部障害に対する機能障害基準と、精神・神経障害と内部障害に対する稼得能力基準の二基準から構成されているが、後者は黙殺され、表全体が機能障害基準であるとして扱われてきた。したがって、工場法施行令の等級表における外部障害の配列は稼得能力の程度とは無関係であるし、精神・神経障害や内部障害を含めた等級表全体について言及される場合でも稼得能力は考慮されていない。そのため、この等級表を踏襲した船員保険・労働者年金保険の等級表においても稼得能力の程度が反映されていないと解することができる。このような稼得能力の軽視は、業務災害により損傷した身体機能の補償という観点からは許容しうるとしても、労働者の生活保障を目的とする労働者年金保険の保険給付では許容しうるものではない。廃疾給付が労働者の生活保障であることを印象づけるためには、この「建てまへ」が重要であったと考えられるのである。

工場法で用いられていた①等級表による機能障害基準と稼得能力基準（終身労務ニ服スルコト能ハザル）、②同法施行令の条文による稼得能力の程度（従来ノ労務ニ服スルコト能ハザル）のうち、①のこれまで黙殺していた稼得能力基準を廃疾年金の基準として、②の稼得能力の程度を廃疾手当金の基準として前面に押し出することにより、実際の認定では機能障害基準を中核とする工場法施行令の等級表を参照するにも関わらず、生活保障としての「建てまへ」を準備することができたのである。また、廃疾年金の受給者が再び被保険者となると廃疾年金の支給が停止される（労働者年金保険法四三条）、つまり、労働者として同保険の適用事業所に雇用される程度の稼得能力がある場合、支給対象から除外されたことも、廃疾年金の支給が「終身労務ニ服スルコト能ハザル」程度で行われるという「建てまへ」を補強するものになり得たと考えられる。

本来、労働者の生活保障を目的に掲げる労働者年金保険の保険給付と業務災害補償を目的とする工場法の扶助とでは、同じ労働者保護でも性質が異なり、近似の等級表を用いることは理に合わない。それにも関わらず、労働者年金保険に即した基準を新しく作成するのではなく、「建てまへ」を用意してまで工場法施行令の等級表を踏襲した理由について検討する必要がある。また、陸上労働者とは異なる特殊な労働事情があるとして創設されたはずの船員保険が、陸上労働者の労災補償に用いられた等級表を踏襲し、その等級表が陸上労働者のために創設された労働者年金保険に継承された理由についても検討が必要である。

（4） 船員保険と労働者年金保険の廃疾給付

上記について精査するため、まず、業務災害の補償については工場法による既存の制度があったにも関わらず、後発の労働者年金保険が業務上の事由も支給対象に含めた理由について検討する。それを踏まえて、船員保険と労働者年金保険が工場法施行令と近似の等級表を設置するに至った理由を検討する。

①業務上の事由を含めた保険給付のロックイン

まず、「我が国の厚生年金保険法の如く、業務上と業務外の両因子を一つの保険体系に統合したるものは世界に類例を見ないものであつて、日本独特の保険体系と称すべきもの」（厚生団編 1953: 225）と表される仕組みが労働者年金保険に導入された理由について考察する。労働者年金保険に先行した船員保険においても、業務上の事由による傷病・障害は、保険給付の対象であった。これについて、船員がそれまで工場法に相当する業務災害の補償制度を持たなかったことや、労働の場である船上が生活の場でもあるため業務上外の区別が困難となるような特殊な労働事情を勘案すると、船員保険に業務上の事由を含めることには、ある程度の妥当性はあった。一方、労働者年金保険は、工場法等による補償制度が既にあり、被保険者もそれらの対象者と重なっていた。そのため、労働者年金保険の被保険者は、業務上の事由による障害について、廃疾給付と障害扶助料の併給が可能な状態であった。

日本初の社会保険である健康保険において、業務上の事由が保険給付の対象とされたことは先述した。日本における社会保険は、その発端から業務上の事由を保険給付の対象としていたのである。労働者年金保険と同様に、健康保険の被保険者は工場法の対象者と重複しており、給付内容の一部も重複していた。その重複部分である業務上の事由の疾病に対する健康保険の保険給付の優先が、「健康保険ストライキ」の引き金になったことは先述の通りである。

健康保険法公布から労働者年金保険法施行令公布までの長期的過程を分析の視野におさめれば、まず、健康保険で行われた業務上の事由の取り込みが、業務上の事由を保険給付の対象とすることの「最初の一歩」になったことがわかる。これに続く船員保険では、既存の業務災害の補償制度がなかったことや特殊な労働事情など被保険者が船員であった故に、業務上の事由への保険給付が許容されやすい状況にあった。また、ここで、業務上の事由を除外するといった選択が行われれば、労働者を刺激し「健康保険ストライキ」を蒸し返す可能性もあった。それらの助力を受け、ここでも健康保険と同じく業務上の事由への保険給付が選択され、これが「次の一歩」となった。これにより、社会保険における業務上の事由への保険給付がロックインし、労働者年金保険においてもこれが選択されたものと考えられる。

②船員保険との一体化構想の可能性

業務上の事由を保険給付に含めるのであれば、同じく業務上の事由を対象としてきた工場法施行令の等級表を参照することにはある程度の正統性が認められる。まず、船員保険法施行令（一九四〇〔昭和一五〕年）によってこの等級表が採用され、その翌一九四一（昭和一六）年、労働者年金保険法が公布、同年の労働者年金保険法施行令によって船員保険とほぼ同一の等級表が採用された。船員保険法施行令と労働者年金保険法の交付時期が近接していたこともあり、船員保険の等級表が強く意識され、効率性の観点からこれを労働者年金保険の等級表として流用するとの判断がなされたのかもしれない。しかし、等級表の接続は、船員保険の等級表を模倣して労働者年金保険のそれが設定されたと単純に捉えていいものだろうか。

そもそも、船員保険は、陸上労働者とは異なる船員の特殊な労働事情により、設置が求められたはずである。それにも関わらず、多少の手直しをしたとはいえ、陸上労働者を対象とした工場法施行令の等級表をそのまま用いたことには疑問が残る。また、その手直し部分も不自然である。船員保険の等級表では、身体の部位ごとに、廃疾年金では工場法施行令の等級表六級以上、廃疾手当金は同表の一〇級以上で最も低い級の障害状態が、船員保険の等級表内に配置されるのが基本となっていた。その例外として、例えば、手指と足指については、廃疾年金として工場法施行令の六級「一手ノ五指又ハ拇指及示指ヲ併セ四指ヲ失ヒタルモノ」ではなく三級「十指ヲ失ヒタルモノ」が、廃疾手当金として九級「一足ノ五趾ノ用ヲ廃シタルモノ」ではなく七級「十趾ノ用ヲ廃シタルモノ」が採用され、支給範囲が工場法より狭められていた。このことが、船員の特殊な労働事情に応じた修正だと仮定すれば、船員は陸上労働者よりも手指と足指の障害によって労働が阻害されないということになり、不合理である。

さらに、歯牙(工場法施行令一〇級「十四歯以上ニ対シ歯科補綴ヲ加ヘタルモノ」)、外貌(同七級「女子ノ外貌ニ著シキ醜状ヲ残スモノ」)、外性器(同七級「両側ノ睾丸ヲ失ヒタルモノ」)の障害については、支給対象になっていない。これらは、国有鉄道の傷痍等差例にも含まれており、業務災害補償の対象として不適切であるとは考えられない。それらが除外された理由として推察されるのは、「外貌の醜状とか生殖器の障害のように労働能力の減退という意味ではなく、別の意味で規定されている障害は含まれない」(高橋ら 1947: 40)ということである[27]。しかし、工場法のような業務災害補償制度を持たないことを理由として創設された船員保険において、工場法施行令に配置された特定の障害を「別の意味で規定されている」として除外することには無理がある。

これらを踏まえて指摘しうるのは、船員保険の等級表を参照して労働者年金保険の等級表が設置されたのではなく、はじめから両者が一体的に構想されていた可能性である。一度は削除された廃疾年金が船員保険法案に戻るのは、一九三八(昭和一三)年の厚生省創設に伴う保険院の開設以降のことである。そこでは、労働者年金制度こそが船員保険の主眼であるとまで述べられるようになっていた。新設された保険院では、労働者の養老、廃疾、遺族年金保険の対応をすることになったが、立案の途上にあった船員保険の実現が優先され、「年金保険はとりあえず船員保険を通じてこれを行なうに止め、その実施状況いかんによって一般労働者にもこれを及ぼすこととなった」(厚生省年金局編 1968: 8)のである。つまり、一九三八(昭和一三)年以降、労働者年金保険の後発を念頭において、船員保険が検討されていたということになる。

船員保険と労働者年金保険の等級表が一体的に構想されたとするならば、船員保険においても、労働者年金保険の「建てまへ」を前提として、廃疾年金の対象たる終身の労務不能には「十指ヲ失ヒタルモノ」がより相応しく、廃疾手当金の対象たる従来の労務の服することができない程度には「十趾ノ用ヲ廃シタルモノ」がより適している、との判断も生じうるであろう。また、従来の労務と直接的に関係しない歯牙、外貌、外性器の障害を除外しても、陸上労働者であれば業務上の障害は工場法の補償で対応できるとの見通しが立つ。以上を勘案すれば、船員保険の等級表は、官僚が後発を見込んでいた労働者年金保険を念頭に設定されたと考えることができる。

③事業主負担の軽減

次に検討するのは、船員保険と労働者年金保険の等級表において工場法施行令の等級表が参照された理由である。業務上の事由による障害についての等級表は、恩給法や官業共済組合のそれが既に存在していた。それらの対象は公務員であったため、民間労働者を被保険者とする保険制度がその等級表を参照することは不適切だと思えるかもしれない。しかし、工場法施行令の等級表の前身である労働者災害扶助法施行令(一九三一〔昭和六〕年)の等級表の作成にあたっては、それらが参酌されていた(第4章)。船員保険と労働者年金保険の等級表でも、それらを含め再度検討する余地はあったはずである。しかし、実際に行われたのは工場法施行令の等級表の六級以上は廃疾年金、一〇級以上は廃疾手当金という単純な線引きであった。

このことは官僚にとって、廃疾給付のための新しい等級表を作成するコストを削減できるという大きなメリットがあった。また、使用者側にもメリットがあった。それが、健康保険でも行われた保険給付による工場法の扶助の肩代わりである。健康保険では、工場法に優先して健康保険の保険給付が行われることになり、これが事業主の扶助責任の忌避であるとして健康保険ストライキの引き金となった。業務上の事由に対する保険給付は、労働者の反発を招く可能性もあるが、事業主にとっては扶助負担の軽減につながるメリットがあった。

工場法の立案からはじまる労働者保護制度の立法過程では、財界からの強固な反対が喚起されてきた（石田 2018）。当然として、労働者年金保険法立案に臨む官僚はこれを予期したであろうし、実際に、法案が提出された第七六回帝国議会に際しては軍部や閣僚を動かすほどの強い反対が財界から示された（中尾 2016）。彼らからの協力を取り付けるためには、事業主の負担軽減策を提示することも有効である。労働者年金保険と工場法施行令の等級表の間に対応関係を持たせて支給調整を可能にすれば、負担軽減策のひとつとなりうる。これについて、労働者年金保険の廃疾給付と工場法の障害扶助料との併給が可能な場合には、事業主による障害扶助料の支払いと労働者年金保険の保険料拠出との二重負担を理由として、事業主が拠出した保険料を考慮して障害扶助料を減額することが保険院保険制度調査会で確認されていた（厚生省保険局編 1958c: 44-45, 後藤 1942, 563-564）。このことは、工場法の扶助か保険給付かの一方しか受け取れない（保険給付が優先する）健康保険とは異なり、労働者にとっては障害扶助料（減額はされているが）と廃疾給付の両方を併給できる点でメリットがあった。しかし、業務上の事由であるにも関わらず、減額されるのは労働者も保険料を負担している廃疾給付ではなく、事業主負担の業務災害補償である障害扶助料の方なのである。

このように、障害扶助料の減額は、使用者にとっても、減額されたとはいえ廃疾給付との併給が可能な労働者にとっても、ある程度のメリットが見込まれるものであった。しかし、この減額の調整方法は、「目下当局においてその具体的方法を研究中」（後藤 1942: 564）のまま、その後も示されることはなかった。何より、労働者年金保険として廃疾給付が行われることがなかったのである。労働者年金保険法施行令に規定された等級表は、公布後、一度も使用されることがなかった。廃疾給付の受給要件である三年以上の被保険者期間を満たす前に、労働者年金保険法が改正され、これに併せて、同法施行令の等級表が改正されたからである。

④小括

健康保険を「最初の一歩」とした業務上の事由への保険給付は、業務災害に対する補償制度が未整備で、かつ、職場である船上が生活の場でもあるため傷病・障害の原因が業務上か外かの判断が難しい船員を被保険者とする船員保険が「次の一歩」となったことでロックインし、労働者年金保険に継承された。しかも、この「次の一歩」の段階で、労働者年金保険の後発を念頭において等級表が作成され、これが労働者年金保険に引き継がれた。船員保険が業務上の事由を保険給付の対象としたことで、疾病給付の等級表に工場法施行令を参照することの正統性が生まれ、かつ、その参照によって両等級表間に対応関係が発生した。この等級表が労働者年金保険に継承されたことにより、障害扶助料と廃疾給付の併給が可能になったのである。このことは、使用者側には障害扶助料の軽減のメリットを、労働者側には減額されるとは言え併給できるメリットを与える、法案成立を目指す官僚にとって大きなメリットのある選択であったと考えられる。

(5) 厚生年金保険法と工場法

①一九四四（昭和一九）年改正の概要

一九四四（昭和一九）年二月、第二次世界大戦の末期に労働者年金保険法の改正が行われた。一九四二（昭和一七）年六月の全部施行から二年足らずのことである（厚生団編 1953: 80）。厚生省の年史では、本改正の契機として太平洋戦争の影響が強調される（例えば、厚生団編 1953、厚生省年金局編 1968）。一九四三（昭和一八）年一二月二一日に閣議決定された労働者年金保険法中改正法案要綱の図解「労働者年金保険法改正ノ目的並ニ改正要点図解」（一九四三〔昭和一八〕年一二月二〇日）では、「戦力増強」を最上位の目的として掲げる改正法案の階層構造が示されている（厚生団編 1953: 154-155）。この図解からは、すべてはこの「戦力増強」を成し遂げるために、「勤労力増強」と「勤労保護立法ノ整理統合」が必要であり、「勤労力増強」のためには「勤労生活ノ確保」が必要であり、そのための「被保険者範囲ノ拡張」であり、「保険給付内容ノ充実」であるとの位置づけが読み取れる（厚生団編 1953: 154）。

本改正により、法律題名は労働者年金保険法から厚生年金保険法に変更された（昭和一九年法律第二一号）。この題名変更については、花澤（厚生省保険局年金課長）による『厚生年金保険法大要』での解説がよく知られている。曰く、労働者の文言が「若干侮蔑的思想を包蔵し、甚だ不愉快」で、「勤労者を今日『産業戦士』『輸送戦士』等と敬称する勤労尊重の時代の風潮に合」わないので、「本法より『労働者』なる字句を抹殺することは、まず第一に考へられた」とのことである[28]（引用はすべて、花澤 1944: 104）。また、強制被保険者の範囲が健康保険と同一にされ、新規に職員、女子、五人以上一〇人未満の労働者を使用する事業所に使用される者が加えられた[29]（一六条、厚生団編 1958: 62）。さらに、保険給付についても、各給付で支給額が増額され、一〇年間の有期年金であった遺族年金が終身年金になるなどの改正が行われた[30]。このような保険給付の改正にあって、もっとも大きな変更を加えられたのは廃疾給付であった。

②障害扶助料の障害年金・障害手当金への移管

本改正によって、廃疾年金と廃疾手当金の名称が障害年金と障害手当金（以下、両者を指す場合は障害給付）に変更された。変更理由として花澤は、「この名称はいかにも不具廃疾らしく陰惨な感じを伴ひ、之を受ける者の気持を暗くする虞があるので、（中略）廃疾年金を受けているから自分は不具者だといふ気持から、再起奉公の精神を害ふことのない様に」（花澤 1944: 193）するためだと述べた。しかし、「廃疾」から「障害」への変更は「障害年金」「障害手当金」といった保険給付の名称のみで行われ、法文中の廃疾の文言が障害に変更された訳ではなかった。

もうひとつの大きな変更点は、「勤労保護立法ノ整理統合」（厚生団編 1953: 155）として工場法等の扶助が厚生年金保険に移管されたことである。これにより、障害給付の受給要件が、業務上の事由と業務外の事由とで個別に設けられることになった。また、等級表も、業務上の事由の障害年金、業務外の事由の障害年金、業務上の事由の障害手当金、業務外の事由の障害手当金とで、個別に設定されることになった。もともと、業務上の事由は旧法においても廃疾給付の対象であった。それにも関わらず、本改正によって業務上の事由の受給要件をあえて独立させた理由について花澤は、旧法は「泥酔して自動車に跳ね飛ばされ片足を失ったのも、過労の為誤つて機械に足をはさまれ、又は坑底作業に精進し不幸落盤の為足を打たれ、片足を失つたのも全然同様に考へている」ことは、「今日の国民感情に即応せず、且決戦下勤労者の勤労意欲を昂揚する所以でなく、甚だ適当でない」ので、「今日全国民が産業戦士に寄せる期待」に応えた結果に発生した業務上の障害に対しては「速かに手厚き国家的援護の手をさしのべることこそ、生産増強の一段の進展に資する所以」だと解説している（引用はすべて、花澤 1944: 186-187）。

このように、業務上と業務外の区分は、業務上の事由への保護をより手厚くするためだと説明されたが、実際に行われたのは、工場法等による事業主扶助を社会保険に吸収するという処置であった。一九四四（昭和一九）年改正法の附則よって健康保険法と工場法・鉱業法・労働者災害扶助法が改正され、業務上の傷病は治癒するまで健康保険の療養の給付や傷病手当金の支給対象となる[31]こと（附則一六条、健康保険法施行令八四条ノ三第二号）と、工場法等の扶助に相当する健康保険や厚生年金保険からの保険給付を受けることができる場合は工場法等の扶助は行われないことが定められた（附則一七～一九条）。こうして、工場法等による業務上の事由の傷病・障害の扶助が、健康保険と厚生年金保険に移管されたのである。

工場法等の扶助が社会保険へと移管された背景として、労働省の年史では、「全産業が軍需工場化したような情勢下に」（労働省労働基準局労災補償部編 1961: 63）おいて、工場監督が満足に行えなくなっていた状態で個々の事業主に扶助の実施を任せるのでは、労働者を不安にさせ生産力の増強も困難になるので、「これまでに一応体裁を整えた社会保険の体系中に、個別使用者による扶助を吸収して、産業殉難者を手厚く保護する体制を作り上げようとした」（労働省労働基準局労災補償部編 1961: 63）と解説されている。個々の事業主だけでなく行政の工場監督も機能不全状態であったことは、一九一六（大正五）年以降、毎年に編纂されていた『工場監督年報』が一九三八（昭和一三）年分を最後に見当たらなくなることからも分かる。第4章で論じたように、戦時下であるかに関わらず、当事者である労働者とその労働者を使用する事業主に扶助実施を託し、それを当初より人手不足であった工場監督官吏[32]に管理させるような業務災害補償が、円滑に実施されるはずがない。社会保険への移管は、一九四四（昭和一九）年改正の準備段階よりも前から厚生省内で構想されていたものと推測される。

先に述べたように、障害年金・障害手当金への改称について花澤は、「廃疾」の文言が「之を受ける者の気持を暗くする虞がある」（花澤 1944: 193）とした。それが真意であるならば、それ以外の法文中の文言が廃疾から障害へと変更されなかったことに疑義が生じる。むしろ、この花澤の言よりも、藤井（2017: 89）

が指摘する「障害」扶助料の吸収による影響と見る方がより適切であろう。「廃疾」給付から「障害」給付へと名称を変更することで、工場法による旧来の「障害」扶助料が消えてなくなったのではなく、「障害」給付へと引き継がれたのだということを強調する意図があったものと考えられる。

③障害年金・障害手当金の改正の概要

廃疾給付の支給には、廃疾になった日の前五年間のうち三年以上の被保険者期間が必要であったが、本改正により、この要件は業務外の事由による障害に限定され、業務上の事由には適応されないことになった[33]（三六条三項）。

同法施行令別表として規定された等級表は、業務上と業務外の事由とで個別に設定された。業務外の事由では旧等級表がほぼそのまま継承されたが、業務上の事由については、障害年金が一級から六級、障害手当金が一級から八級による等級制が導入された。支給額は、障害年金の場合、業務外では養老年金と同様に平均報酬月額の四ヶ月分へと増額され、業務上では一級の平均報酬月額八ヶ月分から六級の五ヶ月分までの間で段階的に設定された[34]（三七条一項一号・二号、別表一）。障害手当金の場合は、業務外では平均報酬月額の七ヶ月分から一〇ヶ月分に増額され、業務上では一級の二五ヶ月分から八級の二ヶ月分までの間で段階的に設定された（三七条ノ二、別表二）。また、旧法では、廃疾年金受給権者が再度、被保険者となった場合、廃疾年金の支給が停止さることになっていたが、これが撤廃され、引き続き障害年金が受給できるようになった[35]（四三条一項）。

④施行令別表の改正

工場法等の障害扶助料が移管されたことにより、施行令（昭和一九年勅令第三六三号）別表一には、障害年

表 5-1　厚生年金保険等級表（1944〔昭和 19〕年）と工場法施行令等級表（1936〔昭和 11〕年）との比較
表 5-1-1　業務上の障害年金

厚生年金保険等級表　障害年金（業務上）			工場法施行令等級表		
1級	1	精神ニ著シキ障害ヲ残シ常ニ監視又ハ介護ヲ要スルモノ	1級	3	下線部なし
	2	常ニ就床ヲ用シ且介護ヲ要スルモノ	1級 1級	4 5	胸腹部臓器ノ機能ニ著シキ障害ヲ残シ常ニ介護ヲ要スルモノ　※類似 半身不随ト為リタルモノ　※類似
	3	咀嚼及言語ノ機能ヲ併セ廃シタルモノ	1級	2	下線部なし
	4	両眼ヲ失明シタルモノ	1級	1	左同
2級	1	一眼失明シ他眼ノ視力〇・〇二以下ニ減ジタルモノ又ハ両眼ノ視力〇・〇一以下ニ減ジタルモノ	2級	1	下線部該当なし
	2	両上肢ヲ肘関節以上ニテ失ヒタルモノ	1級	6	左同
	3	両上肢ノ用ヲ全廃シタルモノ	1級	7	左同
	4	両下肢ヲ膝関節以上ニテ失ヒタルモノ	1級	8	左同
	5	両下肢ノ用ヲ全廃シタルモノ	1級	9	左同
3級	1	精神ニ障害ヲ残シ終身業務ニ服スルコトヲ得ザルモノ	3級	3	精神ニ著シキ障害ヲ残スモノ　※類似
	2	胸腹部臓器ノ機能ニ著シキ障害ヲ残シ終身業務ニ服スルコトヲ得ザルモノ	3級	4	下線部が「労務」、「能ハザルモノ」
	3	咀嚼ノ機能ヲ廃シタルモノ	3級	2	下線部が「咀嚼又ハ言語」
	4	両眼ノ視力〇・〇二以下ニ減ジタルモノ	2級	2	左同
	5	両上肢ヲ腕関節以上ニテ失ヒタルモノ	2級	3	左同
	6	両下肢ヲ足関節以上ニテ失ヒタルモノ	2級	4	左同
4級	1	言語ノ機能ヲ廃シタルモノ	3級	2	下線部が「咀嚼又ハ言語」
	2	咀嚼及言語ノ機能ニ著シキ障害ヲ残スモノ	4級	2	左同
	3	鼓膜ノ全部ノ欠損其ノ他ニ因リ両耳ヲ全ク聾シタルモノ	4級	3	左同
	4	一眼失明シ他眼ノ視力〇・〇六以下ニ減ジタルモノ	3級	1	左同
	5	一上肢ヲ肘関節以上ニテ失ヒタルモノ	4級	4	左同
	6	一下肢ヲ膝関節以上ニテ失ヒタルモノ	4級	5	左同
	7	十指ヲ失ヒタルモノ	3級	5	左同
		該当なし	4級	7	両足ヲ「リスフラン」関節以上ニテ失ヒタルモノ
5級	1	咀嚼ノ機能ニ著シキ障害ヲ残スモノ	6級	2	下線部が「咀嚼又ハ言語」
	2	一眼失明シ他眼ノ視力〇・一以下ニ減ジタルモノ又ハ両眼ノ視力〇・〇六以下ニ減ジタルモノ	5級 4級	1 1	左同
	3	一上肢ヲ腕関節以上ニテ失ヒタルモノ	5級	2	左同
	4	一上肢ノ用ヲ全廃シタルモノ	5級	4	左同
	5	一下肢ヲ足関節以上ニテ失ヒタルモノ	5級	3	左同
	6	一下肢ノ用ヲ全廃シタルモノ	5級	5	左同
	7	十指ノ用ヲ廃シタルモノ	4級	6	左同
6級	1	言語ノ機能ニ著シキ障害ヲ残スモノ	6級	2	下線部が「咀嚼又ハ言語」
	2	鼓膜ノ大部分ノ欠損其ノ他ニ因リ両耳ノ聴力耳殻ニ接セザレバ大声ヲ解シ得ザルモノ	6級	3	左同
	3	脊柱ニ著シキ畸形又ハ運動障害ヲ残スモノ	6級	4	左同
	4	一眼失明シ他眼ノ視力〇・三以下ニ減ジタルモノ又ハ両眼ノ視力〇・一以下ニ減ジタルモノ	6級	1	下線部該当なし
	5	一上肢ノ三大関接中ノ二関節ノ用ヲ廃シタルモノ	6級	5	左同
	6	一下肢ノ三大関接中ノ二関節ノ用ヲ廃シタルモノ	6級	6	左同
	7	一手ノ五指又ハ拇指及示指ヲ併セ四指ヲ失ヒタルモノ	6級	7	左同
	8	十趾ヲ失ヒタルモノ	5級	6	左同

表 5-1-2　業務外の障害年金

厚生年金保険等級表　障害年金(業務外)		工場法施行令等級表		
1	一眼失明シ他眼ノ視力〇・三以下ニ減ジタルモノ又ハ両眼ノ視力〇・一以下ニ減ジタルモノ	6級	1	下線部該当なし
2	咀嚼若ハ言語ノ機能ヲ廃シタルモノ又ハ咀嚼若ハ言語ノ機能ニ著シキ障害ヲ残スモノ	3級 6級	2 2	下線部が「又ハ」、「又ハ」
3	鼓膜の大部分ノ欠損其ノ他ニ因リ両耳ノ聴力耳殻ニ接セザレバ大声ヲ解シ得ザルモノ	6級	3	左同
4	脊柱ニ著シキ畸形又ハ運動障害ヲ残スモノ	6級	4	左同
5	一上肢ヲ腕関節以上ニテ失ヒタルモノ又ハ十指ヲ失ヒタルモノ	5級 3級	2 5	左同
6	一上肢ノ三大関節中ノ二関節以上ノ用ヲ廃シタルモノ又ハ十指ノ用ヲ廃シタルモノ	6級 4級	5 6	下線部なし
7	一下肢ヲ足関節以上ニテ失ヒタルモノ又ハ十趾ヲ失ヒタルモノ	5級 5級	3 6	左同
8	一下肢ノ三大関節中ノ二関節以上ノ用ヲ廃シタルモノ	6級	6	下線部なし
9	胸腹部臓器ノ機能ニ著シキ障害ヲ残シ終身業務ニ服スルコトヲ得ザルモノ	3級	4	下線部が「労務」、「能ハザルモノ」
10	精神又ハ神経系統ノ機能ニ著シキ障害ヲ残シ終身業務ニ服スルコトヲ得ザルモノ			該当なし

金について業務上の事由による「廃疾ノ状態」と業務外の事由による「廃疾ノ状態」が、同別表二には、障害手当金について業務上の事由による「廃疾ノ状態」と業務外の事由による「廃疾ノ状態」が、それぞれ規定された。業務上の事由に関する等級表は、「大体において工場法施行令別表の身体障害等級に準拠しているが、それは本制度が工場法、鉱業法等による事業主扶助を吸収したため」（厚生省保険局編 1958c: 64）だとされている[36]。

次に、工場法施行令の等級表を「大体において（中略）準拠している」とされる業務上の事由の等級表と工場法施行令の等級表とを比較してみる（表5-1）。業務上の障害年金では六等級制、障害手当金では八等級制が取られ、工場法の障害扶助料の等級表では一四等級制が取られていた。障害年金の等級数と障害手当金の等級数の合計は、工場法施行令の等級数と同数である。ここからも予想されるように、両者の等級は、「大体において」対応関係にあった。具体的には、障害年金一級の障害状態が障害扶助料一級の障害状態、前者の六級が後者の六級、障害手当金一級が障害扶助料七級、前者

表 5-1-3　業務上の障害手当金

厚生年金保険等級表　障害手当金(業務上)			工場法施行令等級表		
1級	1	一眼失明シ他眼ノ視力〇・六以下ニ減ジタルモノ	7級	1	左同
	2	鼓膜ノ中等度ノ欠損其ノ他ニ因リ両耳ノ聴力四十糎以上ニテハ尋常ノ話声ヲ解シ得ザルモノ	7級	2	左同
	3	精神ニ障害ヲ残シ軽易ナル業務ノ外服スルコトヲ得ザルモノ	7級	3	下線部が「労務」
	4	胸腹部臓器ノ機能ニ障害ヲ残シ軽易ナル業務ノ外服スルコトヲ得ザルモノ	7級	4	下線部が「労務」
	5	一手ノ拇指及示指ヲ失ヒタルモノ又ハ拇指若ハ示指ヲ併セ三指以上ヲ失ヒタルモノ	7級	5	左同
	6	一手ノ五指又ハ拇指及示指ヲ併セ四指ノ用ヲ廃シタルモノ	7級	6	左同
	7	一足ヲ「リスフラン」関接以上ニテ失ヒタルモノ	7級	7	左同
	8	十趾ノ用ヲ廃シタルモノ	7級	8	左同
	9	女子ノ外貌ニ著シキ醜状ヲ残スモノ	7級	9	左同
	10	両側ノ睾丸ヲ失ヒタルモノ	7級	10	左同
2級	1	一眼失明シ又ハ一眼ノ視力〇・〇二以下ニ減ジタルモノ	8級	1	下線部が「一眼ヲ」
	2	頸部ニ著シキ運動障害ヲ残スモノ	8級	2	左同
	3	神経系統ノ機能ニ著シキ障害ヲ残シ軽易ナル業務ノ外服スルコトヲ得ザルモノ	8級	3	下線部が「労務」
	4	一手ノ拇指ヲ併セ二指ヲ失ヒタルモノ	8級	4	左同
	5	一手ノ拇指及示指又ハ拇指若ハ示指ヲ併セ三指以上ノ用ヲ廃シタルモノ	8級	5	左同
	6	一下肢ヲ五糎以上短縮シタルモノ	8級	6	左同
	7	一上肢ノ三大関接中ノ一関節ノ用ヲ廃シタルモノ	8級	7	左同
	8	一下肢ノ三大関接中ノ一関節ノ用ヲ廃シタルモノ	8級	8	左同
	9	一上肢ニ仮関接ヲ残スモノ	8級	9	左同
	10	一下肢ニ仮関接ヲ残スモノ	8級	10	左同
	11	一足ノ五趾ヲ失ヒタルモノ	8級	11	左同
	12	脾臓又ハ腎臓ヲ失ヒタルモノ			該当なし
3級	1	両眼ノ視力〇・六以下ニ減ジタルモノ	9級	1	左同
	2	一眼ノ視力〇・〇六※以下ニ減ジタルモノ ※厚生省保険局編(1944:71)による。官報では「〇・六」	9級	2	左同
	3	両眼ニ半盲症、視野狭窄又ハ視野変状ヲ残スモノ	9級	3	左同
	4	両眼ノ眼瞼ニ著シキ欠損ヲ残スモノ	9級	4	左同
	5	鼻ヲ欠損シ其ノ機能ニ著シキ障害ヲ残スモノ	9級	5	左同
	6	咀嚼及言語ノ機能ニ障害ヲ残スモノ	9級	6	左同
	7	鼓膜ノ全部ノ欠損其ノ他ニ因リ一耳ヲ聾シタルモノ	9級	7	下線部が「全ク聾」
	8	一手ノ拇指ヲ失ヒタルモノ、示指ヲ併セ二指ヲ失ヒタルモノ又ハ拇指及示指以外ノ三指ヲ失ヒタルモノ	9級	8	左同
	9	一手ノ拇指ヲ併セ二指ノ用ヲ廃シタルモノ	9級	9	左同
	10	一足ノ第一趾ヲ併セ二趾以上ヲ失ヒタルモノ	9級	10	左同
	11	一足ノ五趾ノ用ヲ廃シタルモノ	9級	11	左同
4級	1	一眼ノ視力〇・一以下ニ減ジタルモノ	10級	1	左同
	2	咀嚼又ハ言語ノ機能ニ障害ヲ残スモノ	10級	2	左同
	3	十四歯以上ニ対シ歯科補綴ヲ加ヘタルモノ	10級	3	左同
	4	鼓膜ノ大部分ノ欠損其ノ他ニ因リ一耳ノ聴力耳殻ニ接セザレバ大声ヲ解シ得ザルモノ	10級	4	左同
	5	一手ノ示指ヲ失ヒタルモノ又ハ拇指及示指以外ノ二指ヲ失ヒタルモノ	10級	5	左同
	6	一手ノ拇指ノ用ヲ廃シタルモノ、示指ヲ併セ二指ノ用ヲ廃シタルモノ又ハ拇指及示指以外ノ三指ノ用ヲ廃シタルモノ	10級	6	左同

	7	一下肢ヲ三糎以上短縮シタルモノ	10級	7	左同
	8	一足ノ第一趾又ハ他ノ四趾ヲ失ヒタルモノ	10級	8	左同
5級	1	両眼ノ眼球ニ著シキ調節機能障害又ハ運動障害ヲ残スモノ	11級	1	左同
	2	両眼ノ眼瞼ニ著シキ運動障害ヲ残スモノ	11級	2	左同
	3	一眼ノ眼瞼ニ著シキ欠損ヲ残スモノ	11級	3	左同
	4	鼓膜ノ中等度ノ欠損其ノ他ニ因リ一耳ノ聴力四十糎以上ニテハ尋常ノ話声ヲ解シ得ザルモノ	11級	4	左同
	5	脊柱ニ畸形ヲ残スモノ	11級	5	左同
	6	一手ノ中指又ハ環指ヲ失ヒタルモノ	11級	6	左同
	7	一手ノ示指ノ用ヲ廃シタルモノ又ハ拇指及示指以外ノ二指ノ用ヲ廃シタルモノ	11級	7	左同
	8	一足ノ第一趾ヲ併セ二趾以上ノ用ヲ廃シタルモノ	11級	8	左同
6級	1	一眼ノ眼球ニ著シキ調節機能障害又ハ運動障害ヲ残スモノ	12級	1	左同
	2	一眼ノ眼瞼ニ著シキ運動障害ヲ残スモノ	12級	2	左同
	3	七歯以上ニ対シ歯科補綴ヲ加ヘタルモノ	12級	3	左同
	4	一耳ノ耳殻ノ大部分ヲ欠損シタルモノ	12級	4	左同
	5	鎖骨、胸骨、肋骨、肩胛骨又ハ骨盤骨ニ著シキ畸形ヲ残スモノ	12級	5	左同
	6	一上肢ノ三大関節中ノ一関節ノ機能ニ障害ヲ残スモノ	12級	6	左同
	7	一下肢ノ三大関節中ノ一関節ノ機能ニ障害ヲ残スモノ	12級	7	左同
	8	長管骨ニ畸形ヲ残スモノ	12級	8	左同
	9	一手ノ中指又ハ環指ノ用ヲ廃シタルモノ	12級	9	左同
	10	一足ノ第二趾ヲ失ヒタルモノ、第二趾ヲ併セ二趾ヲ失ヒタルモノ又ハ第三趾以下ノ三趾ヲ失ヒタルモノ	12級	10	左同
	11	一足ノ第一趾又ハ他ノ四趾ノ用ヲ廃シタルモノ	12級	11	左同
	12	局部ニ頑固ナル神経症状ヲ残スモノ	12級	12	左同
	13	男子ノ外貌ニ著シキ醜状ヲ残スモノ	12級	13	左同
	14	女子ノ外貌ニ醜状ヲ残スモノ	12級	14	左同
7級	1	一眼ノ視力〇・六以下ニ減ジタルモノ	13級	1	左同
	2	一眼ニ半盲症、視野狭窄又ハ視野変状ヲ残スモノ	13級	2	左同
	3	両眼ノ眼瞼ノ一部ニ欠損ヲ残シ又ハ睫毛禿ヲ残スモノ	13級	3	左同
	4	一手ノ小指ヲ失ヒタルモノ	13級	4	左同
	5	一手ノ拇指ノ指骨ノ一部ヲ失ヒタルモノ	13級	5	左同
	6	一手ノ示指ノ指骨ノ一部ヲ失ヒタルモノ	13級	6	左同
	7	一手ノ示指ノ末関接ニ屈伸不能ヲ来シタルモノ	13級	7	左同
	8	一下肢ヲ一糎以上短縮シタルモノ	13級	8	左同
	9	一足ノ第三趾以下ノ一趾又ハ二趾ヲ失ヒタルモノ	13級	9	左同
	10	一足ノ第二趾ノ用ヲ廃シタルモノ、第二趾ヲ併セ二趾ノ用ヲ廃シタルモノ又ハ第三趾以下ノ三趾ノ用ヲ廃シタルモノ	13級	10	左同
8級	1	一眼ノ眼瞼ノ一部ニ欠損ヲ残シ又ハ睫毛禿ヲ残スモノ	14級	1	左同
	2	三歯以上ニ対シ歯科補綴ヲ加ヘタルモノ	14級	2	左同
	3	上肢ノ露出面ニ手掌面大ノ醜痕ヲ残スモノ	14級	3	左同
	4	下肢ノ露出面ニ手掌面大ノ醜痕ヲ残スモノ	14級	4	左同
	5	一手ノ小指ノ用ヲ廃シタルモノ	14級	5	左同
	6	一手ノ拇指及示指以外ノ指骨ノ一部ヲ失ヒタルモノ	14級	6	左同
	7	一手ノ拇指及示指以外ノ指ノ末関接ニ屈伸不能ヲ来シタルモノ	14級	7	左同
	8	一足ノ第三趾以下ノ一趾又ハ二趾ノ用ヲ廃シタルモノ	14級	8	左同
	9	局部ニ神経症状ヲ残スモノ	14級	9	左同
	10	男子ノ外貌ニ醜状ヲ残スモノ	14級	10	左同

表 5-1-4　業務外の障害手当金

厚生年金保険等級表　障害手当金(業務外)			工場法施行令等級表	
1	一眼ノ視力〇・一以下ニ減ジタルモノ又ハ両眼ノ視力〇・六以下ニ減ジタルモノ	10級 9級	1 1	左同
2	両眼ニ半盲症、視野狭窄若ハ視野変状ヲ残スモノ又ハ両眼ノ眼瞼ニ著シキ欠損ヲ残スモノ	9級 9級	3 4	下線部が「又ハ」
3	鼻ヲ欠損シ其ノ機能ニ著シキ障害ヲ残スモノ	9級	5	左同
4	咀嚼又ハ言語ノ機能ニ障害ヲ残スモノ	10級	2	左同
5	鼓膜ノ中等度ノ欠損其ノ他ニ因リ両耳ノ聴力四十糎以上ニテハ尋常ノ話声ヲ解シ得ザルモノ又ハ鼓膜の大部分ノ欠損其ノ他ニ因リ一耳ノ聴力耳殻ニ接セザレバ大声ヲ解シ得ザルモノ	7級 10級	2 4	左同
6	頸部ニ著シキ運動障害ヲ残スモノ	8級	2	左同
7	一手ノ一指以上ヲ失ヒタルモノ(中指、環指又ハ小指ノミヲ失ヒタルモノヲ除ク)又ハ一手ノ拇指ノ用ヲ廃シタルモノ、示指ヲ併セ二指ノ用ヲ廃シタルモノ若ハ拇指及示指以外ノ三指ノ用ヲ廃シタルモノ	10級 10級	5 6	下線部が「一手ノ示指ヲ失ヒタルモノ又ハ拇指及示指以外ノ二指ヲ失ヒタルモノ」、「又ハ」
8	一上肢ノ三大関節中ノ一関節ノ用ヲ廃シタルモノ又ハ一上肢ニ仮関節ヲ残スモノ	8級 8級	7 9	左同
9	一下肢ヲ三糎以上短縮シタルモノ	10級	7	左同
10	一下肢ノ三大関節中ノ一関節ノ用ヲ廃シタルモノ又ハ一下肢ニ仮関節ヲ残スモノ	8級 8級	8 10	左同
11	十趾ノ用ヲ廃シタルモノ又ハ一足ノ第一趾若ハ他ノ四趾ヲ失ヒタルモノ	7級 10級	8 8	下線部が「又ハ」
12	胸腹部臓器ノ機能ニ障害ヲ残シ軽易ナル業務ノ外服スルコトヲ得ザルモノ	7級	4	下線部が「労務」
13	精神ニ障害ヲ残シ軽易ナル業務ノ外服スルコトヲ得ザルモノ	7級	3	下線部が「労務」
14	神経系統ノ機能ニ障害ヲ残シ軽易ナル業務ノ外服スルコトヲ得ザルモノ	8級	3	下線部が「著シキ障害」、「労務」

八級が後者の一四級に「大体において」対応していた。旧法では、廃疾年金が障害扶助料六級以上、廃疾手当金が障害扶助料一〇級以上の障害状態が配置されるのが基本であったため、業務上の事由の障害年金では同一だが、障害手当金では支給範囲が拡大したということになる。

厚生年金保険の等級表と工場法施行令のそれとの関係は、下位の等級に限定するならば、後述する文言の変更、工場法施行令にはない「脾臓又ハ腎臓ヲ失ヒタルモノ」の障害手当金二級への挿入、工場法施行令の「一耳ヲ全ク聾シ」が障害手当金三級では「一耳ヲ聾シ」と一部削除、工場法施行令にはないが旧法の廃疾年金に配置されていた「一眼失明シ他眼ノ視力〇・三以下ニ減ジタルモノ」[37]の障害年金六級への継承を除けば、対応関係が保たれていた[38]。

しかし、障害年金一級から五級については、視力、両上肢（両指）・両下肢の機能、言語機能の障害において、障害扶助料での等級よりも一等級下に配置された[39]。このように、実際に行われたのは、支給額が高く設定されている上位の等級にあって、かつ、業務災害による障害が発生しやすいと予想される視力や肢体等の障害について、等級を引き下げた上での「大体において」の対応であった[40]。また、旧法の廃疾給付で除外された歯牙、外貌、外生殖器の障害についても、業務上の事由による障害給付では対象に含められた。

次に、業務外の事由の等級表を確認する。これについては、障害年金・障害手当金ともに創設時の規定がおおむね継承された。その例外のひとつは、業務上でも外でも、「労務」の文言がすべて「業務」に変更されたことである[41]。さらに、障害種別を明示せず、廃疾年金では「終身労務ニ服スルコト能ハザルモノ」、廃疾手当金では「従来ノ労務ニ服スルコト能ハザルモノ」と規定されていた前各号外の障害が、本改正により削除された。本改正法の解説において花澤は、業務外の事由の障害給付について「之は大体従来と同様の思想から、終身労務に服すること能はざる程度の廃疾には障害年金を、従来の労務に服すること能はざる程度の廃疾には障害手当金を支給する」（花澤 1944: 196）と述べていた。それにも関わらず、等級表からはそれらを端的に示す規定を削除したのである。これにより、工場法施行令の等級表にある「終身労務ニ服スルコト能ハザル」状態は業務上外ともに精神・神経障害と内部障害に残ったが、工場法施行令の等級表には採用されず旧労働者年金保険法施行令の廃疾手当金の前各号外の障害にだけにあった「従来ノ労務ニ服スルコト能ハザル」状態は、本改正によって等級表から姿を消した[42]。先述したように近藤は、廃疾年金の支給を一般的労働不能、廃疾手当金を職業的不能の程度によるとし、後者は個人の稼得能力の程度によって評価されると解していた。その根拠となる前各号外の障害の「従来ノ労務ニ服スルコト能ハザル」状態が削除されたのである。さらに、旧法では行えなかった障害年金の受給権者が再度、被保険者となった場合の障害年金の受給が本改正で可能になったことで、稼得能力への配慮はさらに希薄になった。

こうして、稼得能力の補填のはずの障害給付は、ますますもって真の「建てまへ」となった。被保険者期間に発生した傷病による障害であること、業務外の事由ならば一定の被保険者期間の要件を満たしていること、工場法施行令を踏襲した等級表の状態[43]に当てはまっていること、それらが揃えば受給が可能になるような、少なくとも外部障害については完全に稼得能力と解離したものになっていった。近藤の説に沿うならば、一般的労働不能、つまり、一般的な労働能力の減退の程度による支給対象の選定が、障害年金だけでなく障害手当金にも及んだということになる。

本改正の翌年、船員保険法も改正され（昭和二〇年法律第二四号）、船員保険においても厚生年金保険と同じく廃疾年金・廃疾手当金の名称が障害年金・障害手当金へと変更され、さらに、職務上と職務外が区別された。これにより、船員保険法施行令（昭和二〇年勅令第一八一号）別表一・二に規定される等級表も厚生年金保険で「業務」とされた部分が「職務」に変更されたことを除き、厚生年金保険のそのままに継承された。

4　廃疾認定の方法

前述したように、労働者年金保険法による廃疾給付は、受給要件であった三年以上の被保険者期間が経過する前に同法が改正されたため、実施されることはなかった。したがって、実際には運用されていないのだが、廃疾給付の請求から決定の過程は以下のように予定されていた。

請求のためには、まず、請求書と医師の診断書等の準備が必要であった。請求書には、①氏名、住所、生年月日、②被保険者台帳の記号と番号、③現在、被保険者の場合は、使用される事業所の名称と所在地、④被保険者であった場合は、最後に被保険者資格を喪失した年月日、最後に使用された事業所の名称と所在地、⑤廃疾の原因となった傷病名、発病・負傷の年月日、治癒しているか否か、治癒したときはその年月日を記載し、これに、廃疾の状態の程度、傷病の経過に関する医師または歯科医師の診断書と印鑑票を添付する（労働者年金保険法施行規則〔昭和一六年厚生省令第七〇号〕四八条一項・二項）。これを、医師または歯科医師の診療を受けた日（健康保険の被保険者は療養の給付を受けた日）から起算して一年（施行令二〇条、一九四四〔昭和一九〕年改正で二年に変更）を経過した日かその期間内に傷病が治癒した日から一〇日以内に保険院長官（一九四二〔昭和一七〕年一一月改正により厚生大臣）[44]に提出する（施行規則四八条一項）。これをもとに、保険院長官（一九四二〔昭和一七〕年一一月以降は厚生大臣）が給付を決定して請求者に通知し、廃疾年金の受給権が認められた請求者には廃疾年金証書を交付するというプロセスになっていた（施行規則四九条一項・二項）。

実際の保険給付事務は、一九四四（昭和一九）年改正法により、業務上の事由において被保険者期間の要件が撤廃され、同年にこれが施行されて以降の発生となった（昭和十九年法律第二十一号労働者年金保険法中改正法律施行期日ノ件〔昭和一九年勅令第三六二号〕）。本改正により、障害程度の認定は主務大臣（厚生大臣）が行うことが明記された（三六条二項）。これについては、専門家からの意見や官業共済組合、恩給等の事例に基づいて、「廃疾程度決定の基準に関する精密なる内部規程」（花澤 1944: 195）を設定し、実際の認定では専門家に審査を委嘱する方針であったようだ[45]（花澤 1944: 195-196）。ところが、終戦も間近のこの時期、応召や徴用等による職員の激減、連日の空襲による稼働率の低下、通信機関の麻痺等により、被保険者台帳や索引票の事務は「甚だしく遅滞」（厚生省保険局編 1958c: 393）、しかも、戦火による喪失の可能性もあった（厚生省保険局編 1958c: 393）。そのため、一九四五（昭和二〇）年五月、保険給付事務は、被保険者台帳や索引票に関する事務とともに地方庁に移管された[46]（厚生省保険局編 1958c: 393-394）。同年七月、さらなる厚生年金保険事務の迅速化が図られ、保険給付の決定権が厚生大臣から地方庁に委譲された（厚生団 1953: 209-214、厚生省保険局編 1958c: 73）。これに伴い、障害程度の認定も中央（厚生大臣）から地方（地方長官）へと移されることになった。この地方での認定のために、認定の基準となる「厚生年金保険廃疾認定規程」が作成され、認定が困難な場合は「本省に内議の上決定するように指示され」（筒井 1951: 6）た。

ところが、一九四四（昭和一九）年度から既に開始されていたはずの保険給付は、戦災により報告が取れず、「昭和二十年度までは毎月の保険給付の支出済額のほかは、給付の種類別内訳並びに件数等は不明」（厚生省五十年史編集委員会編 1988: 571）となる程の混乱した状態になった（厚生省五十年史編集委員会編 1988: 571）。そのため、一九四二（昭和一七）年度から始まる厚生年金保険の統計資料には、事業所数や被保険者数、保険料徴収状況の数値はあっても、保険給付に関するそれは空欄のままで、記載が始まったのは一九四六（昭和二一）年度になってからであった（例えば、厚生省保険局編 1958c: 820-828）。

こうして、障害給付は、初期的な形が整えられはしても運用状況が十分に把握されぬまま、つまりは、運用上の問題点の洗い出しが不十分なまま、終戦を迎えることになるのである。

5　小括

日本初の社会保険制度である健康保険は、業務上の事由も保険給付の対象とし（最初の一歩）、これに、陸上労働者と異なり工場法のような補償制度が未整備で、かつ、業務上外の区別が難しい特殊な労働形態にあった海上労働者を被保険者とする船員保険が続いた（次の一歩）ことで、社会保険における業務上の事由を対象とした保険給付がロックインされた。

このロックインによって、既に工場法の障害扶助料があったにも関わらず、労働者年金保険には業務上の事由での保険給付が盛り込まれ、これにより、業務上も外も含んだ廃疾給付の基準が必要となった。この基準の設定に際して工場法施行令の等級表を参酌することは、併給による障害扶助料の減額が見込まれた事業主にとっても、労働者年金保険の導入にあたり財界の反対をできるだけ抑えたい官僚にとってもメリットがあった。また、障害扶助料が減額されるとはいえ廃疾給付との併給は労働者にとっても一定のメリットがあったため、「健康保険ストライキ」のような事態を防ぐ効果も見込まれた。

しかし、工場法施行令の等級表では稼得能力とは切り離された機能障害基準が標榜されており、労働者の生活保障を目的とする労働者年金保険の保険給付には馴染まない。そこで、精神・神経障害や内部障害などで用いられた稼得能力基準が「建てまへ」として前面に押し出された。ところが、これは一度も運用されることなく、一九四四（昭和一九）年改正によって障害扶助料が厚生年金保険へ移管されることになった。「決戦下勤労者の勤労意欲」の昂揚の名の下に行われたこの改正により、前各号外の障害が削除され、再度、被保険者となった場合でも障害年金受給が可能になるなど、これまでわずかに見られた稼得能力への配慮はさらに希薄になり、稼得能力の補填としての障害給付は、真の「建てまへ」となっていった。結果的に、稼得能力への配慮は、官僚による解説と等級表の精神・神経障害、内部障害に残るのみとなった。

労働者年金保険創設時の等級表は一九四四（昭和一九）年改正により一度も使用されることなく、一九四四（昭和一九）年に開始された保険給付も戦火により十分な運用が見られぬまま、その翌年、日本は終戦を迎えることになる。

■注

1 一九三四（昭和九）年改正により、工場法・鉱業法の適用を受ける事業所に加えて、常時五人以上の労働者を雇用する事業所も加わった。

2 公務員については勅令によって別段の規定を設けることが認められたため（法一二条）、官業共済組合による給付はそのまま維持された。民間の共済組合については存続を認めなかったため、その多くが消滅したとされる（厚生省保険局編 1958a: 26-27）。

3 全面的な実施は一九二七（昭和二）年一月から（厚生省保険局編 1958a: 487）。施行までの経緯は、厚生省保険局編（1958a）、吉原ら（2020）、労働省労働基準局労災補償部編（1961: 88-96）を参照。

4 労働省の編著『労災補償行政史』では、労働者側は保険料労使折半主義、使用者側は社会政策的負担の増大、健康保険医側は診療費への不満が批判の理由であったと説明されている（労働省労働基準局労災補償部編 1961: 35-36）。

5 これについて佐口は、健康保険法案要綱の審議過程や森（1923）の『健康保険法解説』でも業務上の傷病と業務外の傷病の比率は一対四と説明されており、これを（1）の計算式に当てはめると事業主と被保険者の負担割合は七対八となり労使折半の論理的根拠は不明確だと述べている（佐口 1957: 111-114）。

6 公的医療保険としては、船員保険法公布の前年（一九三八（昭和一三）年）に国民健康保険法が公布されている。国民健康保険の制度展開については北山（2011）に詳しい。

7 この経緯については、なお慎重な検討を要するため、ここでは転還の事実のみを記す。

8 脱退に際して支給されるのは脱退手当金（一時金）である（「同要綱」へ-脱退手当金）。

9 同一傷病による療養の給付と傷病手当金の支給は、原則、給付開始日から起算して六ヶ月が限度とされた（法三二条一項）。

10 保険院保険制度調査会第五回総会（一九三八〔昭和一三〕年一二月一五日）でも同様の説明がなされている（厚生省保険局編 1958b: 111）。

11 廃疾年金、廃疾手当金ともに、業務上の事由による場合は支給額が増額された。

12 田村（1984）によると、総計五〇名で、「人数だけからいえば、参加した三一カ国のどの国にも敗けなかった」（田村 1984: 105）。

13 英語原文、日本語訳文はＩＬＯ駐日事務所（website）を参照した。

14 工場法等の障害扶助料の障害程度も「重いものについては国際労働会議の勧告（第七回）に従」（寺本 1950: 327）ったとされている（詳細は第6章）。

15 工場法施行令の等級表には精神・神経障害により「終身労務ニ服スルコト能ハザル」状態についての規定はない。また、指の欠損障害は工場法施行令の等級表六級七号にあるが、三級五号の「十指ヲ失ヒタルモノ」が採用されている。一眼失明での他眼の視力の規定は工場法施行令六級にはないが、五級一号に一眼失明で他眼の視力「〇・一以下」、七級一号に「〇・六以下」がある。船員保険で「〇・三以下」が採用されたのは上記の中間の値としてであろう。

16 足指の機能障害については、工場法施行令の等級表九級一一号に「一足ノ五趾ノ用ヲ廃シタルモノ」があるが、船員保険で採用されたのは七級八号「十趾ノ用ヲ廃シタルモノ」である。また、工場法施行令八級三号の神経障害の程度は「著シキ障害ヲ残シ」であったが船員保険では「著シキ」が削除された。歯牙、外貌、外生殖器の障害は加えられていない。

17 厚生官僚の花澤武夫によっても、両者を意図的に関連付けたことを裏付ける記述が行なわれている。船員保険の等級表は、のちに制定される労働者年金保険（厚生年金保険）の等級表に、ほぼそのまま引き継がれていた。この厚生年金保険の廃疾給付について花澤は、廃疾年金が工場法施行令の等級表一級から六級、廃疾手当金が同表七級から一〇級に相当することを前提とした解説を行っている（花澤 1944: 196）。このことから、船員保険の等級表も工場法施行令のそれに基づいて設定されたと解することができる。

18 健康保険は工場・鉱山労働者等の現場職員には適用されたが、本社職員のようなホワイトカラーは対象外であった。職員健康保険法は、ホワイトカラーに属する労働者を被保険者とする公的医療保険制度として一九三九（昭和一四）年公布されたが、一九四二（昭和一七）年の健康保険法改正により一九四三（昭和一八）年四月から健康保険に統合された（厚生省保険局編 1958a: 69-77）。

19 厚生年金保険法の立法意図を含む制定過程に関しては多くの議論があるが本書の射程外となるので扱わない。それらの先行研究については中尾（2016）が端的に整理している。

20 職員（ホワイトカラー）は、労働者年金保険創設時、健康保険の被保険者から除外されており、労働者年金保険でも同じ扱いが取られたが、その後、健康保険の被保険者に加えられ、一九四四（昭和一九）年改正で厚生年金保険の被保険者となった（厚生省保険局編 1958c: 62）。

21 船員保険の被保険者や外国籍の者は被保険者資格がなかった（法一六条）。一九四四（昭和一九）年改正によって、女子も強制被保険者となった（厚生省保険局編 1958c: 62-63）。

22 その他の保険給付の概要は以下の通りである。

①養老年金

被保険者期間二〇年以上の者が資格喪失後五五歳を超えたか五五歳を超えて資格を喪失したとき（坑内夫は被保険者期間一五年以上（場合によっては一二年以上）で被保険者資格を喪失して五〇歳を超えたか五〇歳を超えて資格を喪失したとき）年金を終身にわたって支給する（法三一条一項・二項）。年金額は、基本となる平均報酬年額の二五％に、被保険者期間が二〇年を超える一年ごとに一％ずつを付加した金額（平均報酬年額の五〇％を限度とする）とする（法三二条一項・三項）。

③遺族年金

被保険者期間二〇年以上の者が死亡したとき、その遺族に一〇年間の有期年金として養老年金（廃疾年金受給者が死亡した場合は廃疾年金）の二分の一に相当する額を支給する（法四四条、法四五条）。

④脱退手当金

被保険者期間三年以上二〇年未満の者が死亡した等の場合、被保険者期間に応じた額を支給する（法四八条一項、法別表）。

23 一九四四（昭和一九）年一〇月～一九四七（昭和二二）年八月は坑内夫が一〇〇〇分の一五〇、それ以外は一〇〇〇分の一一〇。任意継続被保険者の保険料は全額被保険者負担とされた（法五九条）。

24 厚生団編 1953: 106

25 厚生大臣金光庸夫による提案理由説明、労働者年金保険法案（政府提出）についての衆議院・貴族院の特別委員長報告（厚生団編 1953: 76-78）。

26 近藤（1942: 16）は、諸外国の労働者廃疾保険では「一般的労働不能」のみが障害として扱われ、「職業的不能」は鉱夫のみに認められ、年金形式の保険給付が行われるのが一般的だと述べている。

27 外貌については、女性船員が想定されていなかったためとも考えられる。

28 藤井は題名変更の理由を、「労働者という用語が社会主義を連想させるため」（藤井 2017: 87）だとする。

29 船員保険の被保険者や外国人は対象外であった（一六条但書）。

30 その他にも、保険事故に婚姻が加えられ、被保険者期間三年以上の女子が婚姻したときか、被保険者資格喪失後一年以内に婚姻したときは平均報酬月額の六ヶ月分が支給される結婚手当金の新設などが行なわれた（一条、五一条ノ二）。

31 業務外の事由での療養の給付の期間は、療養の給付開始後二年までとされた（健康保険法施行令八七条ノ三第二号）。

32 一九四一（昭和一六）年一月一四日厚生省官制の一部改正により、工場監督官は労務監督官へと名称変更された（労働省労働基準局労災補償部編 1961: 297）。

33 障害の認定日は、健康保険法の改正により療養の給付の期間が延長されたことを理由として、初診日から一年を経過した日から、二年を経過した日に変更された（施行令二〇条、厚生省保険局編 1958c: 64）。

34 業務上外問わず、養老年金と同様に被保険者期間が二〇年を超えるごとに一年につき平均報酬日額の四日分が加算されることになった（三七条二項）。併せて、最高制限額も平均報酬月額六ヶ月分から一二ヶ月分に引き上げられた（三七条四項、厚生省保険局編 1958c: 64）。

35 花澤（1944: 209-210）はこの改正について、「時局下一億国民総動員、総蹶起の強望せられる時代に於て、仮令不具廃疾者なるにもせよ、年金を国家より支給せられて安閑として暮しているなどといふことは到底許されぬ」ので、今後「廃疾者の療養及職業再教育を行ひ、一人でも多くの再起奉公者を産業戦線に送り出す予定」だが、産業戦線に復帰しても年金が停止されたままなら、「再起奉公者の熱意を挫折」させるので支給停止制限を撤廃したと解説している（引用はすべて、花澤 1944: 209）。

36 同旨の記述が花澤（1944: 195）にも見られる。

37 工場法施行令（一九三六〔昭和一一〕年）でも労働者年金保険（厚生年金保険）でも視力の測定は矯正視力で行う。

38　障害手当金三級二号は官報と『厚生年金保険十年史』（厚生団編 1953: 185）では、一眼の視力「〇・六」以下となっているが、下位級にあたる障害手当金四級一号では一眼の視力「〇・一」以下、七級一号では一眼の視力「〇・六」となっており明らかに矛盾がある。施行令公布の翌月に出版された『厚生年金保険法規』（厚生省保険局編 1944: 71）や、『厚生年金保険十五年史』（厚生省保険局編 1958c: 614）では、障害手当金三級二号は一眼の視力「〇・〇六」以下と記載されており、本書では、本来はこちらが正であったものとして論じている。

39　工場法施行令の等級表においては、咀嚼機能と言語機能の障害は一対で扱われたが、障害年金では咀嚼機能と言語機能は個別に設定され、咀嚼機能の著しい障害は障害扶助料では六級であったが、障害年金では一等級上の五級となった。

40　戦中と戦後では産業構造の相違が予想され単純に比較することはできないが、参考までに一九五五（昭和三〇）年一〇月一五日現在での厚生省実施の身体障害者実態調査の結果を示す（厚生省社会局 1956: 26）。身体障害者三八五〇人のうち、障害となった原因が業務上の災害である者（旧軍人軍属の業務上の災害は除く）は三九八人。そのうち、視覚障害四〇人、聴覚障害八人、音声障害二人、肢体不自由三四八人と、その多くが肢体と視力の障害であった。

41　この変更については、「業務」上と「業務」外の概念が制度内に持ち込まれたことからの影響を指摘できる。

42　本改正前の廃疾手当金では、内部障害と精神・神経障害は、「軽易ナル労務ノ外服スルコトヲ得ザルモノ」と規定されていた。本改正では、「労務」の部分が「業務」に変更された。

43　二年以内に治癒したか未治癒なら二年目の時点での状態。

44　一九四二（昭和一七）年一一月、行政簡素化による保険院の解体に伴い、労働者年金保険の主務官庁は厚生大臣になった（厚生団編 1953: 147）。

45　労働者年金保険創設当時は、保険院に障害程度の認定委員会を組織し、これに諮問して決定する予定であった（花澤 1942b: 103）。

46　これにより、地方庁での事務は混乱し、保険給付の決定、支給はさらに遅滞した（厚生省保険局編 1958c: 394）。

第6章

労働基準法と厚生年金保険法

労働能力基準の誕生

前章において、終戦前の厚生年金保険の保険給付に関する事務は、件数の把握が困難なほど混乱していたことは述べた。工場法における業務災害の補償も同様であり、工場法戦時特例（昭和一八年勅令第五〇〇号）、工場法戦時特例施行規則（昭和一八年厚生省令第一八号）、厚生省関係許可認可等戦時特例（昭和一九年勅令第三七号）によって機能停止となっていた[1]（労働省編 1969: 593）。戦後、連合国軍占領下にあって、これらの制度は改革の時を迎えることになる。

本章では、業務上の事由の障害給付が厚生年金保険から再度、労災補償制度（労働基準法・労働者災害補償保険法）に移管されたにも関わらず、厚生年金保険の障害給付の対象には業務上の事由が残され、労災補償制度からの短期補償が終了してから、障害年金へと引き継ぐことを前提とした障害補償が構想されていたことを確認する。この連続性を確保するため、厚生年金保険と労災補償制度との等級の対応関係がこれまで以上に求められたこと、障害給付と障害補償の支給目的を通底させたことによって労働能力基準の創設が導かれたことを明らかにする。

1　労働基準法、労働者災害補償保険法の制定

まず、工場法から労働基準法、労働基準法の補償を保険する労働者災害補償保険法への業務災害補償の継承を確認する。

労働基準局長であった村上茂利によると、一九四六（昭和二一）年一月以降にはＩＬＯ条約の翻訳と整理、同年三月には労働保護立法案の準備が開始されていた（野村ら 1968: 164）。一九四六（昭和二一）年四月一一日付けの「労働保護法作成要領」には、法案作成上の課題のひとつとして災害補償があげられ、その細目に「扶助ト保険トノ調整」（労働省編 1969: 618）が見られる（労働省編 1969: 615-620）。また、改廃すべき法令に関連あるものとして、健康保険法、厚生年金保険法、船員法などがあげられている（労働省編 1969: 619-620）。このように、労働保護立法の構想段階で、既存の社会保険も含めての再編成が視野に入れられていたのである。

一九四六（昭和二一）年七月一五日には、厚生省労政局長が二七九の事業主団体、六四九の労働組合に対し労働保護に関する質問書[2]を発送し、その翌日、厚生大臣、河合良成が労働保護法の早期制定を議会で明言した（労働省編 1969: 624）。この七月一五日発送の質問書に添付されたのが「労働保護に関する主要問題」と題される資料であった。そこには一四の論点が示され、そのうちのひとつが、「業務上の災害に対する事業主の扶助及び社会保険によるこれが代行に関して如何なる事項を定めるべきか」（労働省編 1969: 639）、つまり、終戦前に社会保険に吸収した工場法による事業主扶助をどうするのか、という問題であった。その後、

労働組合や使用者代表との座談会を経て、同年七月二一日、政府は労務法制審議会に対し労働保護法案の起草を諮問した（労働省編 1969: 625-637, 653）。労務法制審議会は、法案の起草を小委員会（末弘厳太郎ほか一一名）に一任、同委員会が作成した仮案が同年八月七日の総会に諮られ、これを原案（以下、公聴会原案）として公聴会にかけられることになった（労働省編 1969: 655）。

この公聴会原案には、一時金の障害補償が盛り込まれていたが（公聴会原案七四条）、その補償の実施は、健康保険・厚生年金保険の保険給付が優先し、「使用者はその価額の限度において補償の責を免れる」（公聴会原案八〇条一項）とされていた（労働省編 1969: 671-672）。また、補償水準については、一級で平均賃金の一六二〇日分、二級で一四三〇日分というように、一四級を除いて、のちに制定される労働基準法よりも一・一～一・二倍の高水準となっていた[3]（公聴会原案別表、労働省編 1969: 675）。これらについては、小委員会において討議された主要問題のひとつ「補償の負担能力」（労働省編 1969: 656）に関する議論の帰結であったと考えられる。この公聴会原案をもとに、九月中には関係各省との打ち合わせ、労働者側・使用者側、一般有志の公聴会が順次開催された（労働省編 1969: 657, 676-678）。労務法制審議会小委員会は、一〇月七日以降、公聴会原案の修正を行い、一二月二四日の総会にて労働基準法草案を決定、これを政府に答申した（労働省編 1969: 659）。

上記の労働基準法草案（以下、草案）では、保険給付と補償との関係に変更が加えられた。公聴会原案で規定されていた健康保険と厚生年金保険による保険給付の優先が削除され、これに代わって「労働者災害補償責任保険法」の保険給付が優先する[4]とされたのである（草案八三条一項、労働省編 1969: 693）。さらに、障害補償の水準は、公聴会原案よりも引き下げられて労働基準法創設時と同額設定となり、併せて、六年間の分割補償（補償を受けるべき者の同意を得た場合の六年間の分割支給）に関する規定（草案八一条、別表二）が盛り込まれた（労働省編 1969: 693, 701）。このような、健康保険と厚生年金保険の優先から「労働者災害補償責任保険」の優先へと変転が生じた理由として考えられるのが、公聴会原案について関係各省との調整や労使からの意見聴取が行われていた期間に発表された連合軍総司令部の勧告と社会保険制度調査会の答申である。

一九四六（昭和二一）年八月[5]、連合軍総司令部労働諮問委員会による最終報告として「労働保護立法に関する勧告」[6]（以下、GHQ勧告）が発表された（労働省編 1969: 603-609）。その内容は、保護立法の適用範囲の拡大、長時間労働の制限、週休日や有給休暇の設定、女性や児童の労働の制限など多岐にわたるが、そのなかに、労働者補償に関する項目が含まれていた。そこでは、「産業災害または疾病に基因する一時的または永久的労働不能、又は死亡に対する補償は近代産業国家の労働法の下では通常使用者の費用をもつて行なわれる」が、日本では「一部疾病保険制度により供され、しかも費用の約半分は労働者の負担」となっていることが批判され、特に死亡と永久的労働不能に対しては十分な給付を「一切のまたは大部分の費用は使用者が負担するように」改めるべきであると述べられた（引用はすべて、労働省〔1969: 609〕）。業務上の事由の補償について、労働者が拠出する健康保険、厚生年金保険の保険給付が優先するとした公聴会原案は、この勧告に反するものであった。

さらに、一九四六（昭和二一）年三月、厚生大臣が今後の社会保険制度整備に関して社会保険制度調査会に諮問した検討結果が、同年一二月一三日「現行社会保険制度の改善方策」[7]（答申）として示された（労働省編 1969: 717）。そのなかで提言されたのが、旧来の労働者災害扶助責任保険等を吸収する「労働者災害補償責任保険制度」、つまり、使用者による災害補償を保険する新制度の創設であった。これを受け、「厚生省内部においても現行制度を是とする意見もあってなかなか態度決定をみなかったが、結局、答申を尊重して」（労働省編 1969: 717）業務災害を専門とする保険を新設し、そちらに健康保険と厚生年金保険の業務上の事由の保険を移し替える方針による調整がはじめられることになった（労働省編 1969: 717）。このような「強く外部から持ち掛けられた」（厚生団編 1953: 223）要因により、厚生省にとって「痛い大改正」（厚生団編 1953: 223）が方向付けられることになったのである。

こうして、業務災害の補償は健康保険と厚生年金保険から切り離され、独立した労働保護立法が担うことになり、その補償を労働者災害補償保険によって保険するとの方針が定まった。これに従って作成された労働基準法草案が政府に答申され、修正のうえ一九四七（昭和二二）年二月二二日閣議決定、第九二回帝国議会にて可決成立、同年四月七日、労働基準法（法律第四九号）が公布された。あわせて、労働者災害補償保険法（法律第五〇号）も同日に公布された。以下、労働基準法と労働者災害補償保険法、その政省令の総称を労災補償制度とする。

2　社会保険における業務上の事由への対応

労働基準法により、業務災害に対する事業主の無過失賠償責任の理念が確立され、工場法と比較すれば適用対象も拡大し、補償水準も向上した（労働省労働基準局労災補償部編 1961: 306-307）。さらに、業務上の事由による保険給付が労災補償制度に吸収されたことを受け、健康保険、船員保険、厚生年金保険はこれの対応が必要となり、結果、三者三様の選択が行われた。

健康保険は業務外の事由を完全に切り離して労災補償制度に移管、船員保険は労働基準法とは別に船員法を改正して業務災害補償を盛り込みその実施は引き続き船員保険で対応、厚生年金保険は労災補償制度の給付を優先し、その給付期間経過後に厚生年金保険の保険給付を行うことになった。これらについて、以下で具体的に述べる。

健康保険においては、療養の給付、傷病手当金、埋葬料が、工場法の扶助料と重複していたこと、一九四四（昭和一九）年改正で業務上の傷病による療養の給付や傷病手当金の給付が治癒するまでの中期的な給付に変更されたことは、第5章で述べた。しかし、労働基準法には、工場法から踏襲された三年以上療養しても傷病が治らない場合の打切補償があるため、従前の健康保険の給付を維持したまま労災補償制度に移管するためには何らかの対策が必要であった。これについて、労働者災害補償保険法施行規則（昭和二二年労働省令第一号）に、打切補償費は都道府県労働基準局長が必要と認めるときに支給するとの規定を付加し、都道府県労働基準局長が打ち切りの必要性を認めない限りにおいては、傷病がなおるまで療養補償と休業補償が行えるものとした（一二三条）（寺本 1950: 336）。こうして業務上の傷病は労災補償制度が、業務外の傷病は健康保険が対応することになった。

船員に対しては、海上労働者の特殊性が強調され、労働基準法とは別に制定された改正船員法（昭和二二年法律第一〇〇号）が災害補償を担うことになった（労働省労働基準局労災補償部編 1961: 309）。改正船員法では、「第十章　災害補償」のなかに、療養補償、傷病手当及び予後手当、障害手当、遺族手当、葬祭料を置き、これらの実施が船員保険に任された。労働基準法による補償を保険するために労働者災害補償保険が設置されたように、船員の災害補償についてもこれに類する法律を個別に設けることや、陸上労働者と同じく労働者災害補償保険の対象とする選択もあった。しかし、船員の数が少なく、また、船員保険には業務外での保険給付も含まれるため、これとは別に新たな保険制度を付加することは「船舶所有者にも船員にも不便」（厚生省保険局編 1958a: 317）等の理由により、従来通り船員保険による災害補償の実施が継続されたのである（厚生省保険局編 1958a: 317）。これにより、船員を対象とする社会保険は、船員法を所管する運輸省でも労働者災害補償保険を所管する労働省[8]でもなく、厚生省の手の内に残されることになった。

厚生年金保険においては、労働者年金保険の創設当初、保険給付に業務上と業務外の区別はなかったが、一九四四（昭和一九）年改正にて工場法等の障害扶助料の支給が厚生年金保険に移管されたことにより、厚生年金保険の障害給付の支給要件や等級表が業務上と外とで区分されていた。労災補償制度の新設にあたっては、この業務上の保険給付をどうするのかが課題となった。これへの対応として、下記の三案があったと厚生省保険局編『厚生年金保険十五年史』では述べられている（厚生省保険局編 1958b: 80）。

1　労働基本法上の業務上の給付を厚生年金保険に吸収して、労働基本法の給付内容が厚生年金保険を上回る場合は差額を事業主が負担する。

2　事業主が負う補償責任による給付部分は切り離して、厚生年金保険では業務上外を問わずに平等に給付を行う。

3　1と2を折衷して、労働基本法による給付期間中は厚生年金保険からの支給を行わず、その期間経過後に厚生年金保険からの支給をはじめる。

第1案は公聴会原案、第2案は労働者年金保険時代への回帰、第3案は第1・2案の折衷となっている。これらは、「それぞれ利害得失があり、そのいずれを採るかについては、種々論議がなされたのであつたが、業務上と業務外の傷病は、その責任について明確に区別さるべきものとの純理論の立場から」（厚生省保険局編 1958b: 80）、第3案が妥当と結論づけたと述べられている。ここで着目すべきは、上記の3案はどれも、健康保険とは異なり、労災補償制度への完全な移管が意図されていないという点である。第2案でさえ、一九四四（昭和一九）年改正で工場法から移管された業務上の給付を労災補償制度に戻して、創設当初の業務上外の区別ない保険給付に回帰すると言っているに過ぎない。健康保険で行われた業務上と外との完全な分離が、厚生年金保険では検討さえされていなかったように見える。業務上の事由への保険給付の最初の一歩となった健康保険と同様の外圧にさらされたにも関わらず、厚生年金保険では業務上の事由への保険給付が固守されたのである。

以下より、このことが労働能力基準の創設を導いたということを論証していく。そのために、まず、労災補償制度の創設によって促された厚生年金保険の保険給付の改正内容を確認する。

3　労災補償制度と厚生年金保険との等級の対応関係

厚生年金保険の改正法（健康保険法の一部を改正する等の法律（昭和二二年法律第四五号））は、労働基準法と労働者災害補償保険法と同じく第九二回帝国議会での審議を経て、一九四七（昭和二二）年四月に公布された。この改正では、①障害年金を二等級化し、一級の支給額を平均報酬月額の五ヶ月分に引き上げること

（三七条一項、別表一）、②労災補償制度と重複する障害給付は、障害年金では労災補償制度から六年間支給、七年目以降を厚生年金保険から支給[9]し、障害手当金は支給しないこと（三六条一項但書）、③業務外の障害給付の受給資格期間を三年以上から六ヶ月以上に短縮すること（三六条三項）、等が行われた[10]。

まず、①二等級化について精査する。本改正で二等級制となった障害年金において、一級と二級の区分は、「廃疾の状態が自用を弁ずることができる程度であるかどうか」（厚生省保険局編 1958b: 82）によって行われたとされる。これが具現化されているはずの等級表（厚生年金保険法施行令〔昭和二二年政令第一九七号〕別表一・二）を確認しよう。

以前の業務外の等級表では、一部例外はあっても、障害年金は工場法施行令の等級表六級以上、障害手当金は同等級表七級から一〇級の障害状態を含むように設定されていた。この業務外の等級表が、新しく二等級制になった障害年金、さらに障害手当金にも、ほぼそのまま移行された。直近（一九四四〔昭和一九〕年改正）の業務外の等級表は労働者年金保険創設時の等級表の継承であるから、本改正の等級表は創設当時のものがほぼそのままが引き継がれたということになる。その等級表に一級と二級の区分を設けるにあたって参照されたのは、やはり労災補償制度の等級であった。これについて検証する前に、工場法施行令から労災補償制度への等級表の接続を確認する必要がある。

工場法施行令の等級表の後継となった労災補償制度の身体障害等級表（労働基準法施行規則別表一、労働者災害補償保険法施行規則別表二。両者の内容は同じ）は、表記が文語体から口語体に変更になったこと等の一部の例外[11]を除き、工場法施行令の等級表がほぼそのまま継承された。したがって、工場法施行令と労働者年金保険との等級の対応関係は、労災補償制度と本改正の厚生年金保険の等級にも引き継がれたということになる。本改正による障害年金の等級区分は、この労災補償制度（したがって工場法施行令とも同じ）の三級以上が障害年金一級に、四級から六級が障害年金二級になるように設定された。また、障害手当金は引き続き、労災補償制度の七級から一〇級を包含するように規定された。

上記のような労災補償制度と厚生年金保険との等級の対応関係は、厚生年金保険では「身体障害等級表の規定をそのまま々規定する」（高橋ら 1947: 41）との方針により、労働者年金保険創設当時よりも厳密になった。以前は工場法施行令の等級表と非対応だった部分についても、本改正では対応関係が強化されたのである[12]。

しかし、それでも例外はあった。外貌（労災補償制度の等級表七級九号）、生殖器（同七級一〇号、同九級一二号）、歯牙（同一〇級三号）は、労働能力の減退に直接的に関係ないとして対象外となった（高橋ら 1947: 40-41）。さらに、精神・神経障害、内部障害については、「前各号ノ外負傷又ハ疾病ニ因リ廃疾ト為リ[13]精神障害又ハ身体障害[14]ヲ残シ」と、ひとまとめにされた。そして、その末尾に、障害年金一級では「勤労能力ヲ喪失シタルモノ」、障害年金二級では「勤労能力ニ高度ノ制限ヲ有スルモノ」、障害手当金では「勤労能力ニ制限ヲ有スルモノ」の文言が続けられたのである。

精神・神経障害、内部障害の状態として労働者年金保険の創設当時から用いられてきた工場法施行令の等級表に由来する「終身労務（業務）ニ服スルコト（ヲ）得ザルモノ」（工場法施行令では「能ハザルモノ」）、「軽易ナル労務（業務）ノ外服スルコトヲ得ザルモノ」の文言[15]は、新しい労災補償制度の等級表にも口語体で継承されていた[16]。それにも関わらず、厚生年金保険では、「労務（業務）ニ」「服スル」程度の表記を止めてしまったのである。

上記の改正点から、二つの疑問が浮かび上がる。一点目が、なぜ、これまで以上に厚生年金保険と労災補償制度との等級の対応関係が厳密化されたのかということ。二点目が、なぜ、その厳密な対応関係から精神・神経障害と内部障害が除外され、独自に「勤労能力」が設定されたのかということである。

4　障害補償制度から厚生年金保険への継続

まず、ひとつ目の疑問、厚生年金保険と労災補償制度との等級の対応関係の厳密化について検討する。これにあたって、最初に確認しておくべきことは、業務上の事由による障害の補償には、年金制度を備える必要があったということである。

先述のように労働保護立法の準備のため厚生省が参考資料としたのはＩＬＯ条約であった（野村ら 1968: 164）。また、労働事務次官であった寺本廣作も従来の工場法と同様に障害程度の重いものについてはＩＬＯの第七回会議の勧告（労働者補償の最小限度の規模に関する勧告）に従ったと述べている（寺本 1950: 325-327）。同勧告では、補償は定期金として行うことが基本となっていた[17]。また、工場法の障害扶助料を移管された一九四四（昭和一九）年改正の厚生年金保険でも、業務上の障害給付が年金によって行われていた。これらを踏まえ、公聴会原案では、年金制度を持つ厚生年金保険の保険給付を労災補償制度に優先させる案が作成されたものと考えられる。

しかし、先述したＧＨＱ勧告は、従前の「不当に低」（労働省編 1969: 603）い標準を改善し、補償を「一切のまたは大部分の費用は使用者が負担する」（労働省編 1969: 609）よう主張していた[18]。労使折半の厚生年金保険で業務災害の補償を行うことはこの勧告に反する。かといって、既に年金で対応していた業務災害の補償を再度、一時金の設定しかない労災補償制度に戻すことは、国際基準からも、標準の改善を提言するこの勧告からも容認されるものではない。要するに、ＧＨＱ勧告に従うためには、使用者による大部分の費用負担と年金給付の二要件を満たす必要があったのである。それならば、使用者負担の労災補償制度において、障害補償を年金化する方法もあったはずである。しかし、同じ業務災害の補償であっても、傷病の治癒までの一時的な補償となる療養や休業の補償とは異なり、障害の補償は終身になる可能性が高く、したがって、使用者の高負担が容易に予想されるものであった。これについては、労働者災害補償保険の創設があっても補いきれない、使用者側の負担能力が考慮されたものと考えられる。また、工場法でも設定のなかった年金制度を労災補償制度に創設することは、打切補償の例外規定を追加することで対応可能であった健康保険とは比較にならないほどの準備コストを発生させることも明らかであった。このように、健康保険と厚生年金保険とでは労災補償制度への移管によって発生する金銭的・非金銭的コストに差があり、このことが同じ外圧下にありながら両者が道を違えた理由であったと考えられるのである。

厚生年金保険において選択されたのは、労災補償制度による補償が行われれば障害手当金は支給されないのに、労災補償制度による六年間の補償後、七年目以降は厚生年金保険から障害年金が支給される方式であった。これならば、少なくとも最初の六年間は一つ目の要件である使用者による大部分の費用負担を満たすことができ、かつ、労災補償制度から厚生年金保険の繋ぎがスムースに行われれば二つ目の要件である年金給付も満たすことができる[19]。要は、厚生年金保険の給付を労働基準法のそれに優先させるとした公聴会原案に、最初の六年間だけ例外を与えることで使用者による大部分の費用負担の要件を満たしたことにして、その後に長く続くだろう以降の支給期間は、ほぼ公聴会原案のまま厚生年金保険で担うことにしたということである。ただし、このプランは、労災補償制度から厚生年金保険への確実な連結が大前提である。そのためには、両者の等級を厳密に対応させることで給付に連続性を持たせる必要があったのである。

5　等級表の転用

次に二つ目の疑問、なぜ、精神・神経障害と内部障害が労災補償制度と厚生年金保険の等級の対応関係の例外とされ、厚生年金保険の等級表に「勤労能力」の文言が持ち込まれたのかについてである。これを検討するために、両等級表の関係について再度、整理する。

労災補償制度と厚生年金保険との等級の対応関係は、既に労働者年金保険の創設当時から整えられており、これをさらに厳密化したところで、さほど支障がないようにも思われる。しかし、一点、どうしても克服しなければならない課題があった。それが、業務災害の補償を目的とする労災補償制度と生活保障を目的とする厚生年金保険という異なる制度間において給付が連続することの正統性をどのように担保するのかという問題である。

第4章で論じたように、一九三六（昭和一一）年改正工場法施行令で採用された等級表の元となったのは、旧工場法施行令由来の稼得能力基準と、精神・神経障害、内部障害を無視して機能障害基準であると標榜された労働者災害扶助法施行令の等級表であった。一方、第5章で論じたように厚生年金保険では稼得能力基準を「建てまへ」とすることで生活保障の体裁を保ち、実際には、工場法施行令を範とした等級表による認定が予定されていた。範にしたとは言え両者は連続する必要のない個別の制度であったし、一九四四（昭和一九）年改正後は厚生年金保険に業務災害の補償が取り込まれたことにより、厚生年金保険の被保険者には工場法施行令の等級表が適用されなくなった。そのため、対象者の選定にあたって類似の等級表を用いることについての対外的な説明は不要であった。しかし、業務災害補償の制度設計として、最初の六年間は障害補償、七年目からは障害年金で保障するとの体制をとるならば、異なる制度間に連続性を持たせることの理由付けが必要となる。そのためには、連続性を持つに値する両者共通の補償／保障の目的を明確化しなければならず、その目的次第では基準の再設定が必要になったはずである。

しかし、本改正で行われたのは、「（一般的）労働能力」の減退の程度に応じて補償／保障するのが障害補償と障害給付の目的であり、その対象者の選定に用いる両等級表は「（一般的）労働能力」によって障害状態が序列化されたものであると解釈する、つまり、従来の等級表を維持したまま支給目的のみを変更させる方法であった。工場法では業務災害による機能障害の補償が障害扶助料の支給目的、厚生年金保険では障害によって減退した稼得能力の補填が障害給付の支給目的だとされてきた。それにも関わらず、従前の等級表を維持したまま、これを「（一般的）労働能力」の補償／保障のために用いる基準に変容させたのである。

このような、既存の制度に当初とは別の目的や機能を付与する制度変化について、ストリークとセレンは転用（conversion）と定義した（Streeck and Thelen 2005）。さらに、この転用について、マホニーとセレンは、①政治的背景として弱い拒否権の可能性と②解釈・強制の裁量の高さがある場合に発生し、チェンジエージェントとして自分の目的達成のために制度内のあらゆる可能性を利用する日和見主義者（opportunists）が活躍すると述べている（Mahoney and Thelen 2010:18-29）。このセレンらの概念を援用し、当時の制度状況を整理すると以下のようになる。

①弱い拒否権の可能性

工場法と一九四七（昭和二二）年改正前の厚生年金保険の等級表は勅令（工場法施行令、厚生年金保険法施行令）、労災補償制度の等級表は労働省令（労働基準法施行規則[20]、労働者災害補償保険法施行規則）、一九四七（昭和二二）年改正以降の厚生年金保険の等級表は内閣による政令（厚生年金保険法施行令）によって規定されていた。つまり、制定が国会ではなく、行政に委ねられていたのである。そのため、等級表の内容に対する拒否権を有するのは、行政内部に限られていた。その行政内部にあっても、等級表にある外部障害、内部障害、精神・神経障害などの広汎な障害状態に通じ、例えば、両眼の視力が〇・〇六以下になったものと咀嚼及び言語の機能に著しい障害を残すものとが同程度の障害状態だとするのが妥当かどうかを判断できる者は、専門性を有する医療技官などに限定されていたと考えられる。よって、省庁内部での調整さえつけば、等級表の改正案が拒否される可能性は低いと判断されたであろう。

懸案事項として想定されるとすれば、工場法施行令から等級表をほぼそのまま労災補償制度に持ち込むことに対する連合国軍の反応である。労働基準法は、他の労使関係諸法と異なり、連合国軍側ではなく日本側が原案を作成し、連合国軍側と折衝しながら法案が作成され、制定に至ったという経緯があった（遠藤 2000: 140）。前述したＩＬＯやＧＨＱ勧告による抑制があり、さらに、折衝が繰り返された上でのことではあるが、たとえ形式的であっても、多くの規定を工場法から労働基準法に継承させることを連合国軍は容認していた（詳細は渡辺〔2000〕参照）。等級表の内容に関してまで連合国軍側が強い拒否権を発揮する可能性は低いと官僚は判断していたと考えられる。

②解釈・強制の裁量の高さ

工場法の時代とは異なり、労災補償制度においては厚生年金保険と同様に障害認定を行うのは行政となった。また、厚生年金保険においては、創設以降、障害給付が十分に運用されなかったため既存の事例が十分に蓄積されておらず、そのため、行政による旧来の解釈に囚われない新たな解釈の創造が可能な状況であった。これにより、障害状態の具体例や障害程度の評価方法の設定が行政の管理下に置かれ、等級表が何を指標として障害状態を序列化したものなのか、その解釈も行政に委ねられたのである。

このような政治的状況により、新たに諸外国の基準を持ち込むような制度の置換えや、旧工場法で行った工場法等通達の追加のような制度の併設ではなく、既存の制度（基準）に障害補償と障害給付とに共通する新たな支給目的を持たせることで制度を変化させる転用（conversion）が選択されたと考えられる。強調すべきは、この変化が、ＧＨＱ勧告のような象徴的な出来事によって急激に引き起こされたわけではないということである。日本初の社会保険である健康保険を最初の一歩目として業務上の事由に対する保険給付がロックインされ、これを踏襲した厚生年金保険で工場法施行令の等級表が参照され、それによって両者間の等級に対応関係が既に発生していたことや、工場法においては扶助の実施が労使間に委ねられ、厚生年金保険では障害給付が十分に運用されぬままであった等、これまでの長期的過程のなかで、制度の変化は漸進的に生じていたのである。この長期的過程を自らの目的のためにあらゆる可能性を模索する日和見主義者たる官僚が、障害補償と障害年金との正統な接続のために利用したものと考えられる。

6　目的の変更

次に検討するのは、この変化によって創造された新たな目的についてである。工場法の障害扶助料は業務災害に起因する機能障害の程度に応じて事業主が賠償を行うことが、厚生年金保険の障害給付は障害によって発生した稼得能力の減退を補填することで生活を保障することが、支給目的だとされていた。既存の制度（基準）は、それらの目的に沿った対象者を選定するために設置されていたはずである。ところが、障害補償と障害年金との連続性を担保する必要が生じ、両者の支給目的を通底させるための変更が行われることになった。両者に共通の目的を持たせるとしても、両者を規定する労災補償制度と厚生年金保険の目的からは逸脱することはできない。そのため、新たな目的の設定は、賠償と生活保障という異なる制度目的の許容範囲内で行われる必要があった。このとき採用されたのが、特定の職業とは結びつかない一般的に労働に必要だとされる「（一般的）労働能力」であった。類似の概念は、第5章で見た近藤による「一般的労働不能」（近藤 1942: 16）でも示されていた。これがさらに明確な形で言及されたのは、本改正が行われた一九四七（昭和二二）年、厚生省と労働省の官僚らによって著された障害認定に関する解説書『身体障害等級社会保険廃疾認定基準精義』（高橋ら 1947）である。同書において彼らは、一般的労働能力の減退の程度によって、労災補償制度と厚生年金保険の等級化が行われたと主張した（詳細は第7章）。

この一般的労働能力は、特定の職業や個人と切り離され、個人の職種、職業歴、年収、年齢など個人の就労状況などに関わらず、労働に際して誰にでも共通して求められる能力であるとされた[21]。しかし、どのような仕事にも共通して求められる基礎的な能力とは何であるのか、具体的にイメージすることは難しい。ゆえに、労働能力は概念として万能であった。労災補償においては、機能障害の状態によって労働能力が左右されると説明することも、機能障害では説明のしづらい精神・神経障害や内部障害では、その障害によって発生した労働能力の減退を補償するものだとの根拠を与えることもできた。また、厚生年金保険の障害給付においては、稼得能力の基盤をなす能力として労働能力を捉えることで、厚生年金保険の目的である生活保障にも適合させることができた。しかも、「労働能力」の文言からは、年齢や職種や職歴等に紐付けされた労働に要する個人ごとの能力という稼得能力に類似するイメージさえ誘発させることができたのである。

こうした制度の転用による目的の変更に伴い、稼得能力への配慮のために工場法で行われてきた「従来ノ労務ニ服スルコト能ハザルトキ」の障害扶助料の最低支給額に関する規定（詳細は第4章）は、一般的労働能力の減退を補償する新しい労災補償制度には不適当となり、新制度には持ち込まれなかった。また、本改正前の厚生年金保険の業務外の等級表には、神経・精神障害と内部障害について、障害年金で「終身業務ニ服スルコトヲ得ザル」、障害手当金で「軽易ナル業務ノ外服スルコトヲ得ザル」という障害給付の対象となる稼得能力の程度が示されていたが、この文言が「勤労能力」（翌一九四八〔昭和二三〕年改正で「労働」能力に変更）の程度に変更されたことは前述した。労災補償制度の等級表には継承されたこの文言が厚生年金保険で変更されたのは、この文言が障害給付の目的が稼得能力の補填であることを端的に示していたからであると考えられる。稼得能力の補填から一般的労働能力の保障への支給目的の変更に伴い、この文言は変更される必要があったのである。

こうして、労災補償制度の障害補償の支給目的は機能障害の補償から一般的労働能力の補償へ、厚生年金保険の障害給付では、稼得能力の補填から一般的労働能力の保障へと変更された。それに伴い、等級表は、障害補償と障害給付の支給対象を選定するための基準、つまり、一般的な労働能力の程度を評価するための基準として扱われることになったのである。これにより、機能障害の程度と一般的労働能力の程度が関連していることを前提とした労働能力基準が創設されたのである。

大正時代から運用があった障害扶助料とは異なり、厚生年金保険の障害給付は終戦間際に開始され、十分な運用を見ぬまま終戦を迎えた（第5章）。そのため、厚生年金保険では、労働能力基準となった本改正以降に、運用方法の整備がはじめられることになり、障害認定において、労災補償制度以上に一般的労働能力の評価が課題となった。精神・神経障害、内部障害、複数の障害がある場合では、一般的労働能力の程度によって機能障害の状態が配置されたことになっている外部障害とは異なり、労災補償制度でも経験のない一般的労働能力による認定方法を一から検討する必要が生じたのである。広い射程を持つ万能な概念であるがゆえに、具体的な状態が掴みにくい一般的労働能力をどのように評価するのか。現在にまで続くその模索は、ここから開始されたのである。

この一般的労働能力に基づく障害認定のために登場したのが、次章で論ずる労災補償制度の補償費を基にした一般的労働能力の量的評価方法と行政通達・通知による障害の種類ごとの認定基準の整備であった。

7　小括

ＧＨＱ勧告に示された標準の改善と使用者による大部分の費用負担の両立を目的として、労災補償制度の障害補償と厚生年金保険の障害年金の支給対象の一致が希求され、これにより、両者の等級の対応関係が更に密になった。また、等級表はそのままに、制度の転用によって支給目的だけを一般的労働能力の補償／保障とすることで、両者の基準を名実ともに一致させることにも成功した。しかし、厚生年金保険の精神・神経障害や内部障害に限っては、この等級表がかつては稼得能力基準として扱われていたことを端的に示す文言が記されていたため、この文言を一般的労働能力に応じた「勤労能力」（翌年の改正で「労働能力」）に変更する必要があった。これにより、労働能力基準が創設されたのである。

■注

1 工場法は一九四五（昭和二〇）年、「工場法戦時特例等廃止ノ件」（勅令第六〇〇号）により戦時特例が廃止されて復活したが、鉱夫就業扶助規則（旧鉱夫労役扶助規則）は戦時特例が延長され、一九四六（昭和二一）年四月一月に一一ヶ月の猶予期間を設けてからの復活になった（労働省編 1969: 593）。

2 質問書の回答期限は七月三一日迄であったが、事業主側一四七件（回答率五二・七％）、労働組合側一四七件（回答率二二・七％）の回答を得ていた（労働省編 1969: 625, 637-639）。

3 公聴会原案の遺族補償は一〇八〇日分以上（公聴会原案七六条）。

4 「補償を受けるべき者が同一の事由について労働者災害補償責任保険法によつて保険給付を受けたとき、又は命令で定める官業の共済組合よりこの法律の災害補償に相当する給付を受けるべきときは使用者は補償の責を免れる」（草案八三条一項）（労働省編 1969: 693）。その後、題名は「労働者災害補償保険法」に改められた。

5 発表日は、労働省編（1969: 602）では八月二二日、寺本（1950: 25）では八月二五日とされている。

6 最終報告の第1章「日本における労働立法及び労働政策に関する勧告」のうち労働保護立法に関する部分（労働省編 1969: 602-603）。

7 労働省編（1969）には「現行社会保険制度の改善案」（労働省編 1969: 717）と記されている。

8　労働者災害補償保険法では、所管を厚生省とするのか労働省とするのかで対立があり、「一箇月以上もみぬいた」（労働省労働基準局労災補償部編 1961: 308）結果、労働省の所管となった（労働省労働基準局労災補償部編 1961: 307-308）。

9　遺族給付も同様の措置がとられた（四四条）。

10　その他にも厚生年金保険委員会の新設、女子の結婚手当金と既婚女子の特別脱退手当金の廃止などが行われた（厚生省保険局編 1958b: 81-84）。

11　その他の例外は、三級三号「精神ニ著シキ障害ヲ残スモノ」が「精神に著しい障害を残し終身労務に服することができないもの」、八級二号「頸部ニ著シキ運動障害ヲ残スモノ」が「脊柱に運動障害を残すもの」と文言の追加や変更と併せて、五つの障害の状態が新規に追加されたことである。追加分は、「脾臓又は一側の腎臓を失つたもの」（八級一二号）、「生殖器に著しい障害を残すもの」（九級一二号）、a.「一上肢の三大関節中の一関節の機能に著しい障害を残すもの」（一〇級九号）、b.「一下肢の三大関節中の一関節の機能に著しい障害を残すもの」（一〇級一〇号）、「胸腹部臓器に障害を残すもの」（一一級九号）である。「脊柱」への文言の変更と、abの追加は厚生年金保険法施行令の一九四七（昭和二二）年改正で障害手当金に反映された。

12　これまで手指の欠損障害については、障害年金の程度に相当する工場法施行令の等級表六級以内に「一手ノ五指又ハ拇指及示指ヲ併セ四指ヲ失ヒタルモノ」（六級七号）があったが、労働者年金保険（厚生年金保険の業務外）で採用されたのは、工場法施行令三級五号の「十指ヲ失ヒタルモノ」であった。本改正では、「十指ヲ失ヒタルモノ」が障害年金一級、「一手ノ拇指及示指ヲ併セ四指以上ヲ失ヒタルモノ」が障害年金二級となった。また、視覚障害の障害年金については、工場法施行令にはないが、労働者年金保険（厚生年金保険の業務外）で設定された「一眼失明シ他眼ノ視力〇・三以下ニ減ジタルモノ」は本改正で削除された。さらに、足指の機能障害では、障害手当金に相当する工場法施行令七～一〇級の間に「一足ノ五趾ノ用ヲ廃シタルモノ」（九級一一号）があるにも関わらず、労働者年金保険（厚生年金保険の業務外）では「十趾ノ用ヲ廃シタルモノ」（七級八号）が採用されていたが本改正では削除され、代わって「一足ノ五趾ノ用ヲ廃シタルモノ」が採用された。

13　障害年金一級ではここに「高度ノ」が追加される。障害手当金では「為リ」ではなく「ナリ」。

14　障害手当金ではここに「又ハ神経系統」が追加される。

15　一九四四（昭和一九）年改正で、「労務」から「業務」に変更された。

16　身体障害等級表三級三号、三級四号、七級三号、七級四号、八級三号

17　一時金として支給される場合にはその定期金の現価を下回ってはならないとされていた。
18　「対日理事会におけるソ連代表勧告」（一九四六〔昭和二一〕年七月一〇日）においても、業務災害によって労働不能になった場合の雇主負担による終身年金の支払いについて述べられていた（労働省編 1969: 611）。
19　労災補償制度と厚生年金保険の組み合わせによる年金化について、労働省労働基準局労災補償部の官僚、岸良明も「労働基本法に基く障害補償で六年分の生活を保障し、その後は厚生年金保険の障害年金に切り換えられることを前提として、勧告（筆者注：労働者補償の最小限度の規模に関する勧告）の線に合致しているとみているようである」（岸 1959: 6）と述べている。
20　最初の公布は厚生省令（一九四七〔昭和二二〕年厚生省令第二三号）として、労働省の設置（一九四七〔昭和二二〕年九月）以降は労働省令として公布された。
21　現在でも労災補償制度においては、「『労働能力』とは、一般的な平均的労働能力をいうのであって、被災労働者の年齢、職種、利き腕、知識、経験等の職業能力的諸条件については、障害の程度を決定する要素とはなっていない」（労災サポートセンター 2020: 70）と解されている。

第7章
労働能力を評価する
障害認定基準の整備

本章では、前章で誕生した労働能力基準が、障害認定基準による労働能力の評価方法の確立によって確固たるものになる過程を確認する。まず、労災補償制度の等級に依拠した認定の限界が判明し、厚生年金保険独自での労働能力の評価方法の標準化が希求されたことを明らかにする。次に、その評価のために労災補償制度が援用され、量的に労働能力を把握する方法が開発されたが、その数値は論理的整合性に乏しいものであったことを明らかにする。最後に、この数値の取り込みにより等級表にある機能障害の状態が労働能力の程度を指標とした配置であるとする解釈が固定させ、労働能力基準の安定的な継承が促された可能性を指摘する。なお、以下より特に明記がなくとも労働能力とは一般的労働能力のことを指す。

1　労働能力の評価方法への希求

(1) 一九四八(昭和二三)年改正

一九四八(昭和二三)年の厚生年金保険法改正(法律第一二七号)により、これまで施行令に規定されていた等級表が厚生年金保険法に移された[1]。これは、施行令や施行規則のなかにある実体的規定は法律に移動させるという法令全体の再編成のなかで生じたものであった(厚生団編 1953: 277、厚生省保険局編 1958a: 93)。この改正に際して、前年の改正で二等級制になったばかりの等級表が一年も経たないうちに変更されることになった。このように性急な、そして、以下で述べるような大きな変更であったにも関わらず、厚生省(所管)による編著『厚生年金保険十年史』(厚生団編 1953)や『厚生年金保険十五年史』(厚生省保険局編 1958a)には、等級表の改正に関する解説がなされていない。

その改正は主に①「勤労能力」から「労働能力」への文言変更、②等級の上限となる障害状態の追加、③両上肢、両下肢、両手指の障害状態の削除の三点で行われた[2]。これらについて順に確認する。

①「勤労能力」から「労働能力」への文言変更

まず、等級表に明記された外部障害以外の障害(精神・神経障害、前号までの障害以外の身体の機能の障害)の状態について、「勤労能力」の文言が「労働能力」に変更され、さらに、若干の文言修正を行った上で、「労働能力」の喪失(一級)、高度の制限(二級)、制限(障害手当金)となった。

②上限となる障害状態の追加

等級表に示される障害状態は、各等級に該当する障害種別ごとの最も軽度な状態であるのが等級表の原則である（高橋ら 1947: 41）。例えば、二級の等級表に記載された障害状態より重度であっても、一級の障害状態に該当しないならば、二級相当ということになる。それにも関わらず、本改正では、いくつかの障害状態において、当該等級の上限が付け加えられた。例をあげると、改正前は「一手ノ拇指及示指ヲ併セ四指以上ヲ失ヒタルモノ」（旧二級五号）であったものに、「五指又ハ」を加筆し、「一手ノ五指又ハ拇指及示指ヲ併セ四指ヲ失ヒタルモノ」（二級九号）とするような変更である。「一手ノ五指」の喪失は、「一手ノ拇指及示指ヲ併セ四指ヲ失ヒタルモノ」よりも重度であり、かつ、上位級の一級には「十指ヲ失ヒタルモノ」（一級五号）がある。そのため、明記していなくとも「一手ノ五指」の喪失は、二級相当だと判断できるはずである[3]。ところが、耳（二級二号、手当金三号）、咀嚼と言語（二級三号、手当金四号）、一上肢（二級七号、手当金七号）、一下肢（二級八号、手当金八号）、一手の指（二級九号）の九ヶ所で同様の追加が行われた。

③両上肢、両下肢、両手指の状態の削除

「十指ヲ失ヒタルモノ」（一級五号）は残されたが、これ以外の両上肢（旧一級三号、旧一級五号）、両下肢（旧一級四号、旧一級六号）、両手指（旧二級六号）の障害はすべて等級表から削除された[4]。本改正前の等級表の一級に示された障害状態は全八号であったが、そのうちの四号、つまり、半数が制定後、一年も経たない本改正で削除されたということになる。

②③の変更は、上肢（一上肢・両上肢）、下肢（一下肢・両下肢）、耳（一耳・両耳）のような、ふたつで対とみなすことができる器官に関係した規定で行われた[5]。これらに共通するのは、対となる器官の内で障害状態の組み合わせが何通りも発生するという点である。例えば、同じ両上肢の障害と言っても、右上肢も左上肢

も腕関節で失った場合や、右上肢を腕関節で失い、左上肢を肘関節で失った場合など、無数の組み合わせが発生しうる。本改正では、対の器官に関係する障害について、②のように本来、必要ないはずの加筆が行われ、一方では、③のように大幅な削除が行われた。この不可解にも思える変更の理由を検証するために、多様な障害状態の組み合わせが発生する場合、すなわち、複数の障害がある場合の障害認定について確認していく。

(2) 複数の障害の認定

本改正法の等級表によると、両眼の視力[6]が〇・一になった場合、言語機能に著しい障害がある場合、足の指をすべて失った場合は、どれも二級となる。これらのうち、どれか一つの障害があるだけならば、二級相当だと判断することは容易である。しかし、これらすべての障害が重複する者の等級は二級でいいのだろうか。

労災補償制度においては、前史となる一九三一(昭和六)年の労働者災害扶助法施行令の制定当初から、複数の障害がある場合には一定のルールに従って級の繰り上げを行うことになっていた。そのルールとは、等級表の一三級以上の障害が二以上あるときは一級分、八級以上が二以上あるときは二級分、五級以上が二以上あるときは三級分、複数ある障害のうち最も重度の障害の等級を繰り上げて、その繰り上げた等級で障害扶助料を支給するというものであった(施行令六条二項・三項)。これと同じルールが、後の労働者災害補償保険法施行規則(昭和二二年労働省令第一号)にも採用された[7]。また、一九三一(昭和六)年の労働者災害扶助法施行令では、既存の障害と同一部位に新たな障害が加重した場合、現在の障害状態が該当する等級の障害扶助料の金額から、既存の障害が該当する等級の障害扶助料の金額を差引して支給するとされていたが（施行令六条五項）、このルールも労働者災害補償保険法施行規則に引き継がれた[8]（施行規則二〇条五項）。例えば、もともと右手の親指と人差し指を失っていた（七級相当）者が、のちに業務災害によって右手を腕関節で失った（五級相当）場合、支給の対象となるのは業務災害によって発生した障害のみとなるため、実際に支給される障害補償費は、後者（五級）から前者（七級）の支給額を引き算した額になる[9]。

一方、一九四四（昭和一九）年改正の厚生年金保険においては、上記と比較するとその認定方法も雑駁であった。業務外の障害年金は一等級制であったため複数の障害がある場合でも級の繰り上げ等を検討する必要がなかったが、六等級制の業務上の障害年金については、ある程度の取り決めがなされていた[10]。当時の厚生官僚、花澤による解説書では、業務上の事由による障害と業務外の事由による障害の重複は障害の発生時期の前後に関わらず業務上の障害年金を支給し、業務上の障害年金の受給者が再度、業務上の事由によって障害年金を受ける程度の障害となった場合は前後の障害状態を勘案して査定する予定である、と述べられていた（花澤 1944: 207-208）。確かに、一九四四（昭和一九）年改正厚生年金保険法施行令では、業務上の障害の重複は前後の障害を合わせて障害程度の査定を行うと規定された（二一条二項）。しかし、前後の障害状態をどのように勘案するのか、その方法までは明らかにされていなかったのである。

その後、一九四七（昭和二二）年改正によって障害年金が二等級化されたため、複数の障害がある場合の認定方法について、改めて検討する必要が生じた。その時、労働省と厚生省の官僚であった高橋ら（1947）が提唱したのが、労災補償制度の認定方法の準用であった。これについて、高橋らによって著された労災補償制度、厚生年金保険、船員保険の障害等級の認定に関する解説書である『身体障害等級社会保険廃疾認定基準精義』では、以下のように述べられている。

厚生年金保険における二以上の障害が併発した場合は、「原則としては各級の末号の一般規定によつて、その結果として労働できないか、できても特に軽易な仕事よりできないか或いは普通の軽易な業務はできるかに従つてその程度を認定すべきである」が、「実際問題としては仲々決定し難い場合も多い」ので、「労働基準法に於ては第何級になるかを定めて」、労災補償制度の繰り上げ方法を「参考とすればよい」とした（引用はすべて、高橋ら〔1947: 42〕）。つまり、第6章で述べた厚生年金保険の障害年金一級が労災補償制度三級以上、障害年金二級が労災補償制度四級から六級、障害手当金が労災補償制度七級から一〇級に相当するという等級の対応関係を利用する方法である。例えば、一眼の視力が〇・一（労災補償制度一〇級相当）であり、かつ、一上肢を肘関節で失った（同四級相当）場合においては、一〇級以上の障害が二以上ある[11]ので、重い方の障害（一上肢を肘関節で失った）を一級繰り上げて、労災補償制度の三級相当の障害があるということになる。そして、労災補償制度の三級は、障害年金の一級に相当するので、この例の場合は、障害年金一級相当だと考えるのである[12]。

また、既存の障害がある者に新たな障害が加わったときは、後発の障害のみで認定を行うが、既存の障害と同一部位に新たな障害が加わった場合については、以下を標準とすると述べられた（高橋ら 1947: 44）。既存の障害が障害手当金程度、つまり、「ある程度職種に制限はあるが、現在の職業では先づ普通に労働できていた程度」（高橋ら 1947: 44）に後発障害が加わったことで、①転職を余儀なくされるか、転職しなくても労働能力がある程度減退する場合には障害手当金、②転職において新たに就く職種がきわめて制限される場合には障害年金二級、③全く働けなくなる場合には障害年金一級とする（高橋ら 1947: 44）。既存の障害が障害年金二級程度のときは、後発障害が加わったことで、①労働能力は著しく減退するが労働可能な場合には障害手当金程度、②労働できない場合には障害年金二級程度とする（高橋ら 1947: 45）。

上記のように、既存障害と同一部位に新たな障害が加わり、その後発障害のみを認定の対象とする場合には、労災補償制度で取られた方法ではなく、労働能力と取るには個人の稼得能力が重視され過ぎている説明を用いて、その標準が示されるに留まった。このような解説がなされたのは、一時金である労災補償制度の障害補償と異なり、長期給付である障害年金では、労災補償制度で用いられる後発障害の支給額から既存障害の支給額を引き算するような簡便な方法を採用することができないと判断されたためと考えられる。高橋らは複数の障害の認定にあたっては、労災補償制度を参照しつつも、その方法がすべてではなく、「今後具体的問題に応じて漸次判例的に標準を定める他ない」（高橋ら 1947: 45）と自らの提案の限界を認めていた。

上記を踏まえて、一九四八（昭和二三）年改正厚生年金保険法の等級表を再度、確認する。例えば、片方の脚を膝関節で失い（労災補償制度四級相当）、もう片方の脚をリスフラン関節で失った（同七級相当）者の等級は、高橋らのルールに従えば、八級以上が二つあるので重い方の障害（同四級）を二級繰り上げ、労災補償制度二級相当となる。労災補償制度三級以上が障害年金一級に相当するので、この場合は、障害年金一級相当となる。しかし、一九四八（昭和二三）年改正で削除した「両下肢ヲ足関節以上ニテ失ヒタルモノ」が仮に一級に残留していたならば、一方の脚は足関節以上で失っているが、もう片方の脚は足関節に満たないリスフラン関節で失っているこのケースでは障害年金一級には該当せず、障害年金二級相当となってしまう[13]。

一四等級制の労災補償制度の障害補償とは異なり、厚生年金保険では二等級制の障害年金と一等級制の障害手当金という三段階の程度区分しかなかったため、等級の繰り上げルールを労災補償制度に倣うことには限界があった。上記のように、ふたつで対とみなすことができる器官の二対に障害がある場合、その組み合わせ次第によっては一九四七（昭和二二）年改正の等級表のままでは対応できなくなる[14]。これについて、厚生年金保険で独自のルールを設定することにより、上記のようなケースに対応することもできたはずである。しかし、このルールの作成には、一定の準備期間を要する。その時間稼ぎのため、ふたつで対とみなすことができる器官に関係した規定を等級表から削除し、これと併せて、等級の繰り上げを望まないものには障害状態についての上限を加筆することで一時的に対応したものと考えられる。

これに重ねて、一九四四（昭和一九）年改正で盛り込まれ、一九四七（昭和二二）年改正で削除されていた等級表の備考、「各級各号又ハ各号ノ一ニ該当セザルモ之ニ相当スル廃疾ノ状態ト認メラルベキモノハ其ノ最モ近キ各級各号又ハ各号ノ廃疾ノ状態ニ該当スルモノト看做ス」が一九四八（昭和二三）改正法で復活した。これによって、認定における行政の裁量がさらに高められ、不都合が発生した場合でも、行政がその等級に該当すると「看做」しさえすれば、それに対応できるようになったのである。

第6章で述べたように、労災補償制度と厚生年金保険の等級の対応関係が厳密化したことで、労災補償制度の障害補償と厚生年金保険の障害給付の連結に確実性が増した。しかし、両者では等級数も異なり、また、六年間の分割支給と終身の可能性が高い長期給付という違いもあった。そのため、両者には複数の障害がある場合の認定で顕著なように不整合とならざるを得ない部分が存在した。そのような労災補償制度の準用が困難な場面において、「原則としては各級の末号の一般規定によつて」（高橋ら 1947: 42）、つまり、労働能力の程度によって、障害認定を行う必要が生じたのである。

労働能力の程度をどのように評価するのか、その方法の検討が必要なのは、複数の障害がある場合だけではなかった。等級表に労働能力の程度が示されているだけの精神・神経障害、内部障害にも同様の課題があった。しかも、労働能力の評価方法は、以下の理由により、誰にでも同様の結果が得られるように標準化される必要があったのである。

2 労働能力の評価方法の標準化

第5章で述べたように、本来であれば厚生大臣が行う障害認定は、戦時特例により地方長官に委譲されていた。そのため、一九四五（昭和二〇）年三月には、地方庁でも認定が行えるように、障害程度を認定するための具体的な認定基準として厚生年金保険廃疾認定規程が作成され、認定困難なケースは「本省に内議の上決定するように指示され」（筒井 1951b: 6）た。その後もこの対応は継続され、一九四九（昭和二四）年七月に作成された厚生年金保険廃疾認定に関する小冊子では「内科的廃疾、既存障害及び併合等により廃疾の程度の認定困難なものについては、本省に照会又は内議するよう示されて」（筒井 1951b: 6）いた。こうして、認定には、本省の保険局が認定し地方庁が決定する場合と認定も決定も地方庁で行う二通りが存在することになった（筒井 1951a: 9）。保険局医療課に所属し、実際に認定に関わる業務を行っていた厚生技官の筒井実は、一九五一（昭和二六）年時点で、全体の四分の三が本省への照会を行っており、本省の厚生年金保険課が実地で調査して認定基準の全国的調整を行っていたと述べている（筒井 1951c: 45）。このとき、認定困難として本省に内議・照会があったケースの八〇～九〇%は結核性疾患による障害であった（筒井 1951c: 48）。一九五一（昭和二六）年四月から八月までの新規給付決定の全国集計においても、結核性疾患による障害が八八・三%を占めていた（筒井 1951c: 48）。これこそが、「障害年金が結核年金と云われる所以」（筒井 1951a:

8）であった。

このように突出した割合を示した結核性の障害であるが、その認定が困難になる可能性はすでに予見されていた。一九四四（昭和一九）年改正法の障害給付の解説において花澤は、業務外の障害年金に業務上のような等級制を設けなかった理由について、「結核の如き疾病廃疾に付ては、実際上その等級による区別をなし得ざる場合が多く、等級を設けることは、却つて無用の紛糾を生ずることを虞れたから」（花澤 1944: 196-197）だと述べていた。これについて筒井は、結核を含めた内科的な障害について、「現在の医学では、症状と労働能力との関連性についてはこれ（筆者注：等級表）以上の表現は難かし」いため、実際の認定では、「個々のケースを種々の角度から分析して」いるので、「全国的に使用できる具体的な基準表の作成は現段階では無理」であり、「廃疾の認定は中央で行い、全国的に一律とするとともに、権威ある認定機関を設けて、公正を期することも必要」であると述べた（引用はすべて、筒井 1951c: 50）。つまり、中央での一括した認定を是としていたのである。

ところが、翌一九五二（昭和二七）年になると、筒井の論調は一変する。地方庁で行う認定と本省で行う認定との間に「多少差がある場合もある」（筒井 1952b: 11）ため、これを統一する必要がある。すべての認定を本省で行えばいいのだが、それだとかなりの日数を要し調査を行うのも手間がかかるので、現行の認定基準をより具体的なものにして、認定を統一することを目標に、保険局厚生年金課と医療課の合同で結核性疾患による障害の認定例を分析検討中であると説明された（筒井 1952b: 11）。さらに、認定困難ケースに関する本省への照会・内議について、地方庁にて確実な方法で認定を行うのが「至当と考える」（筒井 1952c: 8）とまで述べられた。

この急転の主たる理由は、同年四月二三日に国会に提出され同年八月一五日に公布されることになる厚生年金保険法の改正（法律第三〇六号）が視野に入ったためだと考えられる。同改正により、厚生大臣の職権の一部について、政令をもって都道府県知事に委任できる（一〇条の二）ことになり、翌一九五三（昭和二八）年に公布された厚生年金保険法施行令（政令第二三九号）にて障害認定に関する厚生大臣の職権が都道府県知事に委任された（第二条）。

また、一九五〇（昭和二五）年度以降、障害給付の支給件数も急増していた。障害年金では、一九四八（昭和二三）年度三二一〇件、一九四九（昭和二四）年度四九〇七件という比較的緩やかな増加傾向にあったものが、一九五〇（昭和二五）年度一万三二一件、一九五一（昭和二六）年度一万九六〇二件と倍増に転じた（厚生団編 1953: 457）。また、障害手当金でも、一九四九（昭和二四）年度一八〇二件、一九五〇（昭和二五）年度三一〇七件、一九五一（昭和二六）年度六四六一件と一九五〇（昭和二五）年度以降、急増した（厚生団編 1953: 458）。さらに、被保険者総数も一九四九（昭和二四）年度五七三万七五三三人、一九五〇（昭和二五）年度六一一万三〇九二人、一九五一（昭和二六）年度六六一万二六〇三人と増加途上にあった（厚生団編 1953: 453）。これらを踏まえると今後の新規認定件数の逓増は明らかであった。認定機関を新設して中央での一括した認定を行うのか、全面的な地方裁定に移行するのか、明確に舵を切るべきタイミングでもあったのである。

さらに、基準の標準化は審査請求の側面からも求められていた。前述の筒井は、東京都社会保険審査官、杉本安知による東京都の審査請求件数の報告（杉本 1951）から、認定に関する異議申立が給付決定件数二六四三件に対して三三件、つまり、八〇件に一件の割合で発生しており、これは健康保険の約六倍、船員保険の一二・六倍であるとした部分を紹介した（筒井 1952a: 12）。これに重ねて、厚生省の社会保険審査会（厚生省におかれる社会保険の審査請求を取り扱う機関）でも取扱件数の半数が障害認定の関係であると述べた（筒井 1952a: 12）。そして、このような問題が多発する理由について、「技術的な面に関連性の深い廃疾の状態表（法の別表）の解釈が一般被保険者にとつて理解し難いため、自己の障害に対して決定された廃疾の程度（不支給の決定も含め）十分納得されない」（筒井 1952a: 12）ためだとした。

前述のように労働能力の程度が直接的に問われる内部障害や精神・神経障害、級の繰り上げ等が発生する複数の障害がある場合などの認定困難ケースは、本省による内議・照会に任されていた。それはつまり、障害給付の請求者本人も含め、本省の外側の者には、どのような基準により認定が行われたのか知りようがないということである。このような外部者にとっての手がかりは、厚生年金保険法に掲げられた等級表であった。しかし、その等級表も、一級にあった障害状態は一九四八（昭和二三）年改正によって大半が削除されて記述も乏しく、そのうえ、特定の外部障害を除けば、具体的にどのような状態ならばその等級に該当するのか定かではない労働能力の程度が明記されただけのものであった。情報の非対称性が際立っていたのである。

この問題に先鞭をつけたのは、障害給付の大半を占めていた肺結核に注視した一九五三（昭和二八）年発出の障害認定基準「肺結核による廃疾の認定基準」（昭和二八年六月一五日保険発第一二四号）[15]であった。これ以降、障害の種類ごとに各等級の具体的な状態像や等級の認定方法について定めた障害認定基準が示されていくことになる。そこで試みられたのは、労働能力の程度を数値化することによって、その評価方法を標準化することであった。数値化された労働能力は、まず、一九五四（昭和二九）年の厚生年金保険法改正においてて労働能力喪失度なるものとして現われた。

3　一九五四（昭和二九）年改正

(1) 一九五四（昭和二九）年改正の概要

厚生省は、養老年金の支給が開始される一九五四（昭和二九）年を前にして、厚生年金保険法の全面改正を目指した[16]。一九五四（昭和二九）年は、障害補償費の六年間の分割支給を規定した労働基準法の施行から七年目にあたり、これと連結した障害年金からの支給が始まる年次でもあった。障害給付に関しても懸案事項の洗い出しが行われ、その内容が厚生省編『厚生年金保険十五年史』において以下五点として整理されている（厚生省保険局編 1958a: 148）。

①障害年金受給権者の障害程度の増減に応じて年金額を改訂するべきではないか。②障害年金受給権者が後発の障害によってさらに障害年金の受給権を得た場合は、前後の障害のうち、どちらか等級が高い方を採用するのではなく、前後の障害をあわせて新たに認定すべきではないか。③障害年金の対象に、より軽度の障害も含めるべきではないか。④上記を踏まえ、等級を細分化すべきではないか。⑤労働能力喪失の程度を基準として、等級表を再検討する必要があるのではないか。

上記について数点の補足を行う。①について、障害年金は当時、障害程度が減じたことによる障害年金の廃止に関する規定（厚生年金保険法四一条）はあったが、等級の変更に関する規定はなかった。これについて、障害年金受給者の大半を占める結核性疾患の患者では、その予後が流動的で、等級の上下を検討する必要が高じていたと推察できる。③については、軽度であっても長期的な療養が必要な結核性疾患の患者への生活保障が念頭にあった可能性を指摘しうる。また、②に関しては、複数ある障害の認定について、より詳細な認定のルールが求められたのだと考えられる。しかし、既存の二等級制の障害年金では、個人ごとに異なる障害状態の相違を等級に反映させることが難しい。そのため、①②③のためには、④等級を細分化して、⑤等級表を再検討する必要があると厚生省が判断したものと推察される。

上記の懸案事項も含めた参考案「厚生年金保険法改正についての懇談事項」が社会保険審議会に提出され、一九五二（昭和二七）年一〇月以降、懇談形式での意見聴取が行われた（厚生省保険局編 1958a: 149-155）。参考案には、障害年金に関して上記の①、②、④（四等級制の年金と手当金にする。支給額は二級を老齢年金と同額とし等級によって増減させる）と併せて、認定時期を従来の二年から三年へと一年延長する案が盛り込まれた（厚生省保険局編 1958a: 149-155）。しかし、労使間の調整が付かぬまま懇談会は終了し、「審議会における情況からみて、労使双方の一致した意見を早急に得ることは、ほとんど望み得ないところ」（厚生省保険局編 1958a: 187）として、厚生省は一九五三（昭和二八）年八月の全面的な見直し計画を見送った（厚生省保険局編 1958a: 158, 187）。そして、同年同月には、審議会で特に問題にされなかった適用事業所の範囲拡大や標準報酬等級の引き上げ等を内容とする健康保険法の改正（法律第一一六号）と、これの関連部分について厚生年金保険法の改正（法律第一一七号）が行われたのである（厚生省保険局編 1958a: 187）。

この健康保険法の改正には、療養の給付の一年延長が含まれていた（五七条の三第二号）。これまで、同一傷病に対する療養の給付の期間は二年[17]で、この期間を待っても治癒していない場合に厚生年金保険の障害認定が行われることになっていた。そのため厚生年金保険の認定時期を一年延長するためには、療養の給付の期間も一年先延ばしにする必要があったのである。

この一年延長の標点は結核性疾患にあった。本改正以前、先述の筒井は、「現在発病後二年目（健康保険満了の翌日）に行う認定では、結核性廃疾の場合非常な困難を感じている。結核診療の実態より見ると、大体診療開始後三年目当りが症状の固定する時期と認められる」（筒井 1952c: 8）とし、認定は三年目に行うのが適確だが、現行の健康保険の療養の給付は二年間なので「種々検討しなければならない問題が残つている」（筒井 1952c: 8）と述べていた。また、健康保険においても、化学療法の発達などによって結核患者の死亡率が減少し、それに伴って重症患者の治療期間が長期化したことで、療養の給付と傷病手当金の支給期間後の生活保護制度への移行問題も含めた検討が必要になっていた（厚生省保険局編 1958b: 357-358）。こうして、本改正により、健康保険の療養の給付は三年間となり、厚生年金保険の障害認定の時期も一年延長され、三年目に行う（厚生年金保険法三六条一項）ことになったのである。

このように、一九五三（昭和二八）年改正は、厚生省にしてみれば多くの問題を先送りにしたまま行われることになった。しかし、厚生省は厚生年金保険の抜本的な改革を諦めたわけではなかった（厚生省保険局編 1958a: 207）。一九五三（昭和二八）年一二月には前年の改正試案に修正を加えた改正法案要綱が社会保険審議会に諮問された（厚生省保険局編 1958a: 213）。この改正法案要綱のなかで、障害給付については以下のように提案された（厚生省保険局編 1958a: 216-217）。

①障害給付の受給に必要な被保険者期間は、障害となった日前五年間に実期間一年以上あることとする。②障害年金は四等級制とする。③障害年金額は老齢年金と同じく、定額と報酬比例額によるものとし[18]、一級は老齢年金相当額に年額一万二〇〇〇円を加えた額、二級は老齢年金相当額、三級は老齢年金相当額の七〇%、四級は老齢年金相当額の五〇%とする。④障害手当金は老齢年金相当額とする。⑤障害年金受給者

のうち、都道府県知事が必要と認める者については、年一回定時に認定を行い、障害の程度に応じて年金額を改定する。⑥加給金は増額する。

上記③の支給額については、三級が労働能力七〇％以上喪失、四級が五〇％以上喪失と推定して設定されたものであった（厚生省保険局編 1958a: 211）。ここで登場した支給額の算定基盤となった数値が、労働能力の喪失の程度、後述で精査する労働能力喪失度である。

また、②の等級については、一九五四（昭和二九）年一月六日の第二〇回社会保険審議会にて、高橋正義[19]委員（労働省東京労災病院長）より、「障害年金の等級について『等級を細かくすることは認定を困難とし、紛争の原因となるから、余り細かくしないほうがよい。等級に幅を持たせておけば併合と既存障害の認定にも便利である』との意見に対して、久下保険局長から『最終の結論ではないが、三等級という線にまとまる方向にある』との答弁があった」（厚生省保険局編 1958a: 224-225）との厚生省保険局編（1958a）の記述を見る限り、初期の段階で三等級制案が有力になっていたようである。同年二月一三日、社会保障制度審議会に諮問されたときには、障害年金を三等級制とする修正が行われていた（厚生省保険局編 1958a: 245-246）。

上述のように社会保険審議会、社会保障制度審議会を経て、障害給付に関しては、①被保険者期間は改正せず旧法のまま、②障害年金は三等級制、③障害手当金は老齢年金相当額の一四〇％（障害年金三級の二年分相当額）支給、といった修正が加えられ、一九五四（昭和二九）年三月一六日に閣議決定、同月二九日に第一九回国会に提出、同年五月一九日に全部改正した厚生年金保険法（法律第一一五号）が公布された（詳細は厚生省保険局編 1958a: 254-335 参照）。

表 7-1　1954(昭和 29)年改正等級表の労働能力の程度

1級	*身体の機能に	労働することを不能ならしめ、且つ、常時の介護を必要とする程度の障害を残すもの
	精神に	労働することを不能ならしめ、且つ、常時の監視又は介護を必要とする程度の障害を残すもの
2級	*身体の機能に	労働が高度の制限を受けるか、又は労働に高度の制限を加えることを必要とする程度の障害を残すもの
	精神に	労働することを不能ならしめる程度の障害を残すもの
3級	*身体の機能に	労働が著しい制限を受けるか、又は労働に著しい制限を加えることを必要とする程度の障害を残すもの
	精神又は神経系統に	労働に著しい制限(以下、同上)
手当金	*身体の機能に	労働が制限を受けるか、又は労働に制限を加えることを必要とする程度の障害を残すもの
	精神又は神経系統に	同上

*の位置に「前各号に掲げるもののほか、」が入る
下線は筆者

(2) 障害給付に関する改正内容

一九五四(昭和二九)年改正によって等級表の「廃疾の状態」が文語体から口語体へと変更された。また、前述のように障害年金は三等級制となり、障害状態も全一七号から全三七号に増加した。障害手当金でも全一五号から全二二号へとより詳細に示されるようになった。さらに、一九四八(昭和二三)年改正で削除された両上肢、両下肢、両手指の状態が等級表に戻り、不自然に付加されていた上限となる障害状態も削除された。

この他にも、障害給付に関して以下のような改正が行われた。

①労働能力の程度の再設定

これまで各級の末尾の号でひとまとめにされていた精神・神経障害、内部障害などの特定の外部障害以外の障害について、①各級の前各号に掲げた状態以外の身体機能の障害(以下、その他身体機能の障害)と②精神・神経障害とに区分されて、それぞれの障害状態が、労働能力の程度によって示された。旧法では、一級が労働能力の喪失、二級が労働能力の高

度の制限、障害手当金が労働能力の制限、となっていた。本改正では、「労働能力」から「能力」が削除されると伴に、三級では労働の「著しい制限」という程度表現が採用された。また、二級の精神障害では、その他身体機能の障害と異なる障害状態が設定された（表7－1）。

②三年以内に症状が固定した場合としなかった場合の区別

これまでは、三年経過以内に傷病が治癒し症状が固定した時点か、治癒しないで三年が経過した場合はその時点で固定したものと見なして、障害認定が行われていた。本改正では、症状が固定したものと固定していないもの（なおらないもの）とを分け、後者については、障害手当金程度の状態であっても障害年金三級の支給対象とした。したがって、障害手当金の対象は症状が固定している者に限定されることになった。

上記により、障害年金の等級表の各級の末号には、次のように「傷病がなおらない」ものの状態が加えられた。

一級八号

傷病がなおらないで、身体の機能又は精神に、労働することを不能ならしめ、且つ、長期にわたる高度の安静と常時の監視又は介護とを必要とする程度の障害を有するものであつて、厚生大臣が定めるもの

二級一五号

傷病がなおらないで、身体の機能又は精神に、労働が高度の制限を受けるか、又は労働に高度の制限を加えることを必要とする程度の障害を有するものであつて、厚生大臣が定めるもの

三級一四号

傷病がなおらないで、身体の機能又は精神若しくは神経系統に、労働が制限を受けるか、又は労働に制限を加えることを必要とする程度の障害を有するものであつて、厚生大臣が定めるもの（傍線は筆者）

三級の「傷病がなおらない」ものの状態には、障害手当金のその他身体機能の障害や精神・神経障害と同じ文言が用いられた。これにより「傷病がなおらない」ものに限っては、障害手当金程度であっても障害年金三級相当となったのである。また、「厚生大臣が定めるもの」として、厚生省告示第二四一号（昭和二九年八月一四日）により、等級ごとの「結核性疾患」、「けい肺」、「結核性疾患及びけい肺以外の傷病」の状態が示された。

③等級の変更

本改正により、認定後の状態変化による等級の変更が可能となり（五二条一項）、受給権者に障害程度の増進による支給額の改定を請求する権利が認められた（五二条二項）。

本改正法の解説文中で筒井は、「傷病がなおらない」の設定と等級変更が可能になったことについて、「これが実際は最も大きな改正点」（筒井 1954: 6）であったと述べている。当時、障害給付の九〇％以上を占めたのは結核性疾患によるものであった（厚生省保険局編 1958a: 357）。この症状が固定しない（なおらない）で障害認定を受け、その後の状態の変動も予期される結核性疾患に対する認定ルールの明確化が、障害給付の改正の重点として捉えられていたのである。

④労災補償制度との対応関係の変化

障害年金が三等級化したことにより、労災補償制度の等級との関係が再調整された。一九四七（昭和二二）年改正以前は、原則的に、障害年金が工場法施行令六級以上、障害手当金が工場法施行令七級から一〇級（業務上は一四級まで）、一九四七（昭和二二）年改正以降は、障害年金一級が労災補償制度一級から三級、障害年金二級が労災補償制度四級から六級、障害手当金が労災補償制度七級から一〇級に対応していた。これが本改正によって、障害年金一級は労災補償制度一級と二級、障害年金二級は労災補償制度三級から五級、障害年金三級は労災補償制度六級と七級（「なおらない」ときは労災補償制度六級から一〇級）、障害手当金は労災補償制度八級から一〇級と対応することになった（厚生省保険局編 1958a: 354）。さらに、本改正では、これまでと同様に生殖器や外貌等の障害が除外されたが、この他にも目、脊柱、長管状骨、言語と咀嚼の障害において、労災補償制度の等級と非対応になった。これについて、具体的に確認していく。

上記の原則に従うならば、視力障害は、労災補償制度四級に「両眼の視力が〇・〇六以下になつたもの」があるので、障害年金二級にはこちらが採用されるべきである。ところが、実際には、労災補償制度には設定のない「両眼の視力が〇・〇四以下に減じたもの」が採用された。これにより、両眼の視力が〇・〇六であった場合、障害年金二級ではなく三級に該当することになった。また、労災補償制度七級「一眼が失明し他眼の視力が〇・六以下になつたもの」は障害年金三級に採用されておらず、これと同程度の視力の場合、障害手当金に該当することになった。このように、原則より一等級下に該当させるような設定がなされた一方で、原則に従えば障害給付の対象外となる労災補償制度一一級「両眼の眼球に著しい調整機能障害又は運動障害を残すもの」が表現を変え、「両眼の調節機能及び輻輳機能に著しい障害を残すもの」として障害手当金に採用された。

また、労災補償制度にはない障害状態の新設が、「脊柱の機能に高度の障害を残すもの」（障害年金二級五号）、「長管状骨に仮関節を残し、運動機能に著しい障害を残すもの」[20]（同三級七号）、「長管状骨に著しい転位変形を残すもの」（障害手当金一三号）で行われた[21]。その他、労災補償制度一級の「咀嚼及び言語の機能を廃したもの」は、言語機能と咀嚼機能は個別の障害として併合して取り扱うとの方針により除外された（筒井 1955c: 12）。

⑤労働能力喪失度に基づく支給額の設定

先に、改正法案要綱において障害年金の支給額が労働能力の程度と関連付けて説明されていたことに触れた。本改正における支給額設定の根拠は、以下のように解説されている。

まず、二級を労働能力に高度な制限がある、つまり、老齢と同様に労働能力喪失度一〇〇%に近い状態だとして老齢年金と同額の基本年金額[22]を設定し、この基本年金額を基にして、労働能力喪失度による加減を行い、各等級の支給額が決定された（厚生省保険局編 1958a: 355）。この方針に従い、一級は、基本年金額に常時介護を要する程度の障害であることによる一万二〇〇〇円（月額千円）[23]を加給した額となった（厚生省保険局編 1958a: 355）。三級は、労働能力に著しい制限があるものと「進行性の内科的疾患のため労働能力に制限があるもの」（厚生省保険局編 1958a: 355）に対して、基本年金額の七〇%が支給されることになった。障害手当金は、基本年金額の一四〇%、つまり、三級の二年分とされた（厚生省保険局編 1958a: 355-356）。

また、一級と二級には、老齢年金と同様に配偶者や子を対象とした加給年金が支給されるが、これは、一級と二級が「労働能力を全部的に喪失しており、全面的な生活保障を必要とする」（厚生省保険局編 1958a: 356）ためであると説明された。

⑥併合の調整

障害年金の受給権者が、後に別の傷病によって障害年金の受給が可能になった場合には、従来は、前後のうち等級が高い方の年金額が支給されていたが、本改正により、前後の障害を併合して認定[24]が行われることになった（四八条一項）。

（3）労災補償制度からの独立

これまで、厚生年金保険の障害給付においては、「傷病がなおらない」もの、つまり、症状が固定していない状態であっても一定期間（一九五三〔昭和二八〕年改正により三年）経過後には、固定したものと擬制して認定が行われてきた。一方、労災補償制度では、工場法の時代から症状が固定した状態のみを障害扶助料や障害補償の対象としており、固定していないものに対して認定を行うことはなかった。等級表に、「傷病がなおらない」ものを明記することは、この両者の違いを明示することに他ならず、労災補償制度との対応関係を重視してきたこれまでの厚生年金保険の在り方とは一線を画すものであった。

さらに、当初から厳密な連結が意識され、一九四八（昭和二三）年改正によって周到に守られてきた厚生年金保険と労災補償制度との等級の対応関係が、本改正によって一部分ではあるが崩された。等級変更に関する規定も新設され、一九四八（昭和二三）年改正で行われた等級表中の障害状態の不自然な削除や追加からも解放された。このことから分るのは、障害給付が、障害補償との連結からある程度の自由を獲得し、独自性の発揮が可能になったということである。

本改正法の解説文中で筒井（1955a）は、等級表の改正が以下の方針によるものであったと述べている。

等級表の改正は、「従来の廃疾の状態を再検討し、各器官別の廃疾状態を労働に及ぼす影響から見て各々の間のバランスを取るように」（筒井 1955a: 8）行われた。各等級の基礎となるのは①前各号以外の身体機能の障害と②精神・神経障害の状態として示された「各級の抽象的な表現」（筒井 1955a: 8）であり、（筆者注：視覚障害の程度などの）「具体的に示されたものは、之に大体匹敵するものとし」（筒井 1955a: 8）て配置されている。その際に配慮したのが、「結核性疾患等の内科疾患等による廃疾と、四肢の亡失、視力障害等による欠損部位や数値を以て示し得る廃疾との関係が、労働能力に対する障害という面から比較し易いように配列すること」（筒井 1955a: 8）であった。さらに、「各器官別の廃疾の格付については、呼吸器結核、眼科、耳鼻科、整形外科等の専門家の方々に屢時《ママ》に亘り合議して戴いた結果得たもので、現在では最も適格なもの」（筒井 1955a: 8）である。

上記のように筒井（1955a）は、本改正では、①②という厚生年金保険の等級表で独自に設定された労働能力の程度を指標として、障害状態の再配置が行われたと述べた。実際に、労災補償制度の等級との対応関係は一部崩れており、このことが筒井の弁を裏付けている。

第6章では、連合軍総司令部労働諮問委員会による「不当に低」（労働省編 1969: 603）い標準を改善し、災害補償を「一切のまたは大部分の費用は使用者が負担するように」（労働省編 1969: 609）との勧告が、官僚に労災補償と障害給付の連結の必要性を意識させ、これにより、両者の等級間の対応関係が強化された可能性を指摘した。占領下の日本にあって、GHQ勧告には強い拘束力があったと予想される。しかし、一九五二（昭和二七）年、サンフランシスコ講和条約の発効によりGHQは解体され、本改正当時の日本は既に占領から脱していた[25]。また、一九五三（昭和二八）年一二月の社会保障制度審査会「年金制度の整備改革に関する勧告」においては公的年金制度の一元化による総合年金制度の創設が提唱され、その基本方針のひとつとして、「業務災害に起因する事故についても、本制度（筆者注：総合年金制度）の給付を行うものとする。但し、業務災害との関係については、他の社会保険部門との関係もあるので、その一元化の問題ともあわせて検討し調整を行う」（厚生省年金局社会保険庁年金保険部編 1968: 78）をあげ、公的年金制度による業務災害補償を肯定していた（厚生省年金局社会保険庁年金保険部編 1968: 77-79）。厚生省も「厚生年金保険としては、業務上業務外の区別をすることは制度的にみて好ましくない」（厚生省保険局編 1958a: 210）との見解を有していた。このようなことが、厚生年金保険の等級表の模索に影響を与えたと考えられる。

その一方で、労災補償制度と厚生年金保険は、支給額設定で用いた労働能力喪失度のような労働能力を量的に把握する手法を介して、強く結びつくことになった。次に、この手法と労災補償制度との関係について精査していく。

4 労働能力の量的評価

（1）高橋らの「労働能力の減退割合に近いもの」

労働能力喪失度、つまり、量的に労働能力の減退の程度を把握しうるとする主張の根幹をなすのは、労働能力の減退割合が労災補償制度の障害補償の補償日数に比例するとの見解である。労災補償制度の障害補償費は、等級ごとに定められた補償日数に本人の平均賃金を乗じた額として支給された。この補償日数が労働能力の減退割合に比例するとされたのである。厚生省と労働省の官僚による障害程度の認定に関する解説書『身体障害等級社会保険廃疾認定基準精義』（高橋ら 1947）から、この見解について確認していく。

まず、高橋らは、障害は抽象的で直接には測定できないため、給付にあたっては「身体機能がどの程度に阻害されているか、即ち具体的な廃疾の状態或いは障害の状態によってその程度を定める他はない」（高橋ら 1947: 16）と述べた。そして、この障害状態は、厚生年金保険も船員保険も労災補償制度も、「特定の職業に必要な労働能力、即ち職業的労働能力」（高橋ら 1947: 14）とは異なる、「特定の職業ではなく一般的」（高橋ら 1947: 14）な労働能力に重点をおいて区分されているとした（高橋ら 1947: 14）。その区分について、厚生年金保険では、労働能力の全部を喪失したもの（障害年金一級）、高度の制限を有するもの（障害年金二級）、単に制限を有するもの（障害手当金）の三段階、船員保険の職務外では労働能力に高度の制限を有する程度以上（障害年金）、単なる制限を有するもの（障害手当金）の二段階、労災補償制度と船員保険の職務上の事由では、「労働能力に及ぼす影響に重点を置いて」（高橋ら 1947: 17）一四等級制となったと説明した（高橋ら 1947: 16-17）。

このように、高橋らは、労災補償制度、船員保険、厚生年金保険ともに一般的な労働能力を指標とした等級化が行われていると主張した。しかし、業務災害に起因する障害への「一種の損害賠償」（高橋ら 1947: 17）であるはずの労災補償制度や職務上の船員保険の補償が、職業的労働能力ではなく一般的な労働能力によって評価されることは妥当なのだろうか。これについて、高橋らは「実際問題として、個々の職業について、一々の身体障害の影響を正確に区別することは困難であり、且つ不正確である場合には却つて紛争の原因となるのみ」（高橋ら 1947: 17-18）なので、「一般的の労働能力を基礎として、程度を決定しているのであろう」（高橋ら 1947: 18）と断定を避け、歯切れの悪い解説を行っている。

上述の高橋らによると、厚生年金保険、船員保険、労災補償制度に共通して、障害程度（等級）は、労働能力の減退の程度に応じて設定され、各等級には労働能力が同程度の障害状態が配置されているということになる。したがって、個人の障害状態が分かれば、その状態が配置された等級を確認することで個人の労働能力の減退の程度が把握できるということになる。さらに、高橋らは、労災補償制度においては、この労働能力の減退割合が量的に把握しうると主張したのである。

高橋らは、労災補償制度の遺族補償の補償日数（一〇〇〇日）を労働能力一〇〇％喪失とみなし、この比率（補償日数一〇日分で労働能力一％喪失換算）を障害補償の各等級に設定された日数に当てることで、「各等級に規定されている身体障害によって生じる労働能力の減退割合に近いもの」（高橋ら 1947: 22）が得られるとした（高橋ら 1947: 22）。例えば、労災補償制度一級の補償日数は一三四〇日なので、一三四％が「労働能力の減退割合に近いもの」ということになる。さらに高橋らは、障害等級と補償日数との関係について、縦軸を「補償費（日分）」、横軸を「等級」としてグラフ化し、「一つの二次曲線（抛物線）をなしている」（高橋ら 1947: 24）と解説した。このように、高橋らは、障害補償の補償日数と労働能力とを関連づけることで、労働能力の量的な評価方法を提示したのである。しかも、その方法は、該当する等級の補償費の日数に〇・一をかけ算するという非常に簡便でかつ、直感的なものであった。

この二次曲線のなかに、具体的な障害状態をどのように割り当てたのか、その方法について高橋らは以下の三パターンをあげた（高橋ら 1947: 25）。

1　労働能力に鋭敏な影響を与え、かつ、障害程度の測定が比較的正確にできるものは細かく規定する。例えば、視覚障害。

2　障害程度の測定が困難、かつ、あまり労働能力に鋭敏な影響を与えない場合や、障害程度の測定は可能だが、労働能力と微妙な関係を持たない場合は、機能の全廃、著しい障害、単なる障害の三段階に分ける。例えば、聴力障害[26]、上下肢の障害。

3　障害程度の測定が不可能に近いものは、完全に労働能力のみから等級を定め、他人の介護を要するもの、労働できないもの、軽易な労働よりできないものの三段階とする。例えば、精神障害、内臓諸器官の障害。

このように、労働能力への影響と障害程度の測定の正確性によって、障害状態を各等級に配置したと述べられているわけだが、要は、視力のように明確に数値化できるものは細かく等級化し、そうでないものは三段階に分けたということである。ここで着目すべきは、等級への配置にあたって優先されたのが、労働能力ではなく、障害程度の量的な把握のしやすさだという点である。高橋らの説明によると、精神障害や内部障害のように障害程度の測定が不可能に近くなってはじめて、完全に労働能力のみでの等級配置が行われたということになる。しかし、高橋らが述べた他人の介護を要する／労働できない／軽易な労働以外できない、の三段階の労働能力は、誰にとっても共通する一般的に労働に必要とされる能力の程度というよりも、工場法時代を想起させる個人の稼得能力についての解説に近い。これを補強するように、障害補償ではなく厚生年金保険の障害年金についての解説にはなるが、高橋らは同書にて、認定に際して精神・神経の障害は、障害年金一級で「労働機会も考えて判断すべき」（高橋ら 1947: 99）、障害年金二級で「就職可能ではあるが、その職種に相等の制限を受ける場合が之に属すると解す」（高橋ら 1947: 100）と、障害状態を稼得能力の観点から解説している。

上述のように高橋らは、障害状態が配置された等級の補償日数から、「労働能力の減退割合に近いもの」

（高橋ら 1947: 22）を量的に把握できるとした。高橋らは、その数値を「労働能力の減退割合に近い」、「遺族補償費ニ対スル割合」（高橋ら 1947: 23）と述べるに留め、その数値が労働能力の減退割合そのものを示すまでは言及していない。しかも、労働能力のみを指標として障害状態が各等級に割り振られている訳ではないことも認めている。さらに、高橋らの主張は、補償日数が労働能力の減退割合を示すという前提のみで成り立っているが、高橋らはこれの検証までは行っていない。

しかし、この前提は本当に正しいものなのだろうか。以下ではこれについて検証し、高橋らの主張の脆弱性を指摘する。そして、この脆弱な前提を用い、かつ、「労働能力の減退割合に近いもの」に過ぎなかった数値が、厚生年金保険に導入され、障害認定基準に組み込まれることで個人の障害等級を左右する数値になっていく過程を確認する。

（2） 障害補償費と労働能力

まず、労災補償制度の障害補償の補償日数がどのような根拠で設定されたのか確認する。労働省労働事務次官、寺本廣作は、この日数が工場法施行令（一九三六〔昭和一一〕年改正）の障害扶助料で用いられた日数を基礎として算出されたものだと述べている（寺本 1950: 325-331）。この障害扶助料の日数について寺本は、一九二五年のＩＬＯ（第七回会議）の勧告（労働者補償の最小限度の規模に関する勧告）に従い、「労働者本人が全部の労働能力を喪失しただけでなく更に常時介護を要するという意味で他人の労働力をも半ば減殺する程度のもの、即ち労働能力百五十パーセント喪失のものを障害の第一級として死亡の場合より重く取扱」（寺本 1950: 327）っていたとする。さらに、工場法ではこの労働能力一五〇％喪失に対して、労働者の賃金の三分の二を三年間の定期金で支給するものとして算定し、その値である六〇〇日分を一級の障害扶助料としたと解説した[27]（寺本 1950: 327-328）。

続けて寺本は、労働基準法では、諸外国の立法例と日本の産業負担力を考慮して、平均賃金の三分の二を六年間の定期金で支給するとし、また、工場法で行った休日の控除を誤謬であったとして改めて一年の日数を三六〇日とし、一級を一三四〇日と算出したと述べている[28]（寺本 1950: 328）。この計算によると、工場法の一級は六〇〇日であるのに対し、労働基準法の一級は一三四〇日なので約二・二三倍になる。この比率を工場法の各等級の日数に乗じ、さらに、「端数整理上必要な修正を加へて」（寺本 1950: 329）作成されたのが、労働基準法で各等級に充てられた補償日数だとするのが寺本の解説である（寺本 1950: 329）。

さらに、先の高橋らが労働能力一〇〇％喪失に相当するとした遺族補償の補償日数（一〇〇〇日）については、次のように述べられている。工場法の補償日数では、永久的全部労働不能の最も重いものである労働能力一五〇％喪失の障害扶助料一級が六〇〇日分なので、死亡、すなわち労働能力一〇〇％喪失は四〇〇日分と算出され、この四〇〇日分が遺族扶助料として定められた（寺本 1950: 333）。労働基準法では、労働能力一五〇％喪失の一級が一三四〇日分なので、労働能力一〇〇％喪失は八九三日分となるが、「外国の立法例では永久的全部労働不能と死亡とを同一に取扱う事例もあり、又死亡の場合には労働能力喪失に関する数字的計算のみでは測定し難い要素も幾分加はつて来る」（寺本 1950: 333）ため、修正して遺族補償を一〇〇〇日分としたと述べられた（寺本 1950: 333）。この八九三日を修正するにあたって、一〇〇〇日という日数が採用された根拠については明確にされていない[29]。

これまで見てきた寺本の解説を整理すると以下のようになる。

①工場法では、賃金の三分の二を三年の定期金で補償するとして算出した日数を障害扶助料の一級に設定し、これを労働能力喪失一五〇%の補償と見なした。
②工場法では、①の計算に基づき、死亡を労働能力喪失一〇〇%として遺族扶助料の日数を算出した。
③労働基準法では、基本的には工場法で用いられた算出方法を継承し、これを六年間の定期金として再計算して補償日数を設定した。

寺本の解説では、一級以外の等級については、障害補償の日数が労働能力の減退割合をどの程度、担保するものなのか述べられていない。さらに、高橋らが労働能力を量的に把握する際に依拠した労働能力一〇〇%喪失相当の遺族補償の補償日数（一〇〇〇日）は、「労働能力喪失に関する数字的計算のみでは測定し難い要素も」（寺本 1950: 333）あって一〇〇〇日分にしたと述べられるような算定根拠が不確かな数値であった。それにも関わらず、この一〇〇〇日が労働能力一〇〇%に相当するとの見解が、上述のように一九五四（昭和二九）年の厚生年金保険法改正にあたって、支給額の正統化の根拠として用いられていたのである。次に、この量的に把握しうる労働能力が、厚生年金保険の障害認定基準にどのように取り込まれていったのか確認する。

（3）障害給付と労働能力喪失度

『厚生年金保険十五年史』でも後述の筒井による本改正の解説においても、一九五四（昭和二九）年改正によって新しくなった等級制度の説明資料として用いられたのが、旧法と新法の障害給付の等級、労働者災害補償保険法の等級、労働能力喪失度との比較対照表である（厚生省保険局編 1958a: 354、筒井 1954: 6）。この対照表では、旧法の一級は新法の一級と二級の一部、旧法の二級は新法の二級の一部と三級の一部、旧法の障害手当金は新法の三級の一部と障害手当金、新法三級の「なおらない」ものには新旧の障害手当金の範囲が含まれるものとして整理された。その下に示されたのが、労災補償制度の等級と労働能力喪失度の数値であった。この数値は、障害補償の等級ごとの補償日数に〇・一を乗じた値となっており、高橋らが遺族補償費一〇〇〇日分を労働能力一〇〇％喪失として換算した「遺族補償費ニ対スル割合」（高橋ら 1947: 23）と合致している（高橋ら 1947: 22）。高橋らは、この数値を「遺族補償費ニ対スル割合」と称し、各等級の「労働能力の減退割合に近いもの」（高橋ら 1947: 22）と表現したが、同表では説明もなくただ「対照の資として」（筒井 1954: 7）、労働能力喪失度が掲げられたのである。

前述のように、労災補償制度の補償日数から導かれる各等級の労働能力の減退の程度は、その根拠も不明瞭であり、かつ、遺族補償費の一〇〇〇日分は「数字的計算のみでは測定し難い要素」（寺本 1950: 333）を加味した、つまり、「数字的計算」の根拠の乏しい数値であった。それにも関わらず、高橋らが障害程度と等級との関係を説明するために用いた「労働能力の減退割合に近いもの」（高橋ら 1947: 22）は、「労働能力喪失度」と名付けられ、厚生年金保険の制度設計に取り込まれたのである。これはかつて、筒井が評した「労働能力という数字で表現出きない抽象的なものを、段階づける」（筒井 1951a: 8）ことの「多大の困難性」（筒井 1951a: 8）が、労働能力喪失度によって克服されたということでもあった。

しかし、ここで疑問となるのは、他制度から数値を借用してまで労働能力の数値化に拘った理由である。

しかも、その数値が十分に発揮されたのは、等級表ではなく後述する障害認定基準によってである。前述のように労働能力喪失度は、支給額の根拠や等級区分の目安とはなった。しかし、等級表の障害状態の配列においては絶対的な指標とはならず、厚生年金保険の等級は以前ほどには、労働能力喪失度、すなわち、労災補償制度の等級との対応関係に拘束されてはいなかった。ならば、労働能力喪失度を主軸にした等級表の変革や、把握困難な労働能力の評価を放棄し稼得能力基準を導入するような転向や、諸外国の障害認定方法の取り込みなどの検討の余地もあったはずである。一九五六（昭和三一）年、上述した元厚生官僚の高橋は、労災補償制度に関してではあるが、等級表のみに基づく障害認定について、諸外国では「医学的評価のみを基礎として補償を行うという方法から、可能な限り、経済的評価も考慮して補償を行うという方法に変りつつある」（高橋 1956: 5）と述べている。障害認定の解説書を著し、一九五四（昭和二九）年の厚生年金保険法改正に際して等級表の設定に意見を述べた識者にとって、従来の等級表に依存した障害認定に在り方は、既に時代遅れのものになっていた。そのような状況にあって、従来の等級表の形式を維持したままでの障害認定基準の設置、つまり、制度の併設によって労働能力の評価が行われることになるのである。

5　労働能力を評価する

(1) 障害認定基準の併設

前述したように、障害給付の九〇％以上を占めた結核性疾患による障害や、複数の障害がある場合の認定にあたっては、各等級の基礎となる労働能力そのものを評価する必要があった。しかし、等級表には、労働能力の具体的な状態は示されておらず、この等級表のみを用いてそれら障害の等級認定を行うことは不可能であった。それにも関わらず、一九五四（昭和二九）年改正にあっても厚生年金保険の等級表は、外部障害の機能障害の状態と労働能力の目安を併記する旧来の形式を保持したままであった。労働能力をいかに評価するのか、その難問への対応として行われたのは、等級表の抜本的な改革ではなく、これを温存したまま新たな認定のルールを行政通達・通知によって創造することであった。

しかしなぜ、等級表の抜本的改革ではなく、等級表を維持したままでの障害認定基準の付加が選択されたのだろうか。これを検討するために、セレンらの漸進的な制度変化のパターンを援用する。セレンらは、①制度の解釈・強制の裁量が低く、かつ、②政治的背景として強力な拒否権の可能性がある場合には、併設（layering）が発生する可能性が高く、その際、チェンジエージェントとして破壊者（subversives）が活躍すると述べた（Mahoney and Thelen2010:18-29）。この理論を一九五四（昭和二九）年改正に照らすと以下のように整理できる。

①制度の解釈・強制の裁量の低さ

結核性疾患による障害や複数ある障害の認定といった認定困難ケースの本省対応を前提としていた一九四七（昭和二二）年改正時とは異なり、一九五二（昭和二七）年以降は、都道府県による認定が是とされ、これに向けて全国統一の障害認定基準の設置が企図されていた。地方での一貫した認定のためには、できるだけ解釈の余地をなくすような統一的な基準による制度が必要であった。

②政治的背景として強力な拒否権の可能性

一九四八（昭和二三）年改正によって等級表の根拠規定が厚生年金保険法施行令から厚生年金保険法へと移された。これにより、これまで官僚が主導権を握っていた等級表の規定について、議会での政治家による拒否の可能性を考慮する必要が生じた。つまり、官僚が等級表の抜本的な改革を意図したとしても、拒否権行使の可能性がこれまで以上にあると予期されたのである。

このような状況にあって、これまで行われきた本省主導の障害認定の破壊者として官僚は、現行の等級表の形式を維持したまま障害認定基準を付加する併設を選択したものと考えられる。

先述したように、これまでにも一九四五（昭和二〇）年三月の厚生年金保険廃疾認定規程や、一九四九（昭和二四）年七月の厚生年金保険廃疾認定に関する小冊子のような基準が発出されてはいた（筒井 1951b: 6）。しかし、それらは、本省による認定困難ケースの照会・内議を前提としており、実態としても一九五一（昭和二六）年時点で全体の四分の三が本省への照会を行っていたことを鑑みれば、等級表に並び立つ基準であったとは言えず、あくまでも等級表を補足する手引き書であったと理解される（筒井 1951c: 45）。

一九五三（昭和二八）年の「肺結核による廃疾の認定基準」からはじまる障害認定基準では、後述するように、外部障害の状態が労働能力の喪失の程度によって各等級に割り付けられていることの説明をはじめとして、障害種別ごとの各等級の障害状態の具体例や、その評価方法、複数の障害がある場合の認定方法などが盛り込まれた。つまり、等級の上下を決するような重大な認定ルールの創造が厚生年金保険法ではなく行政による障害認定基準の設置によって行われるようになったのである。こうして、制度変化として併設が選

表7-2　1955(昭和30)年障害認定基準における労働能力

	傷病	労働能力の程度	各等級の例	結核の治療指針　※
1級	なおった	労働能力の全喪失、かつ、常時の監視又は介護が必要		
	なおらない	労働能力の全喪失、かつ、長期にわたる高度の安静と常時の監視又は介護が必要		高度の安静＝安静度表1度・2度
2級	なおった	労働が高度の制限を受ける、または、高度の制限を加えることが必要		
	なおらない		職種の選択が困難で、就職の機会が少ないか、全くない	中等度の安静[31]＝安静度表3度・4度
3級	なおった	労働が著しい制限を受ける、または、著しい制限を加えることが必要		
	なおらない	労働が制限を受ける、または、制限を加えることが必要	職種の選択は必要だが就職の機会は比較的多い	軽度の安静＝安静度表5度・6度
手当金	なおった	労働が制限を受ける、または、制限を加えることが必要	職種の選択や就職機会が比較的容易	

※「社会保険結核予防法における結核の治療指針」

択されたことで、厚生年金保険法の等級表に触れることなく、障害認定基準の修正によって官僚が主体的に等級認定のルールをコントロールすることが可能になったのである。

等級表の維持により、その他身体機能の障害や精神・神経障害、複数の障害がある場合は、障害認定基準により労働能力の程度が評価されることになった。ここに現われたのが、労働能力喪失度と同義の労働能力減退率である。

(2) 一九五五(昭和三〇)年の障害認定基準

一九五四(昭和二九)年法改正の翌一九五五(昭和三〇)年、障害認定の基準について定めた「廃疾認定基準の設定について」(昭和三〇年保険発第二〇四号)[30]が発出された。この障害認定基準の中核は、労働能力の評価方法の提示にあった。

ここでは、各等級の障害状態についての表7-2のような基準が示された(作表は筆者)。

労働能力の程度については、障害年金二級の精神障害において、その他身体機能の障害と異なり、「労働することを不能ならしめる程度の障害」(二級一四号)と規定されている点が無視されてはいるが、おおむね等級表の規定に沿っている。注目すべきは、各等級の状態として就労状況が例示されたことと、安静度が設定されたことである。就労状況は、障害年金二級で「職種の選択が困難で、就職の機会が少いか、又は全くないもの」、三級で「職種の選択は必要とするが就職の機会の比較的多いもの」、障害手当金で「職種の選択及び就職機会が比較的容易なもの」と解説された。安静度は、結核患者のために作られた安静度表によるもので、これが結核患者だけでなく「なおらないもの」全体の各等級の障害程度の解説に用いられた。

障害認定基準における個人の就労状況の例示は、一九五三（昭和二八）年発出の肺結核の障害認定基準でも行われていた。同基準では、肺結核による障害は、胸部X線所見、排菌状態などの客観的な所見や「結核の治療指針」の安静度による①現在の疾病の程度、②予後、③残存労働能力の①から③によって総合的に判断して認定するとされた。この③残存労働能力は、「客観的な所見を基準として、その程度を定めるように努める」としながらも「但し、現に就労中の者にあつては、その者が従事している労働の程度をも参考とする必要がある」と解説された。つまり、残存労働能力の評価には、個人の就労状況が含まれていたのである。また、ここで肺結核の疾病の程度を評価するために用いられた安静度は、前述した一九五五（昭和三〇）年発出の障害認定基準によって、「なおらないもの」全体の障害程度の基準として用いられることになった。

このような試みと併せて、一九五五（昭和三〇）年の障害認定基準では、複数の障害がある場合の認定ルールの創設が行われた。これが同通知で最も紙幅が割かれた部分である。そこでは、等級表に示された労働能力の程度による認定が原則であるとしながらも、実際にはそれが困難であるため、一九五四（昭和二九）年改正法で新設された障害年金の受給権者が新たに障害年金相当の障害状態となった場合の認定（四八条一項）と、はじめての認定時に複数の障害がある場合の認定は、便宜上、以下の方法を参考にするように述べられた。

その方法の中核は、一二一項目にも及ぶ障害状態を列挙し、これらを一号から一三号まで一三区分した別表「一の廃疾に他の廃疾が加重した場合及び二以上の廃疾が併発した場合の併合判定参考表」（以下、併合判定参考表）であった。併合判定参考表では、障害年金一級が一号、二級が二号から四号、三級が五号から七号、障害手当金が八号から一三号に区分され、等級表にはない状態も含めた多数の障害状態が、等級表よりも詳細に序列化された。ここで追加された障害状態が労災補償制度の等級表に由来することは、両者を対比させれば明らかであった。併合判定参考表の一号が労災補償制度の一・二級、同表二号が労災補償制度の三級、つづく、三号が四級、四号が五級、五号が四級から六級、六号が六級、七号が七級、八号が八級、九号が九級、一〇号が一一級、一一号が一一級、一二号が一二級、一三号が一三級の障害状態とおおよそ重複していたのである。この一号から一三号の号数を用い、何号以上の障害が何個あるかによって複数の障害がある場合の等級を認定する仕組みが創設されたのである[32]。

このようにして、「結核の治療指針」の安静度の準用や併合判定参考表の設定など、等級の上下を決する重大な認定ルールが障害認定基準のなかで創造された。そこで目指されたのは、労働能力の客観的な評価方法の確立であったが、それも完全なものではなく、一部で、職種の選択や就職の機会、従事している労働の程度など、個人の稼得能力の程度に対する評価が残存していた。これが払拭されるのは、次で取り上げる一九五八（昭和三三）年発出の「厚生年金保険における廃疾の認定基準について」（昭和三三年六月一三日保発第四〇号）[33]によってである[34]。

（3）一九五八（昭和三三）年の障害認定基準

一九五七（昭和三二）年の厚生年金保険法改正に伴い、等級表も改正された。そこで行われたのは、障害年金三級八号の文言に「若しくはひとさし指」を加筆して「一上肢のおや指及びひとさし指を失つたもの又はおや指若しくはひとさし指をあわせ一上肢の三指以上を失つたもの」とする修正のみであった。障害認定の本質に関わる大きな変更は、その翌年となる一九五八（昭和三三）年の障害認定基準の改正によって行われた。

新しい通知「厚生年金保険における廃疾の認定基準について」では、前回と同様に各等級の障害程度が解説された。これは、おおよそ前回を踏襲したものであったが、旧基準の就労状況に関する文言（「職種の選択が困難で、就職の機会が少いか、又は全くないもの」「職種の選択は必要とするが就職の機会の比較的多いもの」「職種の選択及び就職機会が比較的容易なもの」）が削除された。これと入れ替わって登場したのが「労働能力減退率」である。

この労働能力減退率は、複数の障害がある場合の認定に用いる併合判定参考表[35]に明記された。新しい併合判定参考表では、旧表から障害年金の等級が削除された上で、障害状態が前回と同じく一号から一三号に振り分けられ、さらに、各号に労働能力減退率がパーセンテージで表示された。この労働能力減退率は、先述の労働能力喪失度と同じく、障害補償の補償日数が元になっていた。最上位の一号は労働能力減退率一三四％（障害補償の一級の補償日数は一三四〇日）と一一九％（二級の補償日数は一一九〇日）で二区分され、これに伴い、以降は二号が障害補償の三級、三号が同四級、四号が同五級に対応する労働能力減退率と障害状態が設定された。五号については、補償日数にはない数値（七三％）が置かれ、労災補償制度四級から六級の障害状態が配置された[36]。六号以下は号数と同じ等級の労働能力減退率と障害状態が配置された[37]。

この号数は、前回と同様、障害年金の受給権者が重ねて障害年金を支給すべき障害状態となった場合と、認定時点で複数の障害がある場合の認定において用いられることになった。さらに、新しく表に加えられた労働能力減退率は、保険給付の対象とならない既存障害と同一の部位に、新たに傷病が発生し障害状態となった場合の認定（現在の差引認定）で活用されることになった。

障害給付においては、被保険者期間ではない時期に発生した傷病による障害がある者が、被保険者期間に別の傷病によって障害状態となった場合、後発の障害のみを対象として障害認定が行われる。しかし、その後発の障害が、既存の障害と同一の箇所に発生した場合、認定が困難になる。例えば、被保険者期間ではない時期の傷病により両眼の視力が〇・一（障害年金三級相当）であった者が、被保険者期間中の傷病によって両眼の視力が〇・〇二（障害年金一級相当）になった場合や、両上肢のすべての指の用を廃した（障害年金二級相当）者が後に、両上肢の用を全く廃した（障害年金一級相当）場合、後発障害の部分のみをどのように認定するのか、という問題である。

これについて労災補償制度では、労働者災害扶助法施行令（一九三一〔昭和六〕年）以降、現在の障害状態に該当する支給額から既存障害に該当する支給額を引いた額が支給されていた。厚生年金保険についてもこの方式が検討されており、一九五五（昭和三〇）年の旧障害認定基準の発出と同時期に筒井（1955c: 12）は、障害補償の補償日数に〇・一を乗じた数値を労働能力喪失率と呼称し、これを基にした認定方法を示していた。そこでは、前後の障害をそれぞれ労災補償制度で何級になるか確認し、この等級に相当する労働能力喪失率を引き算して労働能力減退度を算出し、この労働能力減退度の値から障害年金の等級を認定する方法が提示されていた（筒井 1955b: 8）。例えば、既存の障害が労災補償制度の一〇級（労働能力喪失率二七％）、後発により労災補償制度の六級（労働能力喪失率六七％）相当になった場合、労働能力減退度は四〇％となる。労災補償制度八級の労働能力喪失率は四五％、同九級の労働能力喪失率は三五％なので、この例では同八級相当と判断される。労災補償制度八級から一〇級は障害手当金に相当するので、この例は障害手当金の対象となるといった具合である。しかし、この時点では、障害認定基準に盛り込めるほどの精度はないと判断されたようだ。

今回の障害認定基準によって、筒井が労働能力喪失率と呼称したものが併合判定参考表の中に労働能力減退率として登場し、この数値を用いた等級の認定方法が示された。まず、現在の状態での労働能力減退率を併合判定参考表から探し、さらに、既存障害の労働能力減退率も同様に同表から探す。そして、前者から後者を引き算した値を「差引減退率」と称し、この数値をもとに等級が認定されることになったのである[38]。

厚生年金保険の等級表は一九五四（昭和二九）年改正から現行（基礎年金制度の創設以降は障害年金三級と障害手当金）までほぼ変わらず[39]、障害認定基準の改正によって認定ルールが変更されてきた。認定の標準化のために誕生した障害認定基準では、認定技術の洗練化の一環として、労災補償制度の補償日数から導かれた数値を利用した労働能力の評価方法が採用された。この方法は、障害状態ごとに設定された労働能力を表す数値が、等級表の各等級の末尾にその他身体機能の障害と精神・神経障害の状態として明示されている労働能力の程度と合致するのかを確認するものであった。この方法を成り立たせるためには、等級表に明示されたその他身体機能の障害と精神・神経障害の労働能力の状態を基礎として、各等級の障害状態が配置されたとする筒井（1955a: 8）の解釈が必須となる。障害認定基準の標準化によって、等級表にある外部障害の機能障害の状態も労働能力の程度によって配置されたとする解釈が固定されたのである。このような官僚主導の認定技術の洗練の過程において、障害者の何をどのように保障すべきなのかが問われぬまま、労働能力基準の運用が確固たるものとなっていったのである。

6　小括

前章で論じたように労災補償制度の障害補償と厚生年金保険の障害年金を連結させるため、両者の等級の対応関係がこれまで以上に必要となった。しかし、結核性疾患をはじめとした内部障害、精神・神経障害、複数の障害がある場合などは、労災補償制度の等級表との単純な照らし合わせでは対応できず、労働能力の程度そのものの評価が必要となった。これについては、本省による照会・内議で対応されていたが、地方への認定業務の移行が企図されたことにより、労働能力の評価方法を標準化する必要が生じた。そのために行われたのが、障害認定基準の併設であった。

障害認定基準では、労災補償制度の補償日数を元にした論理的整合性に乏しい数値によって労働能力の量的な把握が図られ、これによって等級の認定が行われるようになった。さらに、厚生年金保険の等級表に示された各等級の労働能力の程度を指標として、機能障害の状態が配置されたとする解釈が固定された。こうして、労働能力基準は強固なものになり、現在に継承されることになった。

このように、障害認定は、障害者の生活保障の追求ではなく、認定技術の確立という官僚側のニーズによって牽引されたのである。

■注

1 その他にも、六等級から健康保険と同じ一七等級への標準報酬の変更、寡婦・かん夫・遺児年金の新設、業務上の障害年金の増額等が行われた（厚生省保険局編 1958a: 103-108）

2 その他には、脊柱の機能障害の状態が、「脊柱ニ著シキ機能障害ヲ残スモノ」（旧二級三号）から「脊柱ノ機能ニ著シキ障害ヲ残スモノ」（二級四号）へと若干の文言の変更が行われた。

3 労災補償制度六級七号には、「一手の五指又は拇指及び示指を併せ四指を失つたもの」がある。

4 具体的には、「両上肢ヲ腕関節以上ニテ失ヒタルモノ」（旧一級三号）、「両下肢ヲ足関節以上ニテ失ヒタルモノ」（旧一級四号）、「両上肢ノ用ヲ全廃シタルモノ」（旧一級五号）、「両下肢ノ用ヲ全廃シタルモノ」（旧一級六号）、「十指ノ用ヲ廃シタルモノ」（旧二級六号）がこれにあたる。

5 咀嚼と言語の障害についても、口という同じ器官の内で発生することから、両者を対になる障害として捉えることができる。

6 厚生年金保険でも労災補償制度でも、視力の測定は矯正視力で行われる。

7 同法施行規則二〇条三項には、「その障害補償費は、各々の身体障害の該当する等級毎に計算した障害補償費の合算額を超えてはならない。」との但し書きがあった。

8 労災補償制度では「障害補償費」。

9 このような認定方法の基礎部分は、現行制度でも踏襲されている。

10 障害手当金については、次のように取り決められていた。障害手当金の複数回の受給は可能であったが、障害年金の受給権者については、後発した障害によって障害手当金を受給することはできなかった（一九四四〔昭和一九〕年改正厚生年金保険法四二条、花澤 1944: 205-206）。障害手当金を受給した者であっても、後発の障害による障害年金を受給することはできた（花澤 1944: 205-206）。

11 労災補償制度では一三級以上が二以上であるが、高橋らの解説では、一一級以下は併合しない扱いになっている（高橋ら 1947: 43）。

12 詳細は高橋ら（1947: 42-44）参照。

13 ただし、厚生年金保険の障害認定において足関節にリスフラン関節も含むものと解された場合はその限りではない。労災補償制度ではリスフラン関節と足関節は区別されている。

14　眼はふたつで対となる器官であるが、一九四七（昭和二二）年改正の等級表の文言がそのまま継承された。労災補償制度の等級表において眼の障害は、一級から七級は左右の眼の状態の組み合わせによって示されており、片側の眼の状態のみが規定されるのは八級以下に限定されていた。そのため、片眼どうしの組み合わせで等級の繰り上げが発生するのは、八級にある一眼の失明か一眼の視力が〇・〇二以下になった場合のみになる。このとき、組み合わせは、両眼の失明、一眼失明し一眼の視力が〇・〇二以下、両眼の視力が〇・〇二以下の場合となるが、両眼の失明は一級、一眼失明し一眼の視力が〇・〇二以下のものと両眼の視力が〇・〇二以下のものは二級として労災補償制度の等級表に明記されているので複数の障害の合算による繰り上げが発生しない。この点が、他のふたつで対となる器官とは異なる。

15　「肺結核による廃疾認定基準について」（学陽書房編集部編 1956: 270-272）。

16　一九五二（昭和二七）年六月には、ＩＬＯ第三五回総会にて、「社会保障の最低基準に関する条約」の採択も行われていた（厚生省保険局編 1958a: 127）。

17　傷病手当金の支給期間も二年であったが、本改正で三年になった。

18　被保険者期間二〇年未満の場合は二〇年とみなす。

19　高橋正義は、元厚生技官で『身体障害等級社会保険廃疾認定基準精義』の共著者である。

20　労災補償制度八級（障害手当金の範囲）に「一上肢に仮関節を残すもの」「一下肢に仮関節を残すもの」がある。

21　両者で文言の違いが見られる規定に以下がある。「一眼の視力が〇・〇二以下に減じ、且つ、他眼の視力が〇・〇六以下に減じたもの」（障害年金二級二号）と「一眼が失明し他眼の視力が〇・〇六以下になつたもの」（労災補償制度三級一号）、「両耳の聴力が、耳殻に接して大声による話をしてもこれを解することができない程度に減じたもの」（障害年金二級三号）と「鼓膜の全部の欠損その他に因り両耳を全く聾したもの」（労災補償制度四級三号）、「脊柱の機能に著しい障害を残すもの」（障害年金三級四号）と「脊柱に著しい畸形又は運動障害を残すもの」（労災補償制度六級四号）、「おや指及びひとさし指をあわせ一上肢の四指の用を廃したもの」（障害年金三級九号）と「一手の五指又は拇指及び示指を併せ四指の用を廃したもの」（労災補償制度七級六号）、「両眼による視野が二分の一以上欠損したもの又は両眼の視野が一〇度以内のもの」（障害手当金四号）と「両眼に半盲症、視野狭窄又は視野変状を残すもの」（労災補償制度九級三号）。

22　基本年金額は、二万四〇〇〇円の固定額と報酬比例額（平均標準報酬月額の一〇〇〇分の五に被保険者期間の月数を乗じて得た額）の

23　合算額（厚生省保険局編 1958a: 352)。月額一〇〇〇円は、「生活保護法における保護基準中特項症の一級地および二級地の加給額を参考」（厚生省保険局編 1958a: 355）に設定された。

24　現在の加重認定

25　沖縄、奄美、小笠原はアメリカの統治下にあり、完全な主権回復とは言えない（サンフランシスコ講和条約三条）。

26　一九四七（昭和二二）年発行の同書では、オージオメーターのことは触れられず「聴力障害の程度の測定は視力のように正確に測定することが出来ない」（高橋ら 1947: 219）とされた。一九五五（昭和三〇）年の筒井の解説では、障害年金二級・三級、障害手当金の対象となるデシベル値が示された（聴覚障害に一級の設定はない）（筒井 1955c: 12)。一九五八（昭和三三）年発出の「厚生年金保険の廃疾認定基準改正の要点及び廃疾認定における聴力障害の表示について」（昭和三三年六月一三日保険発第八二号）では、障害認定基準としてこれが明文化されている（「厚生年金の廃疾認定基準改正さる」1958: 12)。

27　寺本（1950: 328）によると、その算出式は以下となる。五二週（一年）×六（労働日数）×三分の二＝二〇八日（一年目）、二〇八日（一年目）＋二〇〇（二年目）＋一九二日（三年目）＝六〇〇日（二年目以降は年利四分の複利計算）

28　寺本（1950: 328）によると、その算出式は以下となる。三六〇日（一年）×三分の二＝二四〇日（一年目)、二四〇日（一年目）＋二三三日（二年目）＋二二六（三年目）＋二二〇日（四年目）＋二一三日（五年目）＋二〇七日（六年目）＝一三三九日……一三四〇日（二年目以降は年利三分の複利計算）

29　この点の不適切さについては、安部（2020: 17）も指摘している。

30　学陽書房編集部編 1956: 261-270

31　厚生大臣の定める傷病がなおらないもの状態（昭和二九年厚生省告示第二四一号）には、二級に「中等度の安静」を継続すべき状態、三級に「軽度の安静」を継続すべき状態の文言が見られる。

32　はじめての認定時に複数の障害がある場合は、併合判定参考表の各号の組み合わせごとに障害給付の等級が割り当てられた表が設置され、これによるとされた。

33　「厚生年金の廃疾認定基準改正さる」1958: 8-12

34　これにより「肺結核による廃疾認定基準について」（昭和二八年六月一五日保険発第一二四号)、「廃疾認定基準の設定について」（昭和三〇年九月一五日保険発第二〇四号）が廃止された。

35　本文では「併合判定参考表」と表記されているが、別表の見出しは、「併号判定参考表」となっている（「厚生年金の廃疾認定基準改正さる」1958: 9）。

36　五号には労災補償制度四級の視力障害と六級の聴覚障害の状態が配置された。また、労災補償制度と厚生年金保険のどちらにも設定のない視力障害の状態が付加された。これらの設置は、前後の号とのバランス調整のためだと考えられる。同様の対応が前回の併合判定参考表の五号でも行なわれている。

37　労災補償制度の等級表にある外貌、生殖器、歯の障害は併合判定参考表に採用されていない。一九五五（昭和三〇）年の併合判定参考表でも同様であるが、労災補償制度にある障害状態がすべて網羅されているわけではない。

38　具体的には、差引減退率が一一二%以上のものは障害年金一級に、差引減退率が七六%以上のものは障害年金二級に、傷病のなおったもので差引減退率が五一%以上のものと傷病のなおらないもので差引減退率が二四%以上ものは障害年金三級に、傷病がなおったもので差引減退率が二四%以上のものは障害手当金に該当する。ただし、後発の障害の状態が等級表に明示されており、かつ、その労働能力減退率が差引減退率より大きい場合は、差引減退率ではなくその労働能力減退率によって認定される。

39　文言の軽微な修正以外では、二〇二一（令和三）年の国民年金法施行令と厚生年金保険法施行令の改正（政令第三〇三号）により、眼の障害について等級表の改正が行われている。

第8章

国民年金と日常生活能力

本章では、現行の障害基礎年金で用いられる日常生活能力基準が、どのような意図で創設されたのか検証する。そのためにまず、国民年金法に規定される等級表の検討過程を整理することで、同法の等級表が、厚生年金保険の労働能力基準からの経路依存（第一の経路）と制度の対象者を設定するための身体障害者福祉制度（以下、身体障害者福祉法とそれに関連する政省令、通達、通知等の総称とする）の等級活用の経路依存（第二の経路）の調整の場であったことを明らかにする。最後に、厚生年金保険と身体障害者福祉制度の等級間の調整の一環として日常生活能力概念が導入され、結果的に日常生活能力基準の創設に至った可能性を指摘する。

1　障害年金制度案の概要

(1) 国民年金制度案の検討過程

国民年金制度の創設は、一九四六（昭和二一）年に設置された社会保険制度調査会において既に議論されており、その後も、社会保障制度審議会から「厚生年金保険、公務員の恩給、軍人恩給等年金問題に関する意見書」（一九五二〔昭和二七〕年一二月二三日）、「年金制度の整備改革に関する勧告」（一九五三〔昭和二八〕年一二月一〇日）が内閣総理大臣に提出されたにも関わらず、具体化への大きな進展は見られなかった（厚生省年金局編 1962: 2-11）。政府が国民年金制度の検討に入るのは、一九五五（昭和三〇）年七月、厚生省に企画室が設置されて以降のことである（厚生省年金局編 1962: 17）。一九五七（昭和三二）年度予算案には国民年金制度準備費が組み込まれ、制度創設に向けての準備が本格化することになった（厚生省年金局編 1962: 18-19）。以降、各組織体において、国民年金制度案の作成や意見の取りまとめが行われるが、その中心となったのは、社会保障制度審議会（年金特別委員会）、厚生省（国民年金委員・国民年金準備委員会）、自由民主党（国民年金実施対策特別委員会）であった。それら組織体による試案等を時系列に整理したのが表8-1である。以下、本文中の記号A～Jは同表による。

社会保障制度審議会は、一九五七（昭和三二）年四月以降、年金特別委員会を設置して審議や試案の作成を行った（社会保険庁運営部年金管理課年金指導課編 1990: 7）。また、厚生省においても同年五月、国民年金委員を委嘱し具体案の検討が開始された（社会保険庁運営部年金管理課年金指導課編 1990: 8）。翌一九五八（昭

表 8-1　国民年金制度に関する試案等

年月日	組織体	名称	記号
1958(昭和 33)年 3 月 11 日	社会保障制度審議会　年金特別委員会	国民年金制度の試案(原案) ＊寺脇編 2013a:276-281	A
1958(昭和 33)年 3 月 26 日	厚生省　国民年金委員	国民年金制度検討試案要綱(試案) ＊寺脇編 2013a:286-287	B
1958(昭和 33)年 6 月 14 日	社会保障制度審議会	国民年金制度に関する基本方針について(答申) ＊寺脇編 2013a:291-568	C
1958(昭和 33)年 7 月 29 日	厚生省　国民年金委員	国民年金制度構想上の問題点 ＊寺脇編 2013b:7-9	D
1958(昭和 33)年 9 月	自民党　国民年金実施対策特別委員会	国民年金制度に関する試算資料(その一) ＊寺脇編 2013b:10-11	E
1958(昭和 33)年 9 月 24 日	厚生省　国民年金準備委員会	国民年金制度要綱第一次案 ＊寺脇編 2013b:13-56	F
1958(昭和 33)年 12 月 18 日	厚生省　国民年金障害等級委員	国民年金障害等級に関する報告 ＊寺脇編 2013b:83-86	G
1958(昭和 33)年 12 月 20 日	自民党　国民年金実施対策特別委員会	国民年金制度要綱 ＊寺脇編 2013b:117-146	H
1959(昭和 34)年 1 月 14 日 (社会保障制度審議会に諮問)	厚生省	国民年金法案要綱 ＊寺脇編 2013b:149-164	I
1959(昭和 34)年 1 月 22 日	社会保障制度審議会	国民年金法の制定についての答申 ＊寺脇編 2013b:255-263	J

＊は資料の出典

和三三）年四月には厚生省内に国民年金準備委員会事務局が設置され準備体制の強化が図られた（社会保険庁運営部年金管理課年金指導課編 1990: 11）。与党であった自由民主党（以下、自民党）においても、政務調査会に国民年金実施対策特別委員会が設置され具体案の検討が行われた（社会保険庁運営部年金管理課年金指導課編 1990: 20）。これに一応の結論を得た同委員会は、財政的見通しを得るため「国民年金制度に関する試算資料（その一）」（E）を作成し、これを受けた厚生省国民年金準備委員会事務局は試算資料の内容を具体化し「国民年金制度要綱第一次案」（F）を発表した（社会保険庁運営部年金管理課年金指導課編 1990: 21）。自民党国民年金実施対策特別委員会は、厚生省「国民年金制度要綱第一次案」（F）を基礎として調整を行った「国民年金制度要綱」（H）を最終決定とした（社会保険庁運営部年金管理課年金指導課編 1990: 23-24）。厚生省は、これに関係省庁と折衝のうえ修正を加えた「国民年金法案要綱」（I）を翌一九五九（昭和三四）

年一月一四日、社会保障制度審議会に諮問した（社会保険庁運営部年金管理課年金指導課編 1990: 23-26、中尾 2013: 11）。社会保障制度審議会は同年一月一六日、一九日、二〇日に年金特別委員会を開催して審議を行い、同月二二日、総会にて「国民年金法の制定について」（答申）（J）を決定した（社会保険庁運営部年金管理課年金指導課編 1990: 26）。

国民年金法案は、同年一月三〇日の閣議で正式決定、二月四日に第三一回国会に提出され、ほぼ原案通りの内容で一九五九（昭和三四）年四月一六日に公布された（社会保険庁運営部年金管理課年金指導課編 1990: 28,44）。

（2）障害の種類と程度についての検討過程

社会保障制度審議会は、「年金制度の整備改革に関する勧告」（一九五三（昭和二八）年）においても養老年金、遺族年金と並んで障害年金を給付内容に含めていた[1]（厚生省保険局編 1958: 199-206）。後続の各組織の制度案においてもこの点は同様であった。また、保険料の拠出に関して、社会保障制度審議会「国民年金制度の試案（原案）」（A）では、拠出制と無拠出制の併用が主張された。無拠出制年金を併用とするか補足的な扱いとするかの違いはあったが、後続の制度案にも無拠出制の障害年金が盛り込まれた[2]。

このように、拠出制障害年金と無拠出制障害年金を制度に盛り込むことは、初期案から構想されていた。一方、障害年金の対象とする障害の種類や程度は、案によって異なった。社会保障制度審議会「国民年金制度に関する基本方針について（答申）」（C）では、障害程度を「完全廃疾（常時介護を要する状態にあるもの）」に限定した上で、外部障害、内部障害の区別なく対象に含んだ。さらに、支給額や支給年齢に違いはあれども、拠出制と無拠出制とに関わらず障害の種類と程度は同一に設定された[3]。しかし、「国民年金制度に関する試算資料（その二）」（E）では、拠出制は厚生年金保険一・二級程度の内部障害も含む障害とされたが、無拠出制は厚生年金保険一級程度の外部障害に限定された。以降の案でも、無拠出制が対象とする障害の種類は外部障害に限定された。さらに、拠出制でも、厚生省「国民年金制度要綱第一次案」（F）において精神障害が、続いて、厚生省「国民年金法案要綱」（I）において内部障害が除外された（社会保険庁運営部年金管理課年金指導課編 1990: 69、寺脇編 2013b: 151）。最終的には、拠出制、無拠出制ともに、外部障害のみを対象とした障害年金制度が創設されることになった。

対象を外部障害に限定したことは、社会保障制度審議会「国民年金法の制定についての答申」（J）でも問題視され、法制定にあたっては衆参両院においても、「障害年金及び障害援護年金[4]については、内科的疾患に基く障害者に対して逐次支給範囲に加えるよう考慮すること」（衆議院）、「障害年金及び障害福祉年金は、内科的疾患に基く障害者並びに精神障害者にも適用すること」（参議院）との附帯決議がなされた（社会保険庁運営部年金管理課年金指導課編 1990: 46, 48）。このように、障害の種類は、制度案が具体化されるにつれて限定的になり、創設時には拠出制、無拠出制ともに外部障害のみとなった。これが順次、拡大されるのは、一九六四（昭和三九）年以降のことである[5]。

一方、障害程度については、「国民年金制度に関する試算資料（その一）」（E）の時点で、拠出制は厚生年金保険一・二級程度、無拠出制は厚生年金保険一級程度（外部障害のみ）とされ、これが、一九五九（昭和三四）年一月一四日に社会保障制度審議会に諮問された厚生省「国民年金法案要綱」（I）まで踏襲されていた。ところが、同年二月四日に国会に提出された国民年金法案の関係資料（資料第1 法律案要綱）では、拠出制（二級）は「日常生活に著しい制限を加えることを必要とする程度の廃疾の状態」、無拠出制（一級）

は「日常生活の用を弁ずること不能ならしめる程度の廃疾の状態」に変更された（寺脇編 2013c: 15, 18）。現行の障害基礎年金で用いられる日常生活能力基準が、唐突に出現したのである。

この間に何が起きていたのか、障害程度の検討過程について精査していく。

2　労働能力基準の経路依存

（1）一九五〇－一九六〇年頃の年金制度

国民年金法案が国会に提出されるまで、障害程度は厚生年金保険の等級で示されていたが、このことは、当時の状況を勘案すれば、特段、不自然ではない。それを裏付けるため、国民年金法公布の前後（一九五〇～一九六〇年頃）に創設された公的年金制度について整理する[6]。

終戦前から、社会保険による年金制度として船員保険と厚生年金保険（第5章）があり、その他にも、官吏・軍人、のちに公立学校の教職員等も対象に加えられた恩給制度（第2章）、官業労働者を対象とした官業共済制度（第3章）が運用されてきた。戦後となり、根拠規定であった勅令が新憲法下、効力を失うことになったため、一九四八（昭和二三）年、国家公務員共済組合法（旧法）（法律第六九号）が制定され、官業共済制度による廃疾給付（障害給付）も同法を根拠とすることになった。さらに、一九五八（昭和三三）年、国家公務員共済組合法（新法）（法律第一二八号）が制定され、恩給制度と二本立てになっていた国家公務員の年金制度が統一された。地方公務員に対しては、自治体や身分・職種の違いによって、異なる年金制度が適用されていたが、一九六二（昭和三七）年、地方公務員共済組合法（法律第一五二号）によって統一された

（吉原・畑 2016: 56-57）。

また、公共企業体として、一九四九（昭和二四）年に日本国有鉄道と日本専売公社、一九五二（昭和二七）年に日本電信電話公社が設立されたことにより、一九五六（昭和三一）年、公共企業体職員等共済組合法（法律第一三四号）が制定され、公共企業体の職員は恩給法の準用者も含めて同法の適用となった[7]（吉原・畑 2016: 50-51）。

さらに、一九五三（昭和二八）年には私立学校教職員共済組合法（法律第二四五号）、一九五八（昭和三三）年には農林漁業団体職員共済組合法[8]（法律第九九号）が公布された。

これらの法には障害給付が規定され、その等級表として厚生年金保険のそれが、ほぼそのまま採用された[9]。仮に、それらの法が独自に、厚生年金保険とは異なる障害給付の選定基準の新設を構想したとしよう。少なくとも、障害給付は障害者のどのようなニーズをどの程度保障するべきなのか検討し、それを評価するための基準を作成し、障害認定の運用ルールを取り決めなければならない。それらが膨大な作業となることは容易に予想され、かつ、それらが上手く機能するかどうかは不確実である。そのため、公的年金制度という同じ組織フィールドに属する厚生年金保険の等級表を用いる、つまり、ディマジオとパウエル（1983）が定義する模倣的同型化（mimetic isomorphism）によって、それらに対処したのだと考えられる。この戦略が各共済組合の新設、再編で繰り返されることにより強化され、政府案に対抗的であった日本社会党の国民年金法案[10]でさえ、厚生年金保険の等級表を模倣するほどの正統性を有するようになっていった。

こうして、それが各年金制度の被保険者にとって適切であるのか問われることもないまま労働能力基準による障害給付は経路依存し、国民年金制度案に持ち込まれることになったのである。「国民年金制度に関する試算資料（その一）」（E）以降の案では、障害の種類や程度の限定など給付上の大きな条件変更が行われながらも労働能力基準は維持され、厚生年金保険の等級表から一定の障害の種類と等級を削除するだけの対応となった。

これを強化した要因として、国民年金制度と既存の公的年金制度との統合案をあげることができる。

（2）既存公的年金制度との統合の可能性

国民年金制度を既存の公的年金制度と統合させるか否かは、懸案事項のひとつであった。これについて、社会保障制度審議会からは、差し当たっては既存の公的年金制度の適用者は除外しても、将来的には制度を統合して全国民を対象とする方向性が示されていた（A、C）。また、当初、厚生省国民年金委員は、既存公的年金制度が適用されていない被用者と自営業者及び家族従業員を適用対象としていたが（B）、のちに、既存公的年金制度の適用者とその家族も含めたできる限り広汎な対象者が想定されるようになった（D）。自民党、国民年金実施対策特別委員会でも、既存公的年金制度の適用者を含む全国民を適用者と見込んでいた（E）[11]。ところが、厚生省「国民年金制度要綱第一次案」（F）では、全国民を適用対象にするとしながらも「当分の間は、現行公的年金制度の適用者（年金受給者を含む。）および学生を除いた者を対象とする。」（寺脇編 2013: 57）となり、国民年金実施対策特別委員会「国民年金制度要綱」（H）では、既存公的年金制度の適用者が明確に除外された。

それまでは、制度発足当初からか、近い将来からかの違いはあっても、既存公的年金制度との統合が想定されていた。この場合、国民年金の障害給付のために新規基準を設けても、後年、既存公的年金制度との間で調整が必須となる。統合が前提であれば、既に運用実績がある既存公的年金制度の方式、つまり、厚生年金保険の等級表を用いた認定方法を国民年金でも採用した方が合理的である。しかし、国民年金と既存公的年金との統合案は、上記のように棚上げとなった。

法案提出を予定していた第三一回国会の開会直前、厚生省は国民年金障害等級委員（G）に新たな等級表の作成を委嘱した。その後、国会提出された法案の等級表は、厚生年金保険の等級表とかなり異なるものになっていた。

3　身体障害者福祉制度との調整

(1)　国民年金障害等級委員

一九五八（昭和三三）年一一月二九日、厚生大臣は、障害等級表の作成のため国民年金障害等級委員[12]として六名の医師を委嘱した。同委員会が厚生大臣より課されたのは以下の問題への対応であった。

（イ）厚生年金保険法、身体障害者福祉法における障害等級との関連。すなわち、障害等級の分類の不一致、等級順序の変更についてどうするか。

（ロ）内部疾患に起因する外部的障害の取扱い。すなわち、原因となった内部障害が治癒しない限り外部的障害として取り扱うことは困難か、あるいは内部疾患が治癒しないでも外部的障害は固定するか、又は固定したとみなすことができるか[13]。

（社会保険庁運営部年金管理課年金指導課編 1990: 70）

注目すべきは、身体障害者福祉法の等級について言及されている点である。しかも、厚生年金保険との整合性の検討を委員に求めるほど重視されていたのである。

国民年金障害等級委員の会合は三回持たれた。一回目の開催は、同年一一月二九日であった（『社会保険週報』151: 8）。ここでは、田辺厚生次官から、「取りあえず無拠出年金関係の傷害《ママ》等級を一級傷害《ママ》にしぼることにして先に決め、拠出年金関係は後で検討してもらいたいとの意向」（『社会保険旬報』557/558: 23）が説明された。

二回目は一二月九日に開催された[14]（『社会保険旬報』557/558: 23）。午前中は、全国社会福祉協議会等関係四団体を招いての意見聴取が行われ、午後は当局から身体障害等級の問題点について説明を受けたのち、審議が行われた（『社会保険旬報』557/558: 23）。このとき挙げられた問題点は、①国民年金の等級表の作成基準、②障害種類の比較調整、③障害等級の合理的配列、④障害等級の表現の調整、⑤症状固定の時期（特に内科的疾患に起因する障害）、⑥国民年金の等級表の作成、などであった（『社会保険旬報』557/558: 23）。

三回目は一二月一八日に開催され、同日、「国民年金障害等級に関する報告」として等級表の最終案が示された（『社会保険旬報』559: 38）。同報告のなかでも、のちに厚生省や社会保険庁によって編まれる書籍においても同委員による会合の開催数は「数回」と曖昧に記されるが、実際には三回である。しかも、実質的に審議がなされたのは、一二月九日（二回目）午後と最終案が報告された一二月一八日であったと考えられる。審議期間があまりに短い。同委員の座長を務めた高橋の談話によると「本制度の直接の利益を受けるであろう人々、すなわち身体障害を有する人々の希望及び意見をも聴取して実情把握を行った」（『社会保険週報』151: 8）ものを踏まえて、等級表を検討したとのことだが、一二月九日午前に行われた関係団体のヒアリング結果を反映させることが可能だったのか疑問視されるような短期間の審議であった。

そのような短期でも等級表が一応の完成を見た理由は、「もとよりその範囲についてはすでに厚生省の方針として大略厚生年金保険の一級及び二級程度のものであることが決められており、その方針の変更はわれわれの任務の外であった」（『社会保険週報』151: 8）とする高橋の談話に求めうる。この前提のもと、「主として厚生年金保険と身体障害者福祉制度の障害等級表を参考にして両者の比較考量を行い、各種障害を逐次吟味してその軽重を判定し、障害種類別に等級の配列を行った」（『社会保険週報』151: 8）結果が、同報告の等級表であった。要するに、同委員の役割は、厚生年金保険一・二級程度の範囲内で、身体障害者福祉制度の等級を考慮しながら障害状態を順序づけることだったのである。

表8-2は、同委員が作成した等級表（以下、委員案）と、これの作成のために検討された厚生年金保険・身体障害者福祉制度の等級表を整理したものである。この委員案は、そのまま国民年金法別表として規定され、国民年金における最初の等級表となった。

これの精査の前に、明確にしておくべきことがある。委員案とされる等級表が二種類あるということである。一点目が日本社会事業大学図書館所蔵「木村忠二郎文書資料」を原本とした『生活保障基本資料 第7巻（資料集 戦後日本の社会福祉制度Ⅱ）』（寺脇編 2013b）や自民党国民年金実施対策特別委員会の委員長であった野田卯一の著書『国民年金法と解説』（野田 1959）に掲載された等級表、二点目が政府刊行物（厚生省年金局編〔1962〕『国民年金の歩み：昭和三四－三六年度』、社会保険庁運営部年金管理課年金指導課編〔1990〕『国民年金三十年のあゆみ』）や当時の社会保険専門誌の記事（『社会保険週報』一五一号、『社会保険旬報』五五九号）に

表8-2　身体障害者福祉制度（1954（昭和29）年）、委員案（1958（昭和33）年）、厚生年金保険（1957（昭和32）年）の等級表の比較　※委員案は国民年金の等級表と同じ

	視覚障害		
身体障害者福祉制度の等級	身体障害者福祉制度	委員案／国民年金	厚生年金保険
1級	両眼の視力（万国式試視力表によつて測つたものをいい、屈折異常のある者については、きよう正視力について測つたものをいう。以下同じ。）の和が○・○一以下のもの		
2級	両眼の視力の和が○・○二以上○・○四以下のもの	1級1　両眼の視力の和が○・○四以下のもの	1級1　両眼の視力が○・○二以下に減じたもの　※類似表現
3級	両眼の視力の和が○・○五以上○・○八以下のもの	2級1　両眼の視力の和が○・○五以上○・○八以下のもの	2級1　両眼の視力が○・○四以下に減じたもの　※類似表現 【対応なし】 2級2　一眼の視力が○・○二以下に減じ、且つ、他眼の視力が○・○六以下に減じたもの
4級	1　両眼の視力の和が○・○九以上○・一二以下のもの 2　両眼の視野がそれぞれ五度以内のもの		
5級	1　両眼の視力の和が○・一三以上○・二以下のもの 2　両眼の視野がそれぞれ一○度以内のもの 3　両眼による視野の二分の一以上が欠けているもの		3級1　両眼の視力が○・一以下に減じたもの　※類似表現
6級	一眼の視力が○・○二以下、他眼の視力が○・六以下のもので、両眼の視力の和が○・二を越えるもの		

	聴覚又は平衡機能の障害					
	聴覚障害			平衡機能障害		
身体障害者福祉制度の等級	身体障害者福祉制度	委員案／国民年金	厚生年金保険	身体障害者福祉制度	委員案／国民年金	厚生年金保険
1級						
2級	両耳の聴力損失がそれぞれ九○デシベル以上のもの（両耳全ろう）	1級2　両耳の聴力損失が九○デシベル以上のもの	2級3　両耳の聴力が、耳殻に接して大声による話をしてもこれを解することができない程度に減じたもの　※1			
3級	両耳の聴力損失が八○デシベル以上のもの（耳介に接しなければ大声語を理解し得ないもの）	2級2　両耳の聴力損失が八○デシベル以上のもの		平衡機能の極めて著しい障害		
4級	1　両耳の聴力損失が七○デシベル以上のもの（耳介に接しなければ話声語を理解し得ないもの） 2　両耳による普通話声の最良の語音明瞭度が五○パーセント以下のもの					
5級				平衡機能の著しい障害	2級3　平衡機能に著しい障害を有するもの　※3	
6級	1　両耳の聴力損失が六○デシベル以上のもの（四○センチメートル以上の距離で発声された会話語を理解し得ないもの） 2　一側耳の聴力損失が八○デシベル以上、他側耳の聴力損失が四○デシベル以上のもの		3級2　両耳の聴力が、四○センチメートル以上では通常の話声を解することができない程度に減じたもの　※2			

身体障害者福祉制度の等級	音声機能又は言語機能の障害 身体障害者福祉制度	 委員案 / 国民年金	 厚生年金保険
1級			
2級			
3級	音声機能又は言語機能のそう失	【対応なし】 2級4　咀嚼の機能を欠くもの	2級4　咀嚼又は言語の機能を廃したもの
4級	音声機能又は言語機能の著しい障害	2級5　音声又は言語機能に著しい障害を有するもの	3級3　咀嚼又は言語の機能に著しい障害を残すもの

身体障害者福祉制度の等級	肢体不自由 上肢 身体障害者福祉制度	 委員案 / 国民年金	 厚生年金保険
1級	1　両上肢の機能を全廃したもの 2　両上肢を手関節以上で欠くもの		1級2　両上肢の用を全く廃したもの 1級4　両上肢を腕関節以上で失つたもの 【対応なし】 3級7　長管状骨に仮関節を残し、運動機能に著しい障害を残すもの　※上肢下肢区別なし
2級	1　両上肢の機能の著しい障害 2　両上肢のすべての指を欠くもの 3　一上肢を上腕の二分の一以上で欠くもの 4　一上肢の機能を全廃したもの	1級3　両上肢の機能に著しい障害を有するもの 1級4　両上肢のすべての指を欠くもの 【対応なし】 1級5　両上肢のすべての指の機能に著しい障害を有するもの	2級6　一上肢を腕関節以上で失つたもの 2級8　一上肢の用を全く廃したもの 【対応なし】 2級10　両上肢のすべての指の用を廃したもの
3級	1　両上肢のおや指及びひとさし指を欠くもの 2　両上肢のおや指及びひとさし指の機能を全廃したもの 3　一上肢の機能の著しい障害 4　一上肢のすべての指を欠くもの 5　一上肢のすべての指の機能を全廃したもの	2級6　両上肢のおや指及びひとさし指又は中指を欠くもの 2級7　両上肢のおや指及びひとさし指又は中指の機能に著しい障害を有するもの 2級8　一上肢の機能に著しい障害を有するもの　※4 2級9　一上肢のすべての指を欠くもの 2級10　一上肢のすべての指の機能に著しい障害を有するもの	【対応なし】 3級5　一上肢の三大関節のうち、二関節の用を廃したもの　※4
4級	1　両上肢のおや指を欠くもの 2　両上肢のおや指の機能を全廃したもの 3　一上肢の肩関節、肘関節又は手関節のうち、いずれか一関節の機能を全廃したもの 4　一上肢のおや指及びひとさし指を欠くもの 5　一上肢のおや指及びひとさし指の機能を全廃したもの 6　おや指又はひとさし指を含めて一上肢の三指を欠くもの 7　おや指又はひとさし指を含めて一上肢の三指の機能を全廃したもの 8　おや指又はひとさし指を含めて一上肢の四指の機能の著しい障害		3級8　一上肢のおや指及びひとさし指を失つたもの又はおや指若しくはひとさし指をあわせ一上肢の三指以上を失つたもの 3級9　おや指及びひとさし指をあわせ一上肢の四指の用を廃したもの
5級	1　両上肢のおや指の機能の著しい障害 2　一上肢の肩関節、肘関節又は手関節のうち、いずれか一関節の機能の著しい障害 3　一上肢のおや指を欠くもの 4　一上肢のおや指の機能を全廃したもの 5　一上肢のおや指及びひとさし指の機能の著しい障害 6　おや指又はひとさし指を含めて一上肢の三指の機能の著しい障害		
6級	1　一上肢のおや指の機能の著しい障害 2　ひとさし指を含めて一上肢の二指を欠くもの 3　ひとさし指を含めて一上肢の二指の機能を全廃したもの		
7級	1　一上肢の機能の軽度の障害 2　一上肢の肩関節、肘関節又は手関節のうち、いずれか一関節の機能の軽度の障害 3　一上肢の手指の機能の軽度の障害 4　ひとさし指を含めて一上肢の二指の機能の著しい障害 5　一上肢のなか指、くすり指及び小指を欠くもの 6　一上肢のなか指、くすり指及び小指の機能を全廃したもの		

身体障害者福祉制度の等級	肢体不自由		
	下肢		
	身体障害者福祉制度	委員案／国民年金	厚生年金保険
1級	1　両下肢の機能を全廃したもの 2　両下肢を大腿の二分の一以上で欠くもの		1級3　両下肢の用を全く廃したもの
2級	1　両下肢の機能の著しい障害 2　両下肢を下腿の二分の一以上で欠くもの	1級6　両下肢の機能に著しい障害を有するもの	
3級	1　両下肢をショパー関節以上で欠くもの 2　一下肢を大腿の二分の一以上で欠くもの 3　一下肢の機能を全廃したもの	1級7　両下肢を足関節以上で欠くもの ※5	1級5　両下肢を足関節以上で失つたもの 2級9　一下肢の用を全く廃したもの 【対応なし】 2級11　両下肢をリスフラン関節以上で失つたもの
4級	1　両下肢のすべての指を欠くもの 2　両下肢のすべての指の機能を全廃したもの 3　一下肢を下腿の二分の一以上で欠くもの 4　一下肢の機能の著しい障害 5　一下肢の股関節又は膝関節の機能を全廃したもの 6　一下肢が健側に比して一〇センチメートル以上又は健側の長さの十分の一以上短いもの	2級11　両下肢のすべての指を欠くもの 2級13　一下肢を足関節以上で欠くもの 2級12　一下肢の機能に著しい障害を有するもの	2級12　両下肢のすべての足ゆびを失つたもの 3級11　両下肢のすべての足ゆびの用を廃したもの 2級7　一下肢を足関節以上で失つたもの 【対応なし】 3級6　一下肢の三大関節のうち、二関節の用を廃したもの
5級	1　一下肢の股関節又は膝関節の機能の著しい障害 2　一下肢の足関節の機能を全廃したもの 3　一下肢が健側に比して五センチメートル以上又は健側の長さの十五分の一以上短いもの		
6級	1　一下肢をリスフラン関節以上で欠くもの 2　一下肢の足関節の機能の著しい障害		3級10　一下肢をリスフラン関節以上で失つたもの
7級	1　両下肢のすべての指の機能の著しい障害 2　一下肢の機能の軽度の障害 3　一下肢の股関節、膝関節又は足関節のうち、いずれか一関節の機能の軽度の障害 4　一下肢のすべての指を欠くもの 5　一下肢のすべての指の機能を全廃したもの 6　一下肢が健側に比して三センチメートル以上又は健側の長さの二十分の一以上短いもの		

身体障害者福祉制度の等級	肢体不自由		
	体幹		
	身体障害者福祉制度	委員案／国民年金	厚生年金保険
1級	体幹の機能障害により坐つていることができないもの	1級8　体幹の機能にすわつていることができない程度又は立ち上ることができない程度の障害を有するもの	【対応なし】※6 2級5　脊柱の機能に高度の障害を残すもの 3級4　脊柱の機能に著しい障害を残すもの
2級	1　体幹の機能障害により坐位又は起立位を保つことが困難なもの 2　体幹の機能障害により立ち上ることが困難なもの		
3級	体幹の機能障害により歩行が困難なもの	2級14　体幹の機能に歩くことができない程度の障害を有するもの	
4級			
5級	体幹の機能の著しい障害		
6級			
7級			

注1：外部障害のみ。障害手当金(厚生年金保険)は省略
注2：下線は、身体障害者福祉制度の等級の障害状態と異なる部分
注3：「全廃し」と「全く廃し」等の内容に関わらない相違は強調してない
注4：傍点、フリガナは省略

※1※2「厚生年金保険の廃疾認定基準改正の要点及び廃疾認定における聴力障害の表示について」(昭和33年6月13日保険発第82号)によって、それぞれ、「両耳の聴力損失がそれぞれ90デシベル以上のもの(両耳全聾)」、「両耳の聴力損失がそれぞれ60デシベル以上のもの」とされた(『労働法令通信』11(25):12)。

※3※4「国民年金法における障害等級(二級)の認定基準について」(昭和35年5月25日年発第169号)によって、※3は身体障害者福祉制度三級「平衡機能の極めて著しい障害」と同内容(「身体障害者福祉程度等級表について」昭和29年9月2日社発第685号)、※4は三大関節中二関節以上が全く用を廃する程度の障害と解説された(厚生省年金局福祉年金課編1960:114,120-121、厚生省社会局更生課監修1959: 139)。

※5 「国民年金法による障害等級と身体障害者福祉法による障害等級との関係について」(昭和34年10月2日年福発第114号)によって、身体障害者福祉制度で三級の「両下肢をショパール関節以上で欠くもの」は国民年金法では一級に該当すると解説された(厚生省年金局福祉年金課編 1960: 124)。身体障害者福祉制度での表記は「ショパー関節」となっている。

※6 筒井実(厚生技官)は、「脊柱の機能としては、躯幹の運動と荷重に耐える機能即ち体の支持機能がある。支持機能の障害は、坐位をとつておることの出来ないもの、坐位又は起立位を保つことが困難なもの、立ち上ることが困難なもの、歩行が困難なもの等の段階があり、それぞれの程度により二級乃至三級の障害年金に区分される。」(筒井 1955: 10)と解説している。

掲載された等級表[15]である。

一点目の寺脇編（2013b）掲載の等級表（以下、Ⅰ表）は、『戦後創設期／社会福祉制度・援護制度史資料集成　マイクロフィルム版木村忠二郎文書資料　第1期』（リール六一コマ番号五七二-五七四）と同一であると見られる。マイクロフィルム版の等級表は、「昭和三十四年二月　国民年金制度関係資料　厚生省」と題された冊子の八一〜八四ページに掲載されている。同冊子の目次には、「一、国民年金制度に関する答申（社会保障制度審議会）二、年金制度の通算等についての答申（社会保障制度審議会）三、国民年金法の制定についての答申（社会保障制度審議会）四、国民年金制度構想上の問題点（国民年金委員）五、国民年金制度要綱（自由民主党国民年金実施対策特別委員会）六、国民年金制度要綱（日本社会党政策審議会）七、国民年金機構に関する答申（行政審議会）八、国民年金障害等級に関する報告（国民年金障害等級委員）」とある。同じ題目、同じ目次の資料が、一九五九（昭和三四）年三月一二日、第三一回国会参議院社会労働委員会の小山進次郎（政府委員）による国民年金法案の説明で使用されており、このとき配布された資料が、同冊子である可能性が高い（国会会議録検索システム）。また、冊子体である

ため他の資料が混入した可能性も低い。以上の理由により、本書では、一点目の等級表（Ⅰ表）を委員案とみなす。

それでは、二点目の等級表（以下、Ⅱ表）とは何であるのか。可能性のひとつとして、委員案の途中案が何らかの経緯により『社会保険週報』と『社会保険旬報』に掲載され、その後、厚生省が保管していたその途中案、または、上記雑誌に掲載された等級表をもとに厚生省が『国民年金の歩み：昭和三四－三六年度』を執筆し、社会保険庁がこの厚生省の著作を参照して『国民年金三十年のあゆみ』を執筆したという仮説を提示する。一九六二（昭和三七）年出版の厚生省『国民年金の歩み：昭和三四‐三六年度』の委員案に関する解説（p.153）は等級表だけでなくその検討の経緯に関する記述も含め、一九五八（昭和三三）年出版の『社会保険週報』一五一号の該当部分の記述と極めて似通っており、両者が共通の資料を参照したか、前者が後者を参照したかのどちらかである可能性が高い。

また、Ⅱ表には、「両上肢を手関節以上で欠くもの」と「両上肢のすべての指を欠くもの」（ともに一級）、「一上肢を手関節以上で欠くもの」と「一上肢のすべての指を欠くもの」（ともに二級）、「両下肢をリスフラン関節以上で欠くもの」と「両下肢のすべての指を欠くもの」（ともに二級）が同級内に配置されているなど、等級表として未整理な部分が散見される。このような単純な重複部分を障害認定に明るい座長委員の高橋が見過ごすとは考えにくい。さらに、Ⅱ表には、上述した厚生大臣による「原因となった内部障害が治癒しない限り外部的障害として取り扱うことは困難か、あるいは内部疾患が治癒しないでも外部的障害は固定するか、又は固定したとみなすことができるか」の問いに対する回答が見当たらない。

ただし、Ⅰ表を委員案とした場合、社会保障制度審議会の第四一回年金特別委員会（一九五九（昭和三四）

年一月一九日）で配付された「国民年金制度障害等級表」（以下、Ⅲ表）とは何なのかという問題が残る（寺脇編 2013b: 224-226）。Ⅲ表は、Ⅰ表とⅡ表との中間的な内容であるがⅡ表とかなり類似しており、等級表の制作過程を推測するなら、Ⅱ表を修正して、Ⅲ表を作成し、これを更に修正してⅠ表（公布された等級表）となったと捉えるのが自然である。委員案（Ⅰ表）の作成過程を説明するためにⅢ表を配布した可能性も否定できないが、推測の域を出ない。本書では、委員案をⅠ表とするが、Ⅱ表であった可能性が完全に排除されるわけではない[16]。以下にⅡ表とⅢ表を示す。

Ⅱ表（国民年金制度障害等級表）

1級

1 両眼の視力の和が〇・〇四以下のもの
2 両耳の聴力損失が九〇デシベル以上のもの（両耳全ろう）
3 音声又は言語機能を欠くもの
4 両上肢の機能に著しい障害を有するもの
5 両上肢を手関節以上で欠くもの
6 両上肢のすべての指を欠くもの
7 両上肢のすべての指の機能に著しい障害を有するもの
8 両下肢の機能に著しい障害を有するもの
9 両下肢を足関節以上で欠くもの

10　体幹の機能に坐っていることができない程度、又は立ちあがることができない程度の障害を有するもの

11　前各号に掲げるもののほか、身体の機能に労働することを不能ならしめ、かつ、常時の介護を必要とする程度の障害を有するもの

2級

1　両眼の視力の和が〇・〇五以上〇・〇八以下のもの

2　両耳の聴力損失が八〇デシベル以上のもの、（耳介に接しなければ大声語を理解し得ないもの）又は語音明瞭度が五〇％以下のもの

3　平衡機能に著しい障害を有するもの

4　そしやくの機能を欠くもの

5　音声又は言語機能に著しい障害を有するもの

6　両上肢のおや指及びひとさし指又は中指を欠くもの

7　両上肢のおや指及びひとさし指又は中指の機能に著しい障害を有するもの

8　一上肢の機能に著しい障害を有するもの

8　一上肢を手関節以上で欠くもの

10　一上肢のすべての指を欠くもの

11　一上肢のすべての指の機能に著しい障害を有するもの

12　両下肢をリスフラン関節以上で欠くもの

13　両下肢のすべての指を欠くもの
14　一下肢の機能に著しい障害を有するもの
15　一下肢を足関節以上で欠くもの
16　体幹の機能に歩くことができない程度の障害を有するもの
17　前各号に掲げるもののほか、身体機能に労働が高度の制限を受けるか、又は労働に高度の制限を加えることを必要とする程度の障害を有するもの
（厚生省年金局編 1962: 153）

Ⅲ表（国民年金制度障害等級表）
以下、Ⅱ表との相違点のみ示す。以下を除いては、Ⅱ表と同じ。

1級
2　「両耳全ろう」の「ろう」に傍点（Ⅱ表では傍点なし）
4　「有すもの」（Ⅱ表では「有するもの」）
10　「立ち上る」（Ⅱ表では「立ちあがる」）
11　前各号に掲げるもののほか、これらと同程度以上と認められる身体障害であって、日常生活を不能ならしめる程度の障害を有するもの

2級
4　「そしやく」に傍点（Ⅱ表では傍点なし）

17　前各号に掲げるもののほか、これらと同程度以上と認められる身体障害であって、日常生活に著しい制限を受ける程度の障害を有するもの　（寺脇編 2013b: 224-226）

さて、委員案（以下、I表と同）、厚生年金保険、身体障害者福祉制度のそれぞれの等級表の比較（表8-2）により抽出されるのは、以下の四つの原則である。

1　厚生年金保険の障害年金二級までの障害状態は、委員案の範囲に収まる（内部障害と精神障害は除く）

委員案の一・二級には、厚生年金保険の一・二級の障害状態が包含されている。しかし、委員案の一級と厚生年金保険の一級、委員案の二級と厚生年金保険の二級は、必ずしも対応関係にあるわけではない。委員案の配列において、より重視されているのは、身体障害者福祉制度である。

2　委員案の一級には、身体障害者福祉制度の二級の障害状態を配置する

一部の例外を除き、身体障害者福祉制度の二級にある障害状態は、文言に多少の修正はあっても内容はそのまま委員案の一級に反映されている。

その例外は、①身体障害者福祉制度の二級だが委員案には不採用の「一上肢を上腕の二分の一以上で欠くもの」「一上肢の機能を全廃したもの」「両下肢を下腿の二分の一以上で欠くもの」、②身体障害者福祉制度の等級表にはないが委員案の一級とされた「両上肢のすべての指の機能に著しい障害を有するもの」「両下

肢を足関節以上で欠くもの」であった。①については、一上肢・一下肢の障害は厚生年金保険と同様に委員案でも一級に加えない方針であったことと、厚生年金保険にはない「二分の一以上で欠く」といった表現が忌避されたためだと考えられる。②の指については、委員案の二級で採用した身体障害者福祉制度の三級に相当する「一上肢のすべての指の機能に著しい障害を有するもの」との兼ね合いで一級に両手指の状態が必要であったこと、両下肢については、身体障害者福祉制度の二級「両下肢を下腿の二分の一以上で欠くもの」の「二分の一以上で欠く」の表現の回避のため、厚生年金保険一級「両下肢を足関節以上で失つたもの」が採用されたものと推察される。

3　委員案の二級には、おおむね、身体障害者福祉制度の三級の障害状態を配置する

これに関しては、上記2よりも例外が多く、「おおむね」そのような傾向が認められるということになる。委員案の二級「平衡機能に著しい障害を有するもの」は身体障害者福祉制度の五級と合致している[17]。下肢については、委員案の二級「両下肢のすべての指を欠くもの」「一下肢の機能に著しい障害を有するもの」が、身体障害者福祉制度の四級に該当する。音声・言語機能の障害についても、委員案の二級が身体障害者福祉制度の四級に該当する。また、一上肢のすべての指の機能障害は、その程度が身体障害者福祉制度の三級で「全廃」、委員案二級で「著しい障害」と違いがある。

さらに、上肢については、身体障害者福祉制度の三級「両上肢のおや指及びひとさし指を欠くもの」「両上肢のおや指及びひとさし指の機能を全廃したもの」に対して、委員案の二級では「ひとさし指又は中指」へと「中指」の追加がされたことで、身体障害者福祉制度の四級相当が、委員案の二級に該当するように

なった。

くわえて、身体障害者福祉制度の等級表にはないが厚生年金保険二級にはある「咀嚼の機能を欠くもの」「一下肢を足関節以上で失ったもの」が、委員案の二級に付け加えられた。

このように、委員案の二級は、身体障害福祉制度の影響を受けながらも、一級のように厳格な身体障害福祉制度との一致は図られず、身体障害福祉制度にも厚生年金保険にもない障害状態の創設さえ行われた。身体障害者福祉制度との整合性は、とりわけ、委員案の一級において強く意識されていたのである。

4 序列化の指標は労働能力の程度から日常生活能力の程度に変更する

委員案では、各級の末号に示される「前各号に掲げるもののほか」（以下、その他身体障害）が、厚生年金保険で用いられた労働能力の程度から日常生活能力の程度に変更された。つまり、等級表にある障害状態が、労働能力から日常生活能力を指標とした配列へと転換されたのである。これによって、国民年金の障害給付は、当初予定されていた労働能力基準から日常生活能力基準による障害認定へと切り替えられることになった。

（2） 身体障害者福祉制度の等級と日常生活能力の導入

ここまで国民年金制度案の検討過程について見てきた。俯瞰すれば、「国民年金制度の試案（原案）」（A）に対する世論の反応も踏まえて作成された社会保障制度審議会「国民年金制度に関する基本方針について（答申）」（C）を基礎とし、自民党「国民年金制度に関する試算資料（その一）」（E）で示した方向性を厚生省「国民年金制度要綱第一次案」（F）で具体化、その後、細部の調整を行った上で法案が提出されたという経緯になろう。この細部の調整の時期に現われたのが、国民年金障害等級委員による「国民年金障害等級に関する報告」（G）である。その検討過程で登場したのが、上述の身体障害者福祉制度の等級と日常生活能力であった。

厚生年金保険の等級表の模倣的同型化を行った他の公的年金制度とは異なり、国民年金では身体障害者福祉制度との等級間の調整という繁雑な作業が行われ、とりわけ一級においては、身体障害者福祉制度の二級との合致が優先された。さらに、等級表から労働能力が削除され、新しく日常生活能力が導入されたことで、労働能力基準から日常生活能力基準への転換までが行われた。

本書における最後のパズルは、①なぜ、厚生年金保険の等級表の模倣が破棄され、身体障害者福祉制度との調整が行われたのか、②日常生活能力概念はどこからやってきたのか、なぜ、このタイミングで日常生活能力基準への転換が行われたのか、である。まず、①を明らかにするため、身体障害者福祉制度の等級についての整理から始める。

4　身体障害者福祉制度の等級を用いた対象規定の経路依存

（1）身体障害者福祉制度と等級

国民年金制度案の検討過程のみに着目すれば、身体障害者福祉制度の等級が唐突に現われたように見える。しかし、制度の対象者となる障害者を規定する方法として、身体障害者福祉制度の等級の活用は既に行われていた。日本国有鉄道旅客運賃の割引（以下、国鉄運賃割引）や所得税控除では、対象者の設定にその等級が用いられ、これによって、制度の対象者であるかの確認を簡易化する仕組みが作られていたのである。

この等級の根拠となる身体障害者福祉法施行規則の身体障害者障害程度等級表の制定過程については、藤井（2017）が詳細に論じている。これについて、藤井は、労災補償制度、厚生年金保険法、恩給法の障害等級をもとに検討が行われ、その結果、労災補償制度と一九四四（昭和一九）年改正厚生年金保険の業務上の障害給付を参考に設定されたとする[18]（藤井 2017: 139）。したがって、身体障害者福祉制度の等級表は、労災補償制度と厚生年金保険との類似性が高い。しかし、後述するように肢体障害を中心として独自の等級設定が行われるなど、一九四七（昭和二二）年改正厚生年金保険ほどは、労災補償制度の影響を受けていなかった。

身体障害者福祉法（昭和二四年法律第二八三号）創設当時、同法には法の対象となる身体障害の範囲が明文化されはしても、等級の定めはなかった。これがはじめて明示されたのは、同法公布の翌年となる一九五〇（昭和二五）年八月、厚生省社会局長通知（「身体障害者等級表について」昭和二五年八月三日社乙発第一二三号）[19]の発出による。後述するように同通知の等級は、当初、診断書や身体障害者手帳には記載しない「身体障害者援護事務の参考」（「身体障害者等級表について」昭和二五年八月三日社乙発第一二三号）として取り扱われていた。身体障害者手帳への等級の記載が始まるのは、その翌年、身体障害者福祉法施行規則の改正（昭和二六年厚生省令第四二号）によって手帳に障害等級の記載欄が新設されて以降になる。

その等級表の設定で根拠とされたのが、身体障害者福祉法に規定される身体障害者の定義と身体障害の範囲である。身体障害者福祉制度の等級について検討するためには、それらについて踏まえておく必要がある。

（2）身体障害者の定義

「身体障害者の更生を援助し、その更生のために必要な保護を行い、もつて身体障害者の福祉を図ることを目的と」（一条）して創設された身体障害者福祉法（一九四九〔昭和二四〕年）は、身体障害者を「別表に掲げる身体上の障害のため職業能力が損傷されている十八歳以上の者であつて、都道府県知事から身体障害者手帳の交付を受けたもの」（四条）と定義した。この定義にある①別表の身体障害の範囲、②職業能力の損傷、③身体障害者手帳、について順に整理する。

①身体障害の範囲

「別表に掲げる身体上の障害」（巻末資料1）として列挙された障害状態は、基本的には、労災補償制度の七級以上から内部障害、精神・神経障害、咀嚼の障害、足指の障害、さらに厚生年金保険と同じく外貌、外性器等の障害を除外して、その範囲のなかで障害の種類ごとに一番等級の低い障害状態が抽出された。言語機能の障害を例にとるならば、七級以上で一番等級の低い障害状態は六級「言語の機能に著しい障害を残すもの」なので、これが採用される、といった具合である。さらに、結核等によるせき柱の障害や胸かく・骨盤の変形と、熱傷や外傷による軟部組織のはんこん・欠損等による運動機能の障害も加えられた[20]。

この別表は、同法の対象となる障害の範囲を定めたものであるから、障害の種類ごとに最も軽度の状態を明記すれば事足りるはずである。しかし、そこには、「両足又は一足をリスフラン関節以上で失つたもの」（両足をリスフラン関節以上で失った場合、必ず一足もリスフラン関節以上で失っているため、「両足又は」は不要）のような表記が数カ所、見られる。これについては、同法制定の翌年に発出された厚生省社会局長通達にて「本法制定の際、身体障害者の範囲は法律によらず政令又は省令により、将来の改正追加を容易ならしめんとしたが、最後的検討の際に法律によらねばならぬことに決定して急にこの様に別表という形式がとられた」(「身体障害者福祉法別表『身体障害の範囲』の解釈について」昭和二五年七月二六日社乙発第一一六号)[21]と述べられたように、準備不足での急な公表であったことがうかがえる。これらの不具合は、後述する一九五四(昭和二九)年改正法で修正された。

②職業能力の損傷

「職業能力」とは何であるのか、前記の通知(「身体障害者福祉法別表『身体障害の範囲』の解釈について」)では次のように解説されている。まず、身体障害の範囲を「機能障害の範囲」と言い換え、「その機能障害の範囲はあくまでも職業能力の損傷の程度を規準にして定められるべきもので」あると述べた。さらに、この「職業能力の損傷の程度」について、職業別に障害程度が職業能力に与える影響の大きさを規定することは不可能に近く、また、障害によってこれまでの職業が営めなくなったことへの賠償でもないので、「一定の障害のある者は、必ず何等かの意味で職業能力に損傷があるという事実に基づいて、特に障害程度を唯一の決定要因とし、現実的な職業上の能力損傷を重くみないことに」するのが適当であるとした。このように、職業能力は、稼得能力のような個人の職種、職歴、年齢等に紐付くものではなく、労災補償制度や厚生年金保険で用いられる労働能力と同義に解釈された。したがって、労働能力基準を用いる労災補償制度の等級表を身体障害者福祉法の別表に反映させることも、この時点では矛盾が生じるというものではなかったのである[22]。

③身体障害者手帳

身体障害者手帳(以下、手帳)は、「同法の適用者たる身分の証明となり、且本法に基く各種の福祉措置の根拠となるもの」（「身体障害者手帳の取扱について」昭和二五年五月二六日社乙発第七七号）[23]であった。要するに、手帳を見れば、手帳を持つ障害者がそのサービスの利用対象となるか否かを判別できる仕組みがはじめから意図されていたのである。このような手帳の運用は、まず、国鉄運賃割引で行われた。

身体障害者福祉法創設時の附則によって国有鉄道運賃法が改正され、政令に定める身体障害者とその障害者に同行する介護者には、運賃を半額にすることが定められた（五条の二）。その後、この割引対象となる障害者が、手帳の交付を受けた一定以上の障害程度の者とその介護人とであると規定された[24]（日本国有鉄道公示第二〇号（昭和二五年二月四日））（巻末資料2）。規定された障害の範囲は、身体障害者福祉法の「身体障害の範囲」よりも狭められていたが、手帳にある「日本国有鉄道旅客運賃減額　該当、非該当」の記載欄を見れば、それだけで割引の対象であるか否かが判別できる仕組みになっていた（身体障害者福祉法施行規則別表四号身体障害者手帳の様式）。

手帳と手帳申請の際に添付した診断書は、所得税控除の対象となる障害者の確認のためにも利用された。所得税においては、一九二〇（大正九）年の所得税法改正（法律第一一号）以降、「不具廃疾者」も所得税の扶養控除の対象であった[25]。この不具廃疾の範囲は、「心神喪失ノ常況ニ在ル者、聾者、唖者、盲者其ノ他重大ナル傷痍ヲ受ケ又ハ不治ノ疾患ニ罹リ常ニ介護ヲ要スル者ヲ謂フ」（所得税法施行規則（大正九年勅令第二二六号）九条）のように障害の種類を明記しただけのものであったが、一九五〇（昭和二五）年の所得税法改正（法律第七一号）によって「不具廃疾者」が「不具者」に変更され（八条二項）、その障害の程度が同年の同法施行規則改正（政令第六九号）によって明文化された。この改正により、同法の対象となる障害は、心神喪失に加えて、身体障害者福祉法別表（身体障害の範囲）よりも狭い範囲の身体障害、つまり、手帳交付対象よりも重度に設定された（巻末資料3）。また、税務署長が必要性を認める場合は、手帳の提示か手帳の交付申請時に提出した医師の診断書の提出を命ずることができると規定された（一九五〇〔昭和二五〕年改正所得税法施行細則〔大蔵省令第四四号〕三六条二項）。

手帳の申請に用いられた医師の診断書は、手帳の「日本国有鉄道旅客運賃減額　該当、非該当」の記載のためにも、上記のように税控除の対象確認のためにも用いられた。この診断書は、傷病名欄、原因欄、現症欄、意見欄（身体障害者福祉法別表の該当・非該当）で構成されたが、そのなかでも、障害状態の確認のために特に注視されたのは現症欄であったと考えられる（「身体障害者手帳交付に伴う医師の指定及び診断書等の取扱について」昭和二五年五月二五日社乙発第七五号）[26]。この現症欄の記載例として、四〇項目の障害状態が厚生省社会局長通知[27]によって示されていた。この四〇項目は、労災補償制度の等級表一級から七級までの障害状態から、身体障害者福祉法の対象外であった内部障害、精神障害、咀嚼の障害、足指の障害、外貌・外性器の障害と、一部の障害状態を除外[28]した上で、肢切断又は肢体不自由として「常に就床を要し複雑な介護を要するもの」「せき柱かく骨盤軟部組織の高度の障害変形等で職業能力の著しく阻害されているもの」と中枢神経機能障害として「常に就床を要し複雑な介護を要するもの」「半身不随で日常生活にも介護を要するもの」「半身不随で職業能力の著しく阻害されているもの」を加えたものであった[29]。この記載例は、「将来は障害程度の等級を定める予定であるが、当分の間」用いられるものであることが同通知に記されている。要するに、等級設定の準備期間のつなぎとして、現症欄が用いられたのである。等級表は、同通知発出の三ヶ月後、一九五〇（昭和二五）年八月に厚生省社会局長通知（「身体障害者等級表について」昭和二五年八月二二日社乙発第一二二号）[30]として公表された。

（3）身体障害者福祉制度の等級表

この一九五〇（昭和二五）年の等級表（巻末資料4）（以下、一九五〇（昭和二五）年等級表）は、「身体障害者の更生援護は障害程度の軽重により援護の手段を異にしておるので、同一程度の障害に対する均等の援護をなすための資料として」作成された、あくまでも「身体障害者援護事務の参考」資料であると説明された（「身体障害者等級表について」昭和二五年八月三日社乙発第一二三号）。そのため、同通知には、この等級を診断書や手帳に記載しないように注意書きもなされていた。通知としての発出であり、かつ、上記のような扱いであったことから、厚生省の狙いは等級表に対する関係者の反応を確認することにあり、それを踏まえて、最終的な等級の調整を予定していたものと考えられる。

この等級表は、おおむね労災補償制度の等級に準じていたが、等級間の対応関係は厚生年金保険と労災補償制度の関係ほどは明確でなかった[31]。また、肢体障害では、労災補償制度にはない障害状態の新設が行われた[32]。聴力障害については、労災補償制度や厚生年金保険の等級表には明記のないデシベル値を用いた等級化が行われた[33]。このように、一九五〇（昭和二五）年等級表では労災補償制度を基盤としつつも独自性が見られるなど、当時の厚生年金保険ほどには労災補償制度に拘束されていなかった。

（4）身体障害者の定義の改正と「日常生活における凡ゆる能力」

上述の等級表が公表された翌一九五一（昭和二六）年、身体障害者福祉法が改正された（法律第一六九号）。この改正により、身体障害者の定義から「職業能力が損傷されている」が削除されることになった。その変更理由について厚生省は、「『職業能力の損傷』を『身体障害者』の要件の一つに加えることが適当を欠くと思料されたから」（「身体障害者福祉法の一部を改正する法律の施行に関する件」昭和二六年一〇月八日厚生省発社第八九号）[34]、「更生援護の理念は、職業更生以外のものも必ずしも否定するものではないという趣旨からであるとみるべき」（厚生省社会局更生課編 1956: 133）と説明している。さらに、この削除は単なる法文上の文言の修正に過ぎず、「このことは本法の対象について、何等実質的な変更をもたらすものではない」（「身体障害者福祉法の一部を改正する法律の施行に関する件」昭和二六年一〇月八日厚生省発社第八九号）と付け加えた。

このように、単なる文言の修正で何の影響も及ぼすものではないとされた定義の改正であるが、ならば職業更生を包含する身体障害者の「更生」とは何であるのか。これについて厚生省は、「『更生』の意味は、（中略）生活能力の更生をも含めた意味に解するのが適当」（厚生省社会局更生課編 1956: 133）であり、「従って、高令者或は重度障害者であつても、更生援護により、日常生活における能力の回復の見込がある」（厚生省社会局更生課編 1956: 133）ならば手帳の交付対象、つまり、同法の対象になるとの解釈を示した。こうして、身体障害者の更生の範囲は、（現実的な職業上の能力損傷を重くみないとはされていたが）職業能力からその職業能力も含む日常生活における能力へと拡大したのである。これにより、「日常生活における能力の回復の見込」の調査、すなわち、手帳の交付の対象（同法の対象となる障害者）であるかの調査は、「職業能力のみならず日常生活における凡ゆる能力について行われるべき」（「身体障害者福祉法の運用上の疑義について」昭和三〇年五月九日更発第七六号厚生省社会局更生課長内翰）[35]ものとなった。

「何等実質的な変更をもたらすものではない」とされた定義の改正であるが、身体障害者福祉法の目的に掲げられた身体障害者の「更生」についての新たな行政解釈を導くことになったのである。

（5）等級の証明手段としての身体障害者手帳

前述の一九五一（昭和二六）年五月の身体障害者福祉法改正に伴い、同年一〇月、同法施行規則の改正が行われた（厚生省令第四二号）。この施行規則改正によって、一八歳未満の者に対する手帳の交付規定が設けられた。さらに、手帳の「障害名」記載欄の下に「身体障害者等級表による級別」の記載欄が新設された（施行規則別表四号）。

この「身体障害者等級表」とは、診断書や手帳に等級を記載しないように念押しされていたあの一九五〇（昭和二五）年等級表のことである。通知発出から一年で、参考資料扱いから正式に手帳に記載するに至った理由について厚生省は、以下のように説明している。

> 改正様式第三面に「身体障害者等級表による級別」を記載することとしたが、これは国税庁と合議のうえ身体障害者の所得税控除の便宜を考慮して特に定めたもので、指定医の意見による手帳記載の等級を基準として控除の可否が決定されるようにしたものである。従つて、今後手帳を交付するにあたつては、指定医に申請の際診断書に等級別を附記せしめ、これに基き手帳に等級別を記載し交付することとされたいこと。
> 既に手帳の交付を終つた者についても、なるべくその手帳に等級別の記載を行うよう周知徹底されたいこと。
> （「身体障害者手帳の記載事項について」昭和二六年一〇月一五日社乙発第一四八号厚生省社会局長通知）[36]

税控除の対象となる障害者の確認を簡便にするため、これまで参考資料扱いであった等級表を用いることにした、というのが厚生省の主張である。等級表公表から一年を経て運用に耐えると判断されたのか、国税庁からの強い要請により運用を開始せざるを得なかったのか[37]、いずれにしても重要なのは、これ以降、身体障害者福祉制度以外の周辺制度においても、制度の運用に際して手帳に記載された等級が用いられることになったということである。

一九五〇（昭和二五）年等級表に対応させるよう、所得税控除と国鉄運賃割引の対象規定が変更された。所得税控除では、税控除の対象となる障害者について定めた所得税法施行規則第六条の規定に明らかに該当していない場合を除いて、一九五〇（昭和二五）年等級表の一級から四級の記載がある手帳の交付を受けた者は、その対象となった（個別通達（昭和二七直所一－一二））[38]。

国鉄運賃割引では、一九五二（昭和二七）年、「身体障害者旅客運賃割引規程」（日本国有鉄道公示第一二一号）により、第一種身体障害者と第二種身体障害者の区分が設けられた[39]。第一種身体障害者は、視力障害が一九五〇（昭和二五）年等級表の四級、上肢下肢体幹の障害が同表二級、同規程で新たに対象に加わった聴力障害が同表三級相当の障害状態にある者として規定された[40]。第二種身体障害者は、手帳の交付を受けた第一種身体障害者以外の者とされた[41]。

上述のように、各制度の目的に応じて対象者の範囲を規定するのではなく、あらかじめ身体障害者福祉制度の等級によって一律に対象者を規定しておくことで、制度の対象であるかの確認を手帳によって簡便に済ませることができる仕組みが作られた。国鉄運賃割引が「最初の一歩」、所得税控除が「次の一歩」となったロックイン効果により、身体障害者が対象であれば制度の目的に関わらず、身体障害者手帳（等級）によって対象者を規定する経路依存性が発生し、これが、等級を用いることによって生じる事務処理の簡便化によって強化されていったのである。

（6）「身体障害の範囲」改正と省令での等級表の設置

一九五四（昭和二九）年三月、身体障害者福祉法が改正され、別表（身体障害の範囲）（巻末資料5）が全面的に改められた（法律第二八号）。「視力障害」は「視覚障害」に、「聴力障害」は「聴覚又は平衡機能の障害」に、「言語機能障害」は「音声機能又は言語機能の障害」[42]に、「肢切断又は肢体不自由」は「肢体不自由」に改められ、「中枢神経機能障害」は「その結果である肢体不自由により認定することとし」（厚生省社会局更生課編 1956: 114）て「肢体不自由」に含められた。さらに、障害状態も整理された。これに伴い、同年九月、同法施行規則が改正され（昭和二九年厚生省令第五二号）、そのなかに「身体障害者障害程度等級表」が新設された。一九五〇（昭和二五）年等級表が全面的に改訂された上で、通知から省令へと格上げされたのである[43]。

同等級表では、労災補償制度の等級表との乖離がさらに進んだ。視覚障害では労災補償制度にはない「両眼の視力の和」による表記が行われた。また、同表に含まれる平衡機能障害は、労災補償制度の等級表には明文化されていなかった[44]。さらに、障害状態も労災補償制度や厚生年金保険、一九五〇（昭和二五）年等級表には見られない上肢下肢の一部を「二分の一以上で欠く」といった表現が用いられ、旧来「腕関節」と表現された部分が「手関節」に、上肢の「三大関節」の表現が「肩関節、肘関節又は手関節」へと変更された。その他にも、肢体不自由では、労災補償制度には見られない障害状態が顕著に増加した[45]。肢体不自由に含まれる体幹の障害では、一九五〇（昭和二五）年等級表にあった職業能力の損傷の程度[46]は削除され、体幹の機能障害によって「坐つていることができない」（一級）、「坐位又は起立位を保つことが困難」「立ち上ることが困難」（二級）、「歩行が困難」（三級）のように本人の日常生活動作によって表現された[47]。

そのような表現は、労災補償制度の等級表には見られないものであった。

上述のように身体障害者福祉制度の等級表は、労災補償制度の等級表を基盤としながらも次第にそこから乖離していった。しかもその乖離の程度は、同改正の四ヶ月前に改正された厚生年金保険の等級表よりも大きいものであった（厚生年金保険の等級表については第7章）。

しかし、根幹を同じくしながら別の過程をたどった厚生年金保険と身体障害者福祉制度の等級表は、国民年金の等級表として再び交わることになる。この邂逅は、既に厚生年金保険によって整えられていた等級表の枠組みに、完成目前になって、身体障害者福祉制度が合流することで生じた。

上述してきた身体障害者福祉制度の知見を踏まえた上で、論を再度、国民年金制度に戻す。そして、前述したひとつ目のパズル、①なぜ、厚生年金保険の等級表の模倣が破棄され、身体障害者福祉制度との調整が行われたのか、について検証する。

5　第一の経路と第二の経路の合流

（1）無拠出制障害年金の初年度の裁定問題

他の公的年金制度と同じく国民年金制度案においても厚生年金保険の等級表が基本とされたこと、さらに、このことは、当初、構想されていた既存公的年金制度と国民年金制度との統合においても合理的な選択であったことは前述した。ところが、後者については、「国民年金制度要綱第一次案」（F）において、当分の間は統合を行われないとされ、「国民年金制度要綱」（H）では既存公的年金制度の被保険者は適用対象から明確に除外された。したがって、この点においては、厚生年金保険の等級表を用いることのメリットは消滅した。

しかし、このことは、厚生年金保険の等級表の模倣を促す強化因子のひとつが消滅したに過ぎず、厚生年金保険の等級表の影響を完全に退けるほどの力は有していなかった。既に厚生年金保険の等級を用いることを前提とした議論が積み上がっており、模倣である必要性は失われも、その経路は維持された。これによって、厚生年金保険の等級表の枠組みを保持しながらも、その内容についての検討が可能となり、身体障害者福祉制度の等級との調整を行い得る余地が発生したと考えられる。

厚生年金保険と身体障害者福祉制度とは同じく労災補償制度の等級表を起源としていても、原型を比較的に維持した前者と参考にはしてもそれに忠実ではなかった後者とでは隔たりがあった。その調整の労を執ってでも後者を国民年金の等級表に反映させることは、創設期の国民年金制度にとって大きなメリットがあったと考えられる。これによって、ひとつの難題が解決できるからである。

国民年金制度案には、「国民年金制度の試案（原案）」（A）の段階から無拠出制年金が組み込まれていた。被保険者となる前に受傷・発症した者や経済的な理由で保険料の拠出が困難な者が対象となる無拠出制障害年金では、法施行時点で既に障害状態となっている多数の障害者が、施行後、直ちに受給対象になると想定されていた。試算された一九五九（昭和三四）年度の無拠出制障害年金の受給者数は、対象を六歳（就学年齢）程度以上の完全廃疾者とした「国民年金制度に関する基本方針について（答申）」（C）で二六万七〇〇〇人、外部障害のある二〇歳以上に限定した「国民年金法案要綱参考資料」（一九五九〔昭和三四〕年一月一六日）でも一八万二〇〇〇人とされた（寺脇編 2013a: 327、寺脇編 2013b: 187）。厚生省は、これほどの人数に対して、障害等級の認定も含めた支給対象となるかの確認作業（裁定）を一斉に行う必要があることを事前に把握しており、かつ、それがいかなる大事業になるかも厚生年金保険の運営実績によって十分に理解していたものと考えられる。しかも、これに加えて、無拠出制の老齢福祉年金と母子福祉年金でも初年度の一斉裁定が発生するのである。障害福祉年金も含めた無拠出制年金の初年度の裁定請求総件数は、約三一〇万件と見込まれていた[48]（厚生省年金局編 1962: 312）。この裁定事務を一時期に処理することは不可能であるとして、施行日（一九五九〔昭和三四〕年一一月一日）の二ヶ月前（九月一日）から、全国の市町村役場で裁定請求書の受付が開始された程である（厚生省年金局編 1962: 332）。

年金の裁定業務においては、障害年金と他の二つの年金とで大きく異なる点がある。障害年金では、年齢や所得といった数的に把握しうる要件の確認だけでなく、医師の診断書による障害程度の認定が必要となる。新設されたばかりの都道府県国民年金課が他の年金業務と並行してこれを担うのは、あまりに負担が重い[49]。しかし、この危機は、以下のような運用によって回避されることになった。

（2）身体障害者手帳申請時の診断書による障害認定

初年度の裁定業務開始にあたり、通達・通知によって裁定上の諸問題に対する指示が次々に出された。そのうち最初の発出となったのは、「障害福祉年金廃疾認定診断書の取扱について」（昭和三四年八月一九日年発第一三四号）であった（厚生省年金局編 1962: 338-339）。この通達によって行われたのは、一九五六（昭和三一）年四月一日以降に身体障害者手帳の交付を受けた者については、医師の診断書は提出させず、裁定請求書に手帳の番号等を記載させ、これに基づいて障害認定を行うという措置であった[50]（厚生省年金局編

1962: 339)。これにより、一九五六（昭和三一）年四月以降に身体障害者手帳の交付を受けた者と、それ以前に交付を受けた「両上肢のすべての指を欠く者」と「両下肢を足関節以上で欠く者」[51]の障害認定は、手帳申請時に提出した診断書によって行われることになった（「障害福祉年金の裁定請求と身体障害者手帳の関係等について」昭和三四年八月二七日社発第四三三号）[52]。要するに、それらの者については、無拠出制の障害福祉年金の対象となる国民年金の一級の状態であるかが、手帳申請時の診断書によって判断されることになったのである。このことは、年金請求に際して、実費で診断書を用意しなければならない障害者にとって、費用や手間の軽減というメリットがあった[53]。

ところが、翌一九六〇（昭和三五）年三月、初診日が一九五九（昭和三四）年一一月一日前（法施行日前）で障害認定日が同日以降の者と初診日が昭和三四年一一月一日以後一九六一（昭和三六）年三月三一日以前（拠出制年金の保険料徴収開始前）にある者[54]、つまり、初年度に一斉に発生する裁定業務の対象ではない者は、今後、手帳申請時の診断書ではなく、国民年金法上の診断書によって認定することが通知された[55]（「法第八十一条第二項に基づく障害福祉年金の受給権者の廃疾認定診断書の取扱について」昭和三五年三月二九日年福発第一二〇号）[56]。確かに、法文上、障害福祉年金の裁定請求には、規定の様式による医師の診断書の提出が必須であるため、上記の変更は至当である（福祉年金支給規則（昭和三四年厚生省令第一七号）一六条一項二号）。しかし、なぜ、この時期に発出され、なぜ、障害認定日が法施行日以降にある者だけが対象となったのか。考えうるのは、手帳申請時の診断書による障害認定の狙いが、施行直後に発生する膨大な障害認定業務の対処にあったのではないかということである。

そもそも、手帳申請時の診断書で国民年金の障害認定が可能であったのは、厚生大臣が国民年金障害等級委員に「厚生年金保険法、身体障害者福祉法における障害等級との関連。すなわち、障害等級の分類の不一致、等級順序の変更」（社会保険庁運営部年金管理課年金指導課編 1990: 70）の検討を課し、これを受けた同委員が、委員案（G）の一級に身体障害者福祉制度の二級の障害状態を「その表現も極力一致させて」（「国民年金法による障害福祉年金と身体障害者福祉行政との関係等について」昭和三四年八月二七日更発第一〇六号）[57]設置したからに他ならない。これがあったからこそ、「一級又は二級の身体障害者手帳（以下「手帳」という。）を所持する者は、一上肢の切断又は用廃の者を除き障害福祉年金の受給権者と推定できる」（「国民年金法による障害福祉年金と身体障害者福祉行政との関係等について」昭和三四年八月二七日更発第一〇六号）ようになったのである。

手帳申請時に添付された当時の診断書[58]は、傷病名欄、原因欄、現症欄（等級表の該当事項についての具体的で詳細な記載）と「障害の程度は、身体障害者福祉法別表中の第　の第　（第　級）に該当するものと認める。（法別表中、何れにも該当しないものと認める。）」（身体障害者福祉法施行規則別表二号）のような簡潔な記載による意見欄（身体障害者福祉法一五条三項の意見書）によって構成されていた（厚生省社会局更生課編 1956: 142-145）。したがって、この意見欄によって身体障害者福祉制度の二級以上かを確認し、さらに、現症欄で「一上肢の切断又は用廃」ではないことを確認すれば、障害福祉年金の請求者がその対象となる障害状態（国民年金の障害年金一級）であると判断することができたのである。

もしも、国民年金の等級表が当初案のまま、厚生年金保険の等級表の模倣であったならば、このような運用は行えず、障害福祉年金の請求者全員に国民年金用の診断書を提出させ、新たに障害認定を行う必要があったはずである。その場合、診断書の不備や等級の判断が難しい事例などが当然発生する。このような個別対応は相当に煩雑な作業となったであろう。しかし、あらかじめ身体障害者福祉制度と国民年金の等級表を対応させおくことができれば、そのような事態を防ぐことができる。手帳に記載された等級は、手帳申請時の診断書によって既に確定しており、この点については疑いの余地がない。この等級を国民年金の等級の認定に利用できれば、認定に要する作業の大幅な削減が見込まれる。

また、国民年金用の診断書を提出する必要がある者（一九五六〔昭和三一〕年三月三一日以前に手帳が交付された者等）への対応として、身体障害者更生相談所の巡回相談による診断書の作成が行われた（厚生省年金局編 1962: 333、「国民年金法による障害福祉年金と身体障害者福祉行政との関係等について」昭和三四年八月二七日更発第一〇六号）。身体障害者更生相談所とは、身体障害者の医学的、心理的、職業的判定を主たる業務とする身体障害者福祉法に規定される都道府県必置の機関であった（厚生省社会局更生課編 1956: 87）。同相談所には、所長、医師（眼科、耳鼻咽喉科、整形外科、神経科各一名）、心理判定員（専任一名、職能判定員との兼任可）、職能判定員（専任一名、心理判定員と兼任可）、ケースワーカー（一名）、看護師（専任一名）、事務員（専任一名）が配置され、原（傷）病名や機能障害の現況の把握、それらを踏まえた治療、更生訓練、職業補導、就職の可否の判定といった医学的判定や、心理学的判定、職能的判定が行われていた（厚生省社会局更生課編 1956: 85, 89-90）。また、同相談所の業務には、巡回指導も含まれていた。したがって、同相談所には、身体障害者福祉制度を熟知した職員と地域の身体障害者に関する情報とが集約されていたと考えられる。短期間に多数の身体障害者に障害認定を行う必要があるのならば、彼らの協力を仰ぐのが最も合理的であり、その場合、障害認定で用いる等級表は厚生年金保険よりも身体障害者福祉制度に類似している方が当然、効率的である。彼らは、既に手帳が交付された者であれば、その障害状態に変化がないかだけを確認し、未交付の者であれば、馴染みのある方法で診断書を作成すれば事足りたのである。
初年度に大量に発生した障害認定の一斉処理において、国民年金の一級の障害状態と身体障害者福祉制度の一・二級の障害状態が「その表現も極力一致させて」設定されていたことが、認定に関する事務の効率化に大いに貢献したと考えられる。

（3）厚生年金保険の等級と身体障害者福祉制度の等級の調整

前述のように、身体障害者福祉制度の等級による制度対象者の設定方法は、国鉄運賃割引や所得税控除によって経路依存性を有するようになっていた。身体障害者福祉制度の等級を用いて対象確認を簡略化する経路は、既に作られていたのである。

国民年金の障害給付においては、厚生年金保険の等級表に由来する労働能力基準を用いる第一の経路、制度の対象とする障害者を規定するために身体障害者福祉制度の等級を用いる第二の経路、このふたつの経路が国民年金障害等級委員による等級表（G）で交わったのである。初年度の裁定業務を勘案すれば、身体障害者福祉制度の等級（第二の経路）による等級表設定は好都合である。しかし、労働能力基準（第一の経路）を前提として議論は進んでおり、行政側の裁定業務の都合だけで、労働能力基準を完全に排除するのは困難である。そのために行われたのが、国民年金障害等級委員に託された厚生年金保険と身体障害者福祉制度との等級間の調整であったと考えられる。

さらに、身体障害者福祉制度の等級を国民年金に取り入れることは、関係者団体にも望まれていた。全国社会福祉協議会（以下、全社協）は、一九五七（昭和三二）年四月の全国身体障害者援護関係者会議の決議に基づいて身体障害者福祉制度の一級、二級、三級を基とした三等級制をとる無拠出制障害年金の立案を行った（熊谷 1958: 33）。これをもとに、全社協は、政府、政党への陳情や署名活動等を積極的に行った（熊谷 1958: 33-34）。その後、全社協は、「国民年金制度に関する試算資料（その二）」（E）、「国民年金制度要綱第一次案」（F）を受け、「国民年金制度の実施についての要望」（一九五八〔昭和三三〕年一一月二五日）を提出した（寺脇編 2013b: 105-116）。このなかで全社協が提示した等級表は、身体障害者福祉制度と厚生年金保険の等級表を組み合わせたものであった[59]。このように、身体障害者福祉制度の参照は、関係者団体の同意という正統性も有していた。

しかし、国民年金の等級表における厚生年金保険と身体障害者福祉制度との調整は、完全に成功したわけではなかった。裁定請求書の受付開始前に発出された厚生省社会局更生課長通知[60]には、国民年金と身体障害者福祉制度との等級の対応関係[61]が示された「国民年金法の障害年金廃疾表及び身体障害者福祉法の障害程度等級比較表」（別紙第二）[62]が添付されていた。そこでは、国民年金一級「両下肢を足関節以上で欠くもの」は、身体障害者福祉制度の一級「両下肢を大腿の二分の一以上で欠くもの」、二級「両下肢を下腿の二分の一以上で欠くもの」に相当するとされていた。ところが、同年一〇月に発出された厚生省年金局福祉年金課長通知「国民年金法による障害等級と身体障害者福祉法による障害等級との関係について」（昭和三四年一〇月二日年福発第一一四号）[63]では、身体障害者福祉制度で三級の「両下肢をショパール関節以上で欠くもの」も国民年金一級として扱うように修正された。

このような不整合が発生したのは、国民年金の一級「両下肢を足関節以上で欠くもの」において、身体障害者福祉制度の等級表との表現上の一致ではなく、厚生年金保険との兼ね合いを優先させたためである。しかし、実際の認定では、厚生年金保険の「両下肢を足関節以上で欠くもの」の判断に用いられていた基準を用いるのではなく、国民年金の一級に対応する身体障害者福祉制度の等級を変更することで克服したのである。認定業務において優先されたのは、身体障害者福祉制度との整合性であった。

6　日常生活能力基準の誕生

最後のパズル、②日常生活能力概念はどこからやってきたのか、なぜ、このタイミングで日常生活能力基準への転換が行われたのか、について検討する。日常生活能力が明文化された等級表は、委員案（G）によってはじめて公開された[64]。日常生活能力の程度は、現行制度でも「国民年金・厚生年金保険障害認定基準」において、障害基礎年金一・二級の障害状態の基本として説明されている。

国民年金に日常生活能力が採用された理由について、金井恵美子と高橋芳樹は、「先天性の障害や二〇歳前初診による障害、専業主婦などが障害になったときに、その障害程度を労働能力ではかるのは無理があ」（金井・高橋 2013: 147）るため、「被用者年金の労働能力を日常生活能力と言い換え」（金井・高橋 2013: 147）たとする。さらに、この言い換えが可能になったのは、もともと労働能力が、「個々の人の職業的能力と無関係な抽象的・一般的な能力」（金井・高橋 2013: 148）とされており、「日常生活能力あるいは能力一般とそれほど変わらない内容」（金井・高橋 2013: 148）であったためだと述べている。金井と高橋が主張するように労働能力と日常生活能力が類似であることは同意する。しかし、類似であるならば言い換える必要もなかったと言うこともできる。一方で、労働能力の文言は一般的に稼得能力を想起させるため、例えば、受傷・発症前から無業であった者が請求を断念する、医師による診断書の記載が正しく行われない等の問題が予想されうる。このような事態への配慮があったのかもしれない。

また、安部（2021）は、財政的理由により、等級表から労働能力を削除し、国民年金二級を「日常の生活は極めて困難で、労働によりその収入を得ることができない程度」（「国民年金法における障害等級〔二級〕の認定基準について」昭和三五年五月二五日年発第一六九号）[65]と定義することで、稼得能力がある者を国民年金の障害給付から排除する狙いがあったのではないかと推論している。実際に、内部障害が支給対象から除外された理由のひとつとして、厚生年金保険での「結核等内科的疾患による障害年金受給者は外科的疾患に基づく障害年金受給者の十倍」（社会保険庁運営部年金管理課年金指導課編 1990: 70）という実態から推測される財政負担の問題があげられるなど、財政を理由とした受給対象者の限定が行われていた。安部は、この文脈に労働能力の削除を位置づけた。等級表から労働能力を削除して、支給対象とする障害程度を厚生年金保険二級の「高度の労働制限」よりもさらに制限した「労働によりその収入を得ることができない程度」の者に限定した狙いは、受給者数の抑制による財政負担の削減であったと安部は結論づけた（安部 2021: 6-8）。安部が主張するように、何らかの意図によって厚生年金保険と国民年金の障害程度を個別に設定する必要があったことは同意する。しかし、保険財政を意図してのことならば、等級表に日常生活能力の程度を明記し、通達でその稼得能力の程度を解説するといった間接的な方法ではなく、等級表に直接、「労働によりその収入を得ることができない程度」であることを示す文言を記す方法もあったのではないか。

金井と高橋の主張のように単なる文言の言い換えに過ぎなかったとしても、安部の主張のように財政上の問題であったとしても、その変更の必要性は事前に予測しうるものだったはずで、なぜ、このタイミングで行われたのか説明がつかない。さらに、なぜ、労働能力に変わる概念が「日常生活能力」でなければならなかったのか、について答えるものでもない。

ここで再度、国民年金障害等級委員による等級表の検討（G）を振り返る。厚生大臣より同委員会に課されたのは「厚生年金保険法、身体障害者福祉法における障害等級との関連」、「内部疾患に起因する外部的障害の取扱い」の二点であった（社会保険庁運営部年金管理課年金指導課編 1990：70、厚生省年金局編 1962: 152）。日常生活能力の公表は、この委員案（G）によってなされた。したがって、日常生活能力の採用は、厚生大臣より示された上記課題への応答であったと見ることができる。後者の課題は、等級表にある「前各号に掲げるもののほか」（一級九号、二級一五号）の障害状態の括弧書き「（内科的疾患に基く身体障害であつて、前各号のいずれにも該当しないものを除く。）」によって対処されており、また、日常生活能力との関係も薄いと考えられる。それならば、日常生活能力の採用は前者の課題によるもの、すなわち、厚生年金保険と身体障害者福祉制度の等級間の調整のために行われたのではなかろうか。この調整において、厚生年金保険で用いられる労働能力が不採用となり、日常生活能力が採用されたということは、労働能力概念が身体障害者福祉制度と不整合だと判断されたということになる。確かに、労働能力概念は、以下の点で、身体障害者福祉制度とはそぐわないものであった。

身体障害者福祉法創設時の身体障害者の定義にあった「職業能力の損傷」が、一九五一（昭和二六）年改正によって削除されたことは前述した。この職業能力は、当初、災害補償制度や厚生年金保険における労働能力と同様に解されていた。しかし、職業能力の損傷は定義から削除され、身体障害者の更生とは、職業更生に限定されない生活能力の更生であると再解釈された。これにより、法の対象となる障害者であることを証明する身体障害者手帳は、「職業能力のみならず日常生活における凡ゆる能力について行われる」（「身体障害者福祉法の運用上の疑義について」昭和三〇年五月九日更発第七六号）調査によって交付されると説明されるようになっていた。身体障害者福祉法においては、労働能力概念が既に破棄されていたのである。したがって、国民年金が支給対象の選定において、厚生年金保険と同じ労働能力を指標として障害状態を序列化した基準、すなわち、労働能力基準を採用するのであれば、この点に関しては身体障害者福祉制度と相容れないことになる。身体障害者福祉制度の等級表が何を指標として配列されたのか明確でないにしても、その根拠法である身体障害者福祉法が労働能力概念を破棄している以上、国民年金で労働能力基準を採用した場合、障害認定において身体障害者福祉制度を準用することの正統性が担保できなくなる。

これまでも身体障害者福祉制度の等級は周辺制度の対象設定に利用されてきた。それらの制度は、対象者を限定するために使用した指標について、具体的に言えば、何を以て身体障害者福祉制度の二級は対象となるが三級は対象外となるのかについて、明確にはしていなかった。一方、障害給付では、その指標が「前各号に掲げるもののほか」の状態として等級表に明記される。そのため、国民年金の一級はこのような障害程度なので、身体障害者福祉制度の一・二級が相当し、同制度三級は国民年金一級の対象にならないという説明が求められるのである。

国民年金の等級表で「労働能力」を使用しないならば、代わりに使われうる文言は何であるのか。そこで採用されたのが、身体障害者福祉法の「更生」の解釈で用いられてきた「日常生活における能力」であったと考えられる[66]。労働能力は、個人の稼得能力から切り離された一般的な労働の能力と解されたことで、実質的には、人が生きるために活用されるあらゆる能力が含まれる万能な能力概念となっていた。「日常生活における凡ゆる能力」とされる日常生活能力もまた、実質的には労働能力と変わらない万能な能力概念であると言える。ゆえに、実態としては、金井と高橋が主張するように言い換えが可能な同質の概念であった。しかし、実態として同じであっても行政解釈上は異なる概念である。

現在を生きる者は、ここで行われた日常生活能力の導入が現行の障害認定に極めて重大な影響を与えたこと、日常生活能力や労働能力の概念が重要なイシューであることを理解している。しかし、当時の関係者にとってみれば、労働能力から日常生活能力への転換は一連の等級間の調整の延長線上で行われた障害認定の運用上の都合による文言の修正であった可能性を指摘できる。厚生省にとって国民年金の等級表の設定は、委員案の等級表が二種類確認されることからも明らかなように、国民年金制度創設の全体像を鑑みて重視されるようなものではなく、ましてや、労働能力基準から日常生活能力基準への転換を企図するものでもなかったと考えられる。日常生活能力に関連する認定上の様々な問題は、制度設計者たる官僚らの「予期しない帰結」（ピアソン 2004=2010: 151）として発現したと結論づける。

7 小括

国民年金の等級表は、障害年金制度の創設のたびに行われた厚生年金保険の等級表（労働能力基準）の模倣という第一の経路と、制度対象者の設定に身体障害者福祉制度の等級を用いることで対象者の確認を簡略化するという第二の経路の調整の場であった。厚生年金保険の等級表も身体障害者福祉制度の等級表もその根幹は労災補償制度の等級表にあったが、身体障害者福祉制度はその根幹から次第に乖離したため、二つの経路を同一の表に収めるためには等級間の調整が必要であった。その作業では、特に無拠出制障害年金（障害福祉年金）の対象となる国民年金一級において、身体障害者福祉制度との合致が優先され、その一環として身体障害者福祉制度との親和性が高い日常生活能力概念が導入されるに至ったと考えられる。これにより日常生活能力基準が創設されることになったが、そこには、新しい指標による新しい等級制度を創造するといった意図はなく、等級認定業務の運用上、そうであることが行政によって望まれたため、結果として、そのようになったに過ぎない可能性を指摘した。

■注

1　同勧告では障害一時金も含まれている。同勧告は厚生年金保険、船員保険、恩給、共済組合等を統合し、これに制度から除外されていた五人未満の事業所の被用者や一定の自営業者等を加えた単一の総合年金制度を企図していた。

2　「国民年金制度検討試案要綱（試案）」（B）では、「無拠出年金は別途に考慮する」とされた。立案過程における拠出制・無拠出制の検討については中尾（2018）に詳しい。

3　同答申では、廃疾年金の算定にあたり身体障害者障害程度等級表の一・二級の該当者数が用いられた。当時の身体障害者福祉法の対象は外部障害のみであり、答申は障害種別を限定していないため、両者は完全には一致しない。しかし、「身体障害者福祉法の一級二級では若干範囲が広いと考えられるが同法が内部障害を含んでいないこと等を併せ考慮して、ここでは同法の一級二級該当者を基礎と」（寺脇編 2013a: 361）された。

4　厚生省案において無拠出制年金は、「国民年金法案要綱」（Ⅰ）以降、援護年金と称されてきたが、参議院社会労働委員会において原案の「援護年金」から「福祉年金」に修正された（社会保険庁運営部年金管理課年金指導課編 1990: 44）。なお、大蔵省「国民年金制度大綱」（一九五八（昭和三三）年一二月一三日）では「援護年金」の文言が使われている（厚生省年金局編 1962: 59）。

5　一九六四（昭和三九）年改正法（法律第八七号）にて、結核性疾患、呼吸器系の機能障害、精神障害（精神病質と神経症は除く）が対象に加えられた。知的障害については、拠出制年金制度には馴染まないが福祉年金のみの対象とすることには問題があるとして同改正での追加は見送られたが、翌一九六五（昭和四〇）年改正法（法律第九三号）にて精神病質、神経症と共に対象に加えられた（社会保険庁運営部年金管理課年金指導課編 1990: 142-143, 146）。さらに、翌一九六六（昭和四一）年改正法（法律第九二号）にて、呼吸器系以外の内部障害（血液疾患・循環器系の障害等）が加えられた。

6　詳細は吉原・畑（2016）を参照。

7　公共企業体の発足当初は、該当部署に勤務していた元官吏には恩給法が準用され、その他の職員には国家公務員共済組合法（旧法）が適用されていた。この不均衡を是正するため行なわれたのが同法の制定である（吉原・畑 2016: 50-51）。

8　農林漁業団体職員共済組合の厚生年金保険からの離脱推進が、「国民年金制度の創設に極めて強い影響を及ぼした」（厚生省年金局編 1962: 31）とされる。

9　文語体を口語体に変える、漢字を平仮名表記に変える、上肢・下肢ではなく、腕・足と表記する等の表現での違いはあった。また、農林漁業団体職員共済組合法では、一九五七（昭和三二）年改正ではなく、一九四七（昭和二二）年改正の等級表が参照された。

10　第二八回国会提出（一九五八（昭和三三）年四月七日）、第二九回国会提出（一九五八（昭和三三）年六月二四日）、第三一回国会提出（一九五八（昭和三三）年一二月一一日）「国民年金法案」。日本社会党案では厚生年金保険一～三級が採用されていた。

11　ただし、既存公的年金制度との間に適切かつ妥当な通算方式が確立されたときは現行公的年金制度の未適用者のみが対象となる。

12　委員は、高橋正義（東京労災病院長・整形外科）、佐藤孝三（東京大学医学部助教授・整形外科）、稗田正虎（国立身体障害者更生指導所次長・整形外科）、堀口申作（東京医科歯科大学教授・耳鼻咽喉科）、水町四郎（横浜市立大学医学部教授・整形外科）、宮田五郎（東京都済生会中央病院眼科医長・眼科）。座長となった高橋正義は元厚生技官で、第7章で取り上げた障害程度の認定に関する解説書『身体障害等級社会保険廃疾認定基準精義』（高橋ら 1947）の共著者である。その後、東京労災病院長となり、社会保険審議会の委員として一九五四（昭和二九）年厚生年金保険法改正案の審議に加わった（厚生省保険局編 1958: 221-222）。また、国民年金障害等級委員となる直前の一九五七（昭和三二）年二月から一九五八（昭和三三）年七月まで、障害等級認定基準委員として労災補償制度の認定基準の改訂（「障害等級認定基準の改訂について」昭和三四年三月二七日付基発第一九四号）に関わっていた（労働省労働基準局労災補償部編 1961: 570、労働省労働基準局労災補償部監修 1959: 高橋・序）。高橋は、当時の社会保険制度における障害等級、障害認定について最も熟知した人物のひとりであったと考えられる。

13 自民党の国民年金実施対策特別委員会「国民年金制度要綱」(一九五八〔昭和三三〕年一二月二〇日)(H)では拠出制に内部障害を含んでいたが、厚生省内では国民年金障害等級委員への委嘱が行なわれた同年一一月二九日の時点で内部疾患に起因する外部障害の認定方法に焦点化するという、つまり、内部障害を対象としないことが前提となっていた可能性を指摘しうる。

14 『社会保険旬報』557/558号は、委嘱を一一月二五日、第一回目の会合を一二月九日、第二回目を第一回目と同日の一二月九日にするなど、日付に関して不正確な部分がある。

15 『社会保険週報』一五一号では「厚生省では、これを再検討の上、国民年金の障害等級にするが、大半の意見が入れられるものとみられている」(『社会保険週報』151: 8)、『社会保険旬報』五五九号では「厚生省ではこの答申をそのまま取入れる予定である」(『社会保険旬報』559: 38)として同等級表(ただし、助詞や句読点に一部違いがある)が掲載されている。

16 安部(2021)は、Ⅰ表について注に明記した上で、Ⅱ表を委員案としている。

17 のちに「国民年金法における障害等級(二級)の認定基準について」(昭和三五年五月二五日年発第一六九号)において、身体障害者福祉制度の三級「平衡機能の極めて著しい障害」と同じ基準(「身体障害者障害程度等級表について」昭和二九年九月二日社発第六八五号)が設定され、実質的には、身体障害者福祉制度の三級と同程度となった(厚生省年金局福祉年金課編 1960: 119-122、厚生省社会局更生課監修 1959: 136-144)。

18 さらに藤井は、障害程度の測定方法が徴兵検査によって確立されたことを指摘している(藤井 2017: 146-147)。

19 厚生省社会局 1950: 115

20 これらは、「厚生大臣の指定するもの」として厚生省告示第一三四号(昭和二五年五月六日)に示された。

21 厚生省社会局 1950: 101-114

22 その一方で同通知は、労災補償制度のように「賠償的観念を加味した判定によるべきでない」ともしている。

23 厚生省社会局 1950: 92-97

24 割引の対象となるのは、障害者と介護人とが一緒に利用するときに限られ、障害者単独での利用は対象外であった(日本国有鉄道公示第二〇号)。

25 同じく一八歳未満、六〇歳以上の者(一九四七〔昭和二二〕年改正で一九歳未満、六一歳以上に変更)も控除対象であった。

26 厚生省社会局 1954: 209-216

27 「身体障害者手帳交付に伴う医師の指定及び診断書等の取扱について」（昭和二五年五月二五日社乙発第七五号）

28 労災補償制度の四級六号「十指の用を廃したもの」、六級四号「脊柱に著しい畸形又は運動障害を残すもの」。

29 現症欄記載例では、「せき柱かく骨盤軟部組織の高度の障害変形等で職業能力の著しく阻害されているもの」と「半身不随で職業能力の著しく阻害されているもの」と記されているが、身体障害者福祉法や同法別表に関する告示では職業能力の「阻害」ではなく「損傷」となっていた。後述する一九五〇（昭和二五）年八月の厚生省社会局長通知でも「損傷」が用いられた。また、一下肢の状態について「二大関節の中二関節の用を廃したもの」は、「三大関節の中」の誤記だと思われる。

30 厚生省社会局 1950: 115

31 例えば、視力障害では同等級表の一級が労災補償制度の一級、以下、二級が二級、三級が三級、四級が四級、五級が五級 と六級、六級が七級に対応しているが、聴力障害では二級が四級、三級が六級、六級が七級、言語機能障害では三級が三級、四級が六級に対応するといった様に一貫性がなかった。また、労災補償制度では「機能を廃した」「機能に著しい障害を残す」「機能に障害を残す」「用を全廃した」「用を廃した」のように未整理であった機能的障害の程度の表現が、本表では言語で「そう失」「著しく障害のある」、肢体で「機能を全廃した」「機能を著しく障害された」に統一された。

32 例えば、同等級表の「両手のおや指及びひとさし指を失つたもの或はその機能を全廃したもの」（三級三号）、「両手のおや指を失つたもの或はその機能を全廃したもの」（四級五号）、「両下肢を（中略）ショパー関節以上で失つたもの」（二級二号）。状態の表現については、労災補償制度で「三大関節中の二関節」「三大関節中の一関節」となっている一下肢の状態において、「一下肢の股関節及足関節」（四級一号、五級一号）、「一下肢の三大関節の中膝関節を含めて二関節」（四級三号）のように独自の部位設定が行なわれた。

33 同等級表が公表される一週間ほど前に発出された「身体障害者福祉法別表『身体障害の範囲』の解釈について」（昭和二五年七月二六日社乙発第一一六号）では、身体障害者福祉法別表「身体障害の範囲」の聴力障害にある「普通の話声」がおおよそ七〇－八〇デシベルであるとの解説が示されていた。労災補償制度では一九五三（昭和二八）年には、等級とデシベル値との対応関係が田代（1953）に示されていた。厚生年金保険に関しては第7章参照。

34 厚生省社会局 1954: 138-144

35 厚生省社会局 1956: 101-102

36 厚生省社会局 1954: 223

37　他の通知においても、「これは、所得税法施行規則第六条に規定する『不具者』に該当するか否かの認定について徴税機関の利便を図るためのものである」(「身体障害者福祉法の一部を改正する法律の施行に関する件」昭和二六年一〇月八日厚生省発社第八九号)とされている。参考までに、それまでの所得税控除の経緯を付記する。一九五一(昭和二六)年一〇月の身体障害者福祉法施行規則改正の前、同年三月に所得税法施行規則改正(政令第七〇号)によって、税控除の対象となる不具者について障害の種類ごとの障害状態が規定されたが、一九五〇(昭和二五)年等級表と合致したものではなかった。厚生省は、その範囲の解釈と認定の参考のために「所得税法による身体障害者控除の取扱について」(昭和二六年八月一八日社乙発第一一六号厚生省社会局長通知)を発出した。

38　小粟編 1952: 18-19

39　第一種、第二種ともに身体障害者手帳の交付を受けていることが要件である。第二種の介護者は障害者本人が一二歳未満のときのみ認められた(三条)。障害者単独での利用も割引対象となった(一条)が、障害者単独での適用は、片道一〇一キロ以上の乗車船に限られた(五条)。定期乗車券の割引は、第一種身体障害者と一二歳未満の第二種身体障害者が介護者とともに乗車船する場合、回数乗車券では第一種身体障害者が介護者とともに乗車船する場合に限られた(四条一項二号・三号)。同規程によって日本国有鉄道公示第二〇号(昭和二五年二月四日)は廃止された。

40　同規程では「両上肢を中手指関節以上で(中略)失つた者」、一九五〇(昭和二五)年等級表二級では「十指を失つたもの」との表記になっている。

41　言語機能障害は第一種の対象外とされた。また、「神経中枢機能障害者」が削除されたが、これについては、中枢神経の機能障害によって生じる上肢下肢体幹の障害によって判断するものとされた可能性を指摘できる。同様の対応が後述する一九五四(昭和二九)年改正の身体障害者福祉法別表(身体障害の範囲)でも行われた。

42　これまでも言語機能障害は「音声及び言語機能障害」であると解釈されていた(「身体障害者福祉法別表『身体障害の範囲』の解釈について」昭和二五年七月二六日社乙発第一一六号)。

43　同表に掲げられた障害状態についての具体例は、厚生省社会局長通知(昭和二九年九月二日社発第六八五号)で解説された(厚生省社会局 1954: 407-419)。同表では七等級制がとられたが、身体障害者手帳の交付対象は六級以上に限られた。七級に割り当てられたのは上肢と下肢の肢体不自由のみで、これは七級の肢体不自由が二以上ある場合に六級に繰り上げるための参考として記載したと同通知で解説されている。

44　労災補償制度の等級表に明記はないが、一九五九（昭和三四）年改訂の障害等級認定基準では「耳及び鼻」の障害のひとつとして位置づけられ、認定基準が示されている（岸 1959: 13）。

45　例えば、上肢では、「一上肢のおや指の機能の著しい障害」（六級一号）、「一上肢の機能の軽度の障害」（七級一号）、「一上肢の肩関節、肘関節又は手関節のうち、いずれか一関節の機能の軽度の障害」（七級二号）、「一上肢の手指の機能の軽度の障害」（七級三号）、「ひとさし指を含めて一上肢の二指の機能の著しい障害」（七級四号）。下肢では、「一下肢の足関節の機能を全廃したもの」（五級二号）、「一下肢が（中略）又は健側の長さの十五分の一以上短いもの」（五級三号）、「一下肢の足関節の機能の著しい障害」（六級二号）、「両下肢のすべての指の機能の著しい障害」（七級一号）、「一下肢の機能の軽度の障害」（七級二号）、「一下肢の股関節、膝関節又は足関節のうち、いずれか一関節の機能の軽度の障害」（七級三号）、「一下肢が（中略）又は健側の長さの二十分の一以上短いもの」（七級六号）。

46　旧別表（身体障害の範囲）の行政解釈「身体障害者福祉法別表『身体障害の範囲』の解釈について」（昭和二五年七月二六日社乙発第一一六号）では、職業能力の損傷程度の具体例として起立、坐位、歩行、運搬の状態が示されていた。

47　ただし、五級は「体幹の機能の著しい障害」となっている。

48　実際の受給者総数は約二五七万人を予定していた。裁定請求総件数との差分は所得制限で結果的に対象外となる者等である。

49　障害程度の認定事務は、整形外科を専門とする非常勤医員が担っていたが、「直ちに法別表一級に該当するものと認定できない場合についてのみ、専門医の協力方を依頼する」ことができた（「障害福祉年金の受給権者の廃疾認定についての協力依頼の取扱について」昭和三四年一〇月一九日年発第二二二号）（社会保険庁年金保険部監修 1968: 541-542）。

50　国民年金の各等級の障害認定基準も厚生省年金局長通達「国民年金法における障害等級（一級）の認定基準について」（昭和三四年九月四日年発第一五七号）、「国民年金法における障害等級（二級）の認定基準について」（昭和三五年五月二五日年発第一六九号）として示された（厚生省年金局福祉年金課編 1960: 113-122）。

　ここでは、等級表にある障害状態が各々、具体的に解説されている。その他身体障害については、実際に日常生活上の動作を行わせて認定すべきであり、その場合の参考資料にアメリカで一般的に用いられているとして「日常生活動作能力認定基準」を掲載し「（B）の（2）以下に該当する場合には、日常生活の用を弁じ得ない程度のものと認定しうる」（厚生省年金局福祉年金課編 1960: 116）、二級は（A）の4及び（B）の1程度と解説された（厚生省年金局福祉年金課編 1960: 122）。同基準は以下となる（厚生省年金局福祉年金課編 1960: 116-117）。

（A）独立で可能な動作に対する段階：（1）正常の場合、（2）一寸どうかと思われる点があるが、速度、安全性、持久性及び巧緻性について特に問題がない場合、（3）実際上特に問題がない場合、（4）特殊の型、重さ、高さにより多少動作に制限されるものがあるが、まず可能である場合。

（B）独力では不可能な動作に対する段階：（1）可能ではあるが、速度や安全性からみて実用にならぬ場合、（2）動作が部分的に可能である場合。たとえば、椅子に腰をおろすことはできても椅子から起立する事ができないような場合、（3）動作をしてはいけない場合、（4）動作が不能である場合

51 両状態は障害程度の変化等が生じていないとして、手帳交付が一九五六（昭和三一）年四月より前でも年金用診断書の添付を省略できるとされた（同通達）。

52 厚生省年金局福祉年金課編 1960: 243

53 身体障害者更生相談所、その巡回相談（身体障害者福祉法）等を利用して無料で診断書を用意することもできた（「障害福祉年金廃疾認定診断書の取扱について」昭和三四年八月一九日年発第一三四号〔厚生省年金局福祉年金課編 1960: 240-241〕）。

54 ただし、初診日において二〇歳未満の者と障害認定日に七〇歳以上の者は除く。

55 同通知発出時に受給権が発生していなかった国民年金法八一条三項の対象者（一九六一〔昭和三六〕年四月一日時点で五〇歳をこえ、初診日が同日以降の者）については言及されていない。

56 厚生省年金局福祉年金課編 1960: 249

57 厚生省年金局福祉年金課編 1960: 243-245

58 診断書は都道府県知事の指定を受けた医師によって作成された（身体障害者福祉法一五条一項）。

59 「前各号に掲げるもののほか」では、一級で「身体の機能を不能ならしめ、かつ常時の介護を必要とする程度の障害を残すもの」と労働能力の程度が削除されたが、二級と三級では厚生年金保険と同じ文言で労働能力の程度が設定された。

60 「国民年金法による障害福祉年金と身体障害者福祉行政との関係等について」（昭和三四年八月二七日更発第一〇六号）

61 「両上肢のすべての指の機能に著しい障害を有するもの」と身体障害者福祉制度との対応は空欄である。

62 厚生省年金局福祉年金課編 1960: 245-247

63 厚生省年金局福祉年金課編 1960: 123-124

64　同委員の報告（G）の後でも、国民年金制度要綱（H）、国民年金法案要綱（I）では障害程度の説明が厚生年金保険の等級によって行われていた。

65　厚生省年金局福祉年金課編 1960: 119-122

66　一九五六（昭和三一）年発行『身体障害者福祉法更生指導の手引（改訂版）』に掲載された身体障害者更生指導台帳の様式（身体障害者福祉法施行細則準則）では、職業適性を記載する欄に、「知能」、「性能」、「障害部位と適性」、「性格」、「備考」と並んで、「日常生活能力」の記載欄が設けられている（厚生省社会局更生課編 1956: 161-162）。

終章

本書の目的は、障害者を対象とした所得再分配に用いられる分配の基準の設置根拠について明らかにすることであった。その基準が何を指標として所得保障の対象となる障害者を選別し、その障害者の障害等級(障害程度)を認定したのか。これを明治初期から国民年金法公布(一九五九〔昭和三四〕年)までの長期的過程において、障害年金制度を中心に追跡してきたのが本書である。

これによって明らかになったのは、障害年金制度で用いられる所得再分配の基準を創造した七つのプロセスの存在であった。

プロセス1(第2章):機能障害基準の汎用化
プロセス2(第3章):非官吏公務員を対象とした稼得能力基準の創設
プロセス3(第4章):民間労働者の補償における機能障害基準と稼得能力基準の混在

プロセス4（第5章）：稼得能力基準を建て前とした公的年金制度の創設
プロセス5（第6章）：稼得能力から（一般的）労働能力への指標変更による労働能力基準の創設
プロセス6（第7章）：労働能力の量的評価方法の獲得による労働能力基準の安定化
プロセス7（第8章）：厚生年金保険と身体障害者福祉制度の等級間調整による日常生活能力基準の創設

本章では、上記の各プロセスを構成するメカニズムを再整理したうえで、これらを生み出した構造について考察する。

1　プロセスを構成するメカニズム

（1）プロセス1（第2章）　機能障害基準の汎用化

公務傷病を負った軍人への恩給支給のため、戦闘等によって発生する外部障害を中心に生理学的・解剖学的観点から障害状態を序列化した基準が設置された。当時の日本において最も近代医学に精通していた軍医を中心に運用された軍人恩給の基準は、軍医の関与と運用実績によって正統性を有していたこと、競合する類似の制度が存在せず、かつ、文官を対象とした恩給制度の新設という不確実性の高い状況であったことにより模倣的同型化が生じ、軍人とは業務内容が全く異なる文官の公務傷病の基準として用いられることになった。同様の同型化が、後発した専門職公務員の基準設置でも繰り返され群生化したことで、機能障害の程度を指標として障害状態を序列化した軍人恩給の機能障害基準が、どのような職種にも対応する汎用性の

プロセス１（第２章） 機能障害基準の汎用化

前提：公務傷病の恩給は、一般退職者の恩給（普通恩給）に併給（上乗せ）される

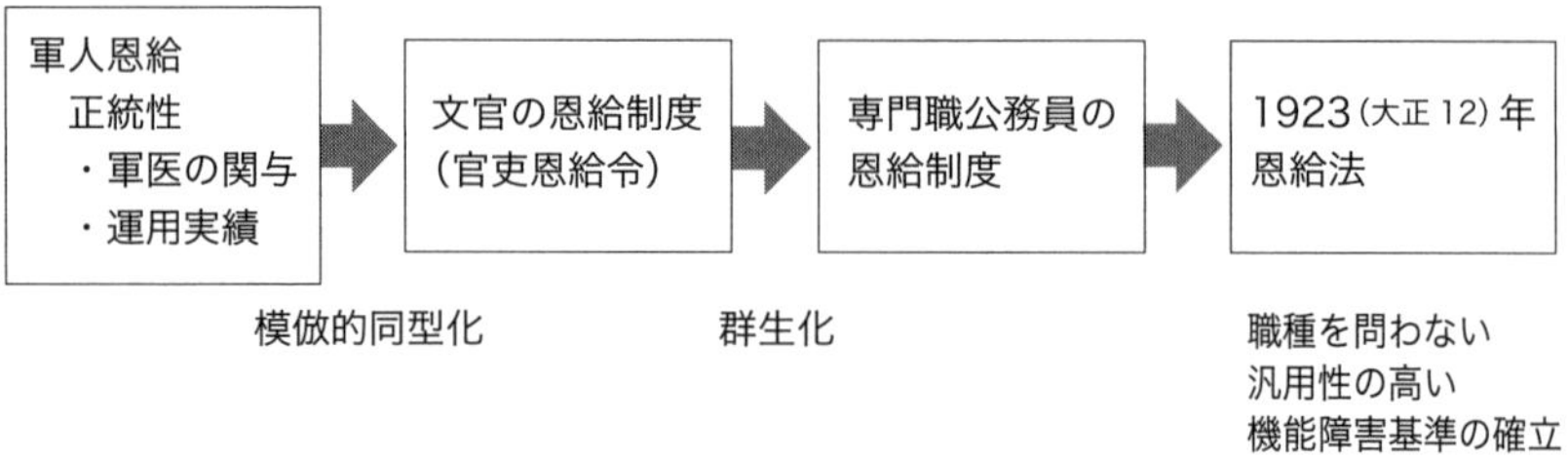

プロセス２（第３章） 非官吏公務員を対象とした稼得能力基準の創設

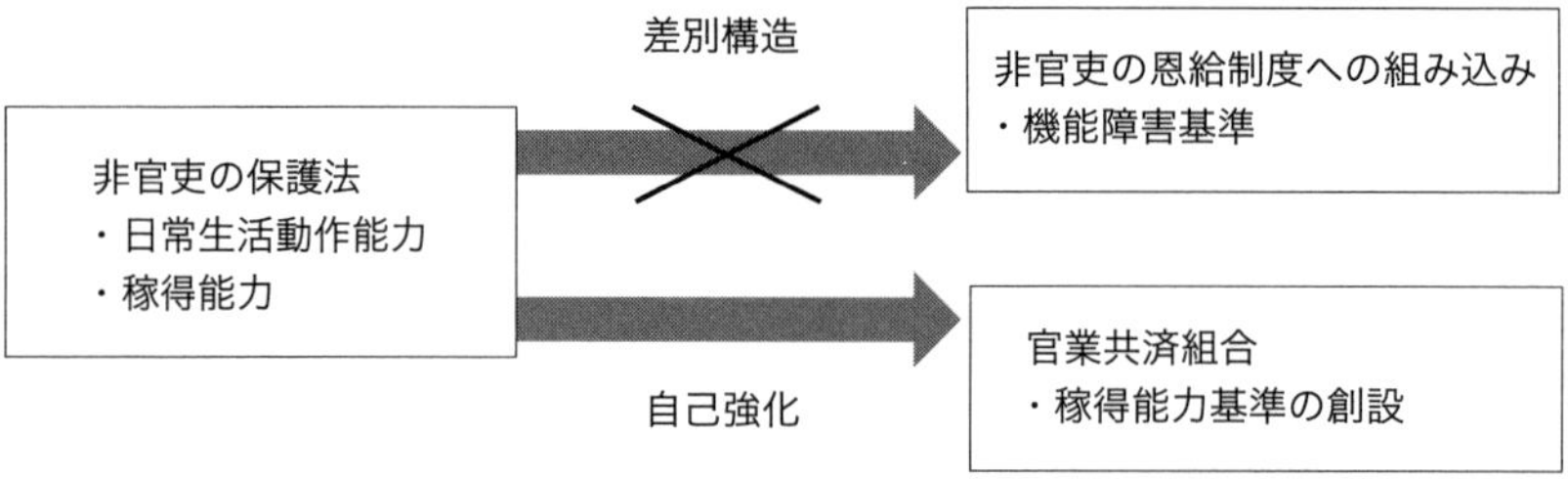

プロセス３（第４章） 民間労働者の補償における機能障害基準と稼得能力基準の混在

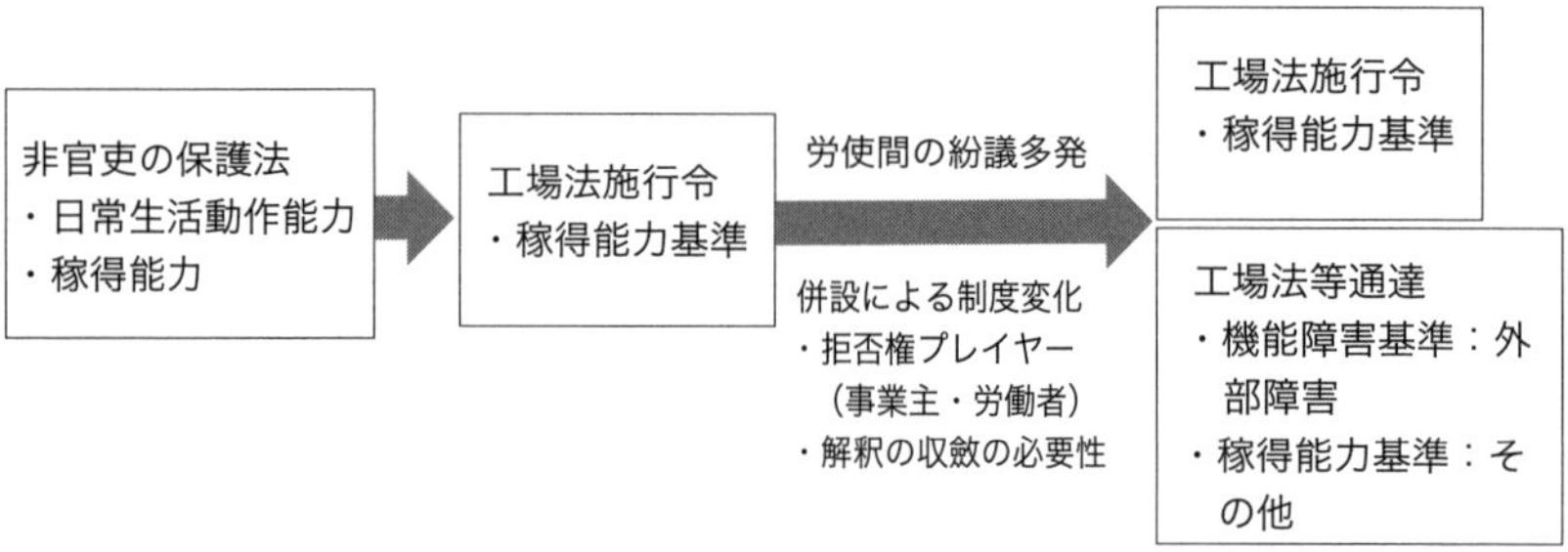

高い基準として正統性を有するようになった。

（2）プロセス2（第3章）非官吏公務員を対象とした稼得能力基準の創設

非官吏に対する公務傷病の補償の原点となるのは、明治初期に設定された日常生活動作の自立度と個人の稼得能力の減退の程度によって等級化された基準であった。のちに文官や専門職公務員に対して恩給制度が整備されるようになっても、ヒエラルキー下位にあった非官吏はそこから排除された。鉄道の国有化により公務員となった多数の元民間鉄道会社の従業員に対し手厚い待遇保障が必要になったときでも、恩給制度に組み込むのではなく、旧来の非官吏の保護法を基盤とした稼得能力の減退を重視する基準の設置が行われた。ここで設定された基準が他の官業労働者の共済組合にも共有され、官業共済組合において稼得能力基準が確立することになった。こうして、同じ公務員でありながら公務傷病の補償に関しては、機能障害基準を用いる軍人、官吏、専門職公務員と、稼得能力基準を用いる官業労働者とに分断されることになった。

（3）プロセス3（第4章）民間労働者の補償における機能障害基準と稼得能力基準の混在

民間労働者を対象とした工場法において非官吏の保護法を元にした稼得能力基準が採用され、等級の決定では個人の稼得能力が実際にどの程度、減退したのかが評価されることになった。基準の設置過程では機能障害基準も検討されていたが、支給決定を労使間の折衝に委ねる制度設計であったため、機能障害基準の運用に必要な機能障害の程度を判定する医師等の専門家の配置が行えず、その導入は困難であったと考えられる。しかし、労使間の紛議が稼得能力の評価に集中したことで、制度変化が必要となった。その際、事業主と労働者という拒否権プレイヤーの存在、紛議を喚起させない規定解釈の収斂の必要性により制度の併設が選択され、機能障害基準と従来の稼得能力基準とを混在させた工場法等通達が設置された。

工場法等通達では、紛議の中心であった外部障害で機能障害の状態が詳細に示される一方、外部障害よりも発生率も低く、かつ、概ね打切扶助料の対象になった、つまり、紛議の中心とならなかったと考えられる精神・神経障害や内部障害等では従来の稼得能力基準の規定がそのまま踏襲された。精神・神経障害や内部障害等を黙殺して機能障害基準であると標榜された等級表は、稼得能力の程度と機能障害の程度との関係性が明確化されないまま、一九三六（昭和一一）年改正施行令に継承された。

（4）プロセス4（第5章）稼得能力基準を建て前とした公的年金制度の創設

日本初の社会保険である健康保険が業務上の事由による保険給付を含み（最初の一歩）、日本初の社会保険方式による公的年金制度となる船員保険がこれに続いた（次の一歩）ことで、社会保険における業務上の事由を対象とした保険給付がロックインされ、労働者年金保険に持ち込まれた。これによって、廃疾給付の基準として工場法施行令が踏襲される土壌が形成された。廃疾給付の等級と障害扶助料の等級に対応関係を持たせ両者の併給を可能にすることは、障害扶助料を負担してきた事業主にとって、負担の一部を労使折半の廃疾給付に担わせることができるメリットがあり、労働者にとっても障害扶助料が減額されるとは言え廃疾給付と併給できるというメリットがあった。さらに、両者にメリットを与えることで労働者年金保険の創設に対する両者の反対運動を抑制する効果も見込まれた。

プロセス４（第５章）稼得能力基準を建て前とした公的年金制度の創設

ステップ1

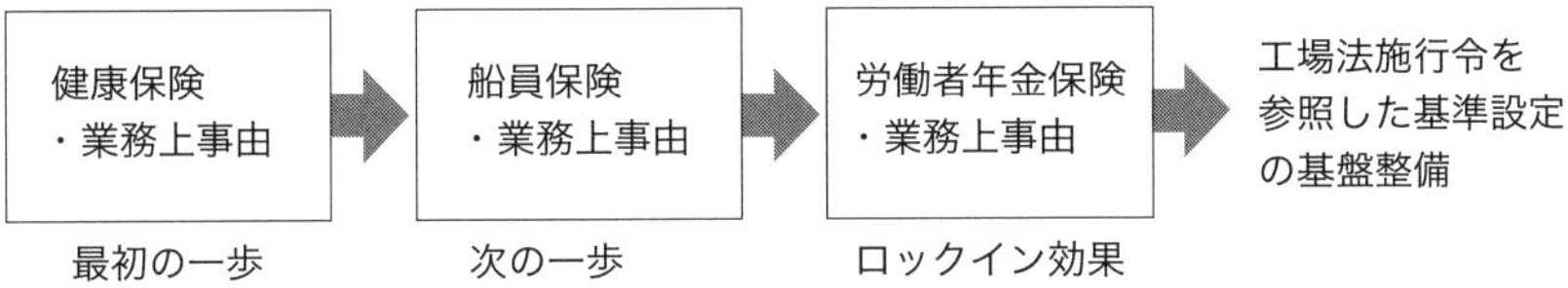

ステップ2

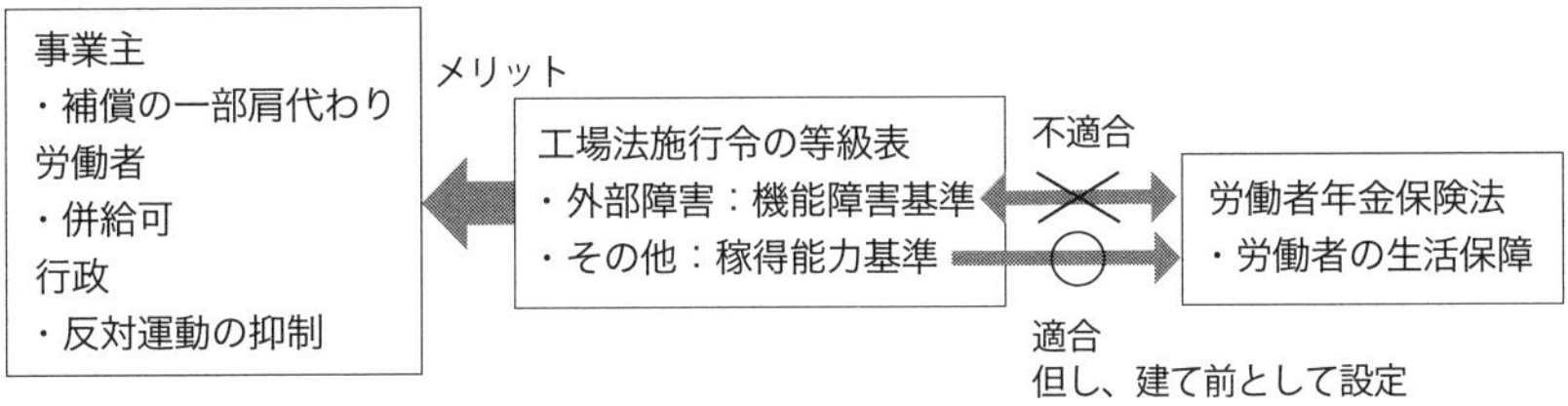

しかし、労働者の業務災害補償を目的とする工場法と生活保障を目的とする労働者年金保険とでは同じ労働者保護制度であっても性質が異なる。さらに、工場法施行令の等級表は、稼得能力を指標として機能障害の状態を序列化したものではなく、主要な外部障害に対する機能障害基準とその他の障害に対する稼得能力基準の二基準から構成されたものであった。ところが、廃疾給付においては、工場法施行令の等級表で黙殺されていた精神・神経障害や内部障害等を対象とした稼得能力基準を建て前として前面に押し出し、廃疾給付の等級表は稼得能力を指標として障害状態を序列化した稼得能力基準であるとして、労働者年金保険の目的である生活保障との整合性が図られた。しかし、実際の認定においては、個人の稼得能力を配慮しないことが、行政解釈でも公認されていた。

プロセス５（第６章）　稼得能力から（一般的）労働能力への指標変更による労働能力基準の創設

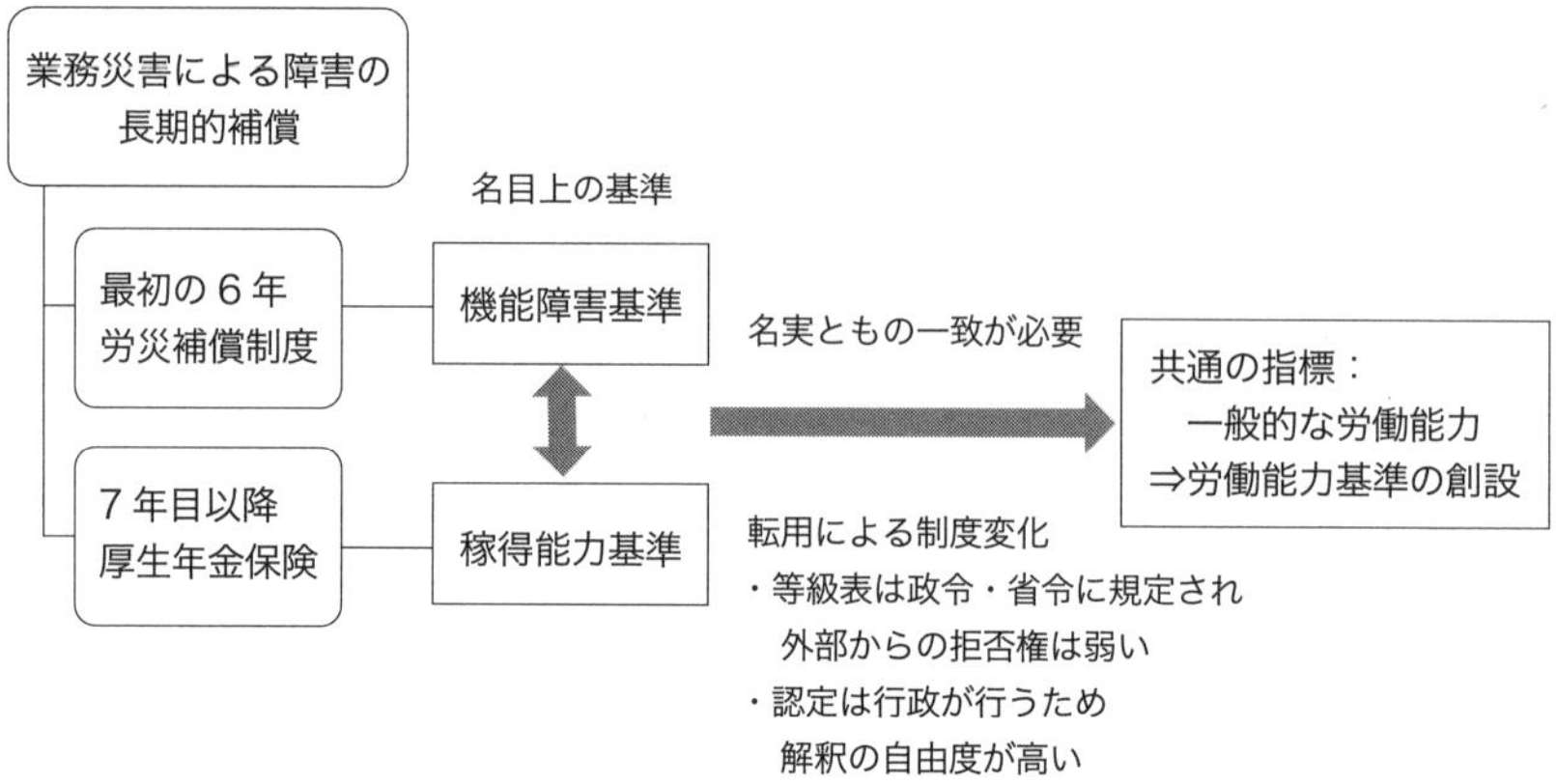

（5）プロセス５（第６章）稼得能力から（一般的）労働能力への指標変更による労働能力基準の創設

労働基準法創設において、障害補償を工場法以上の水準で長期的に実施する方法として選択されたのが、はじめの六年間は障害補償が担い七年目以降は障害年金が担うという異なる制度の連続的な運用であった。連続性を持った受給のために必要な両者間の等級の対応関係は、労働者年金保険の時代に整えられていたため微細な調整をすれば実務としての運用は可能であった。しかし、既存のままでは、機能障害基準が標榜された工場法施行令を踏襲した労災補償制度の等級表と稼得能力基準が建て前であった厚生年金保険の等級表とが対応関係を持ち連続性を担保した運用が可能であることの正統な説明が困難である。そのため、既存の基準を維持したまま、両等級表が一般的労働能力を指標として障害状態を序列化したものであると支給目的を変えることで制度を転用し、これに対処した。これによって、厚生年金保険の障害給付で用いられる労働能力基準が創設された。

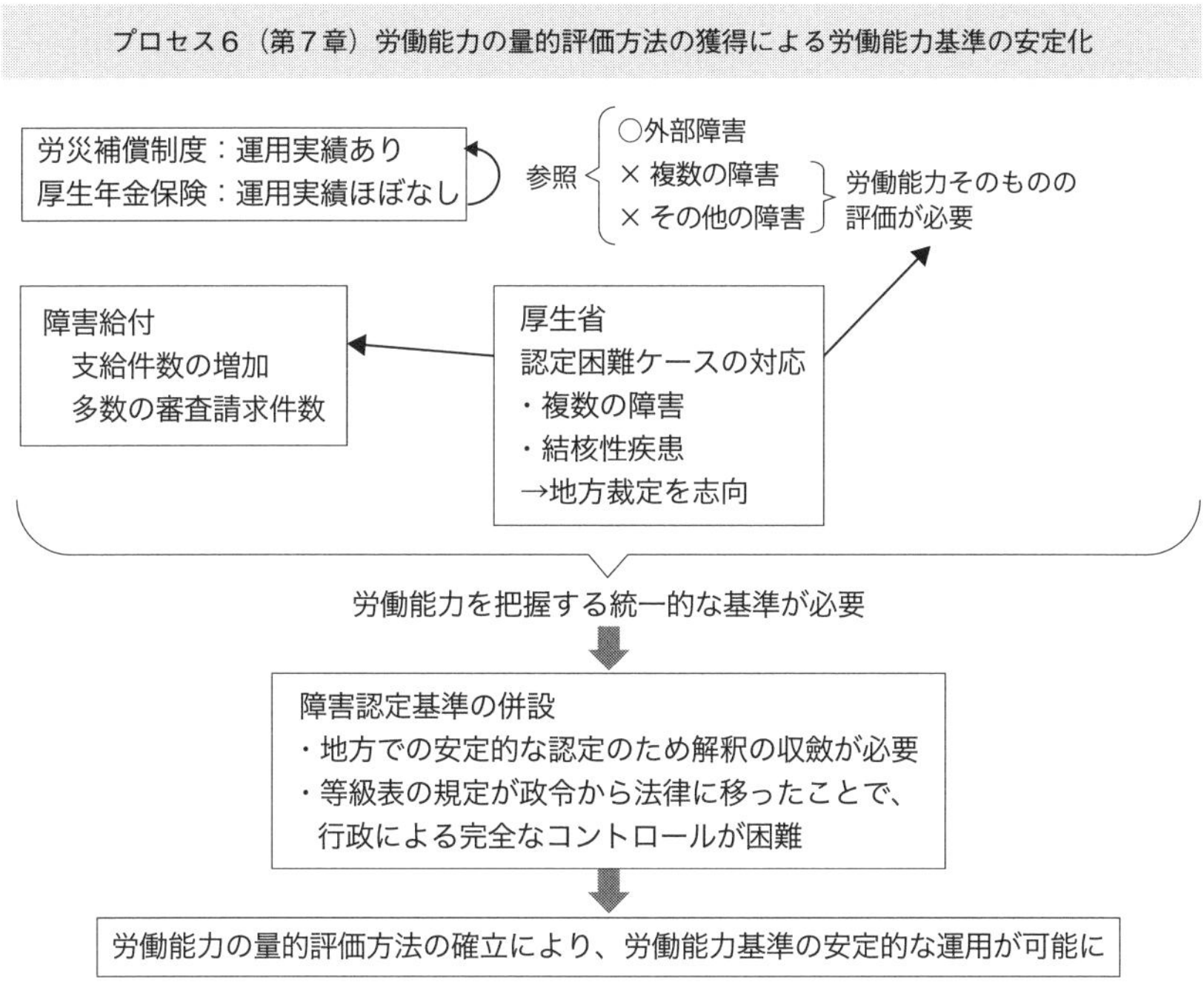

（6）プロセス6（第7章）労働能力の量的評価方法の獲得による労働能力基準の安定化

厚生年金保険の障害給付の実質的な運用が開始されるのは第二次世界大戦後となる。これにあたって参照されたのは、労災補償制度であった。しかし、労災補償制度と厚生年金保険との等級間の対応関係がより密になったとは言え、一四等級制をとり六年間の分割支給である障害補償と、二等級制（一九五四〔昭和二九〕年改正で三等級制）で終身の可能性が高い長期給付である障害年金とを全く同じように運用することは困難であった。特に、複数の障害がある場合の等級の繰り上げルールは、労災補償制度と同一にすることはできず、また、障害給付の九割を占めた結核性疾患の認定も労災補償制度に倣うことができず、独自の認定方法を検討する必要があった。さらに、厚生大臣から委任された障害認定を都道府県が確実に行うためにも、労

プロセス７（第８章）厚生年金保険と身体障害者福祉制度の等級間調整による日常生活能力基準の創設

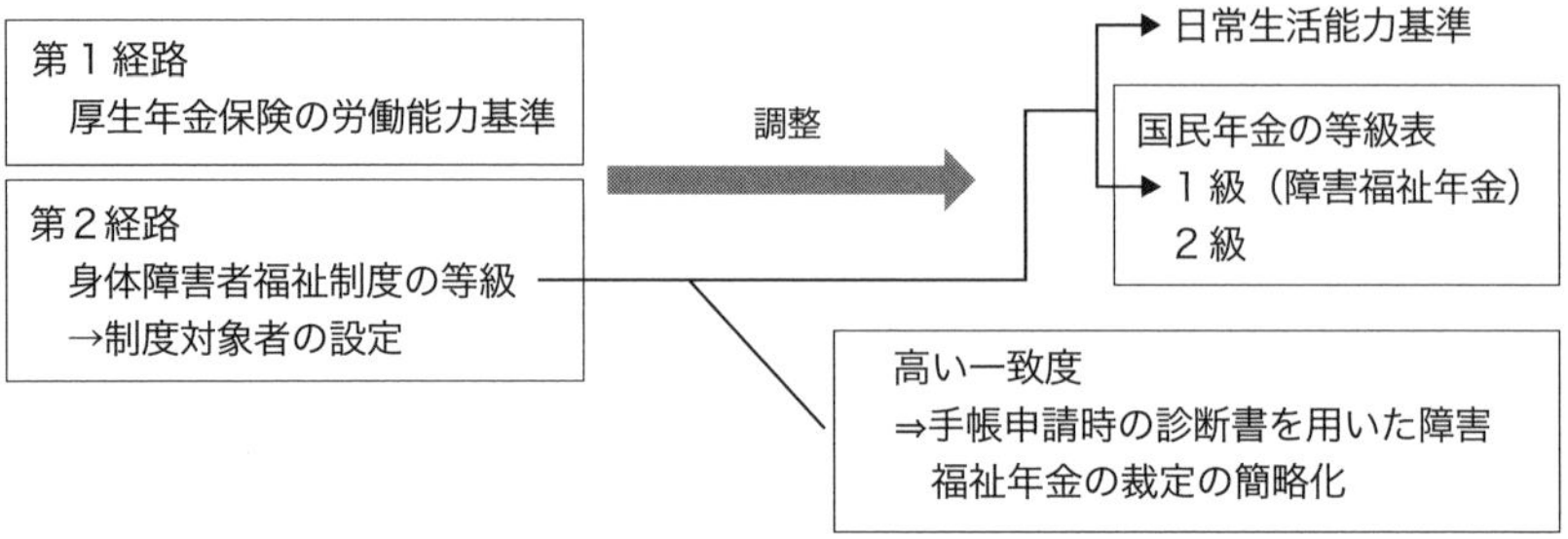

働能力を評価する統一的な基準の設置が必要であった。

これへの対応として障害認定基準の併設が行われ、そのなかで、「結核の治療指針」の安静度を用いた労働能力の評価とともに、障害補償費の日数を根拠とした労働能力の量的な評価方法が提案された。障害補償費の日数と労働能力との関係は論理的整合性に乏しいものであったが、この障害認定基準の導入により、機能障害の状態が労働能力の程度を反映しているという解釈は強固になり、労働能力基準の安定的な運用が可能となった。

（7）プロセス7（第8章）厚生年金保険と身体障害者福祉制度の等級間調整による日常生活能力基準の創設

国民年金の障害年金においては、戦後創設された国家公務員共済組合法や公共企業体職員等共済組合法などと同様に厚生年金保険で用いられていた労働能力基準の導入が想定されていた。しかし、最終調整の段階で、国鉄運賃割引や所得税控除の対象者選定の際に用いられていた身体障害者福祉制度の等級との調整が求められたことで、特に、無拠出制障害年金（障害福祉年金）の対象となる一級と身体障害者福祉制度一・二級とで厳密な対応関係が図られた。このことは、初年度に大量かつ一斉に発生する無拠出制障害年金請求者の障害認定において、身体障害者手帳の申請時に提出した診断書を用いた認定を可能にし、裁定業務の簡略化に貢献することになった。また、身体障害者福祉制度の等級との対応を重視するのであれば、一九五一〔昭和二六〕年の身体障害者福祉法改正で破棄された労働能力概念を国民年金の等級表に明示することは難しく、身体障害者福祉制度の行政解釈で用いられていた「日常生活における凡ゆる能力」、すなわち、日常生活能力が労働能力の代用となり、日常生活能力基準が創設されたと考えられる。

2 何がそれを生み出したのか

恩給制度が創設された初期から、公務傷病の恩給は、在職年数等の要件を満たした退職者に支給される恩給（のちの普通恩給）に併給（上乗せ）されていた。つまり、退職による所得減少は普通恩給で補填し、障害の補償は公務傷病の恩給で対応する制度設計だったのである。そのため、恩給制度で行われた機能障害の状態の詳細化と等級の細分化が、稼得能力の評価方法の追求からなされたとは考えづらい。

稼得能力の評価方法が模索されたのは、恩給制度から排除された非官吏や民間労働者の保護法によってである。官業共済組合は当初、退職者への終身年金を設置し得ず、公務で負った障害による所得減少を公務上の死傷・療養に対する一時金で補う必要があった。その状況下で、障害状態や雇用状況によって稼得能力の減退程度を評価する稼得能力基準が整備された。また、民間労働者の保護法である工場法においても稼得能力基準が採用され、個人の稼得能力の減退程度に応じた障害扶助料の支給が設定された。しかし、労使間の紛議が稼得能力の評価に集中したことにより、紛議抑制を目的として、機能障害基準と稼得能力基準が混在した工場法等通達が併設された。多様な職種に適用可能な汎用性を有し、恩給制度において運用実績もある機能障害基準を用いることで等級の判断は明確化されたかもしれない。しかし、前述のように機能障害基準には、稼得能力の程度が考慮されていないと考えられ、加えて、二基準が混在した労働者災害扶助法施行令の等級表でも、同表が個人の稼得能力を反映したものではないことが官僚により明言されていた。

機能障害基準と稼得能力基準を混在させたこの等級表が、公的年金制度の廃疾給付の基準として流入した。このような同質の等級表を用いながらも、工場法と公的年金制度では強調点が異なっていた。前者では稼得能力基準を黙殺することで機能障害基準が強調され、後者では等級表内に稼得能力の程度を明文化することで稼得能力基準が強調された。後者においては、廃疾給付が稼得能力の程度に応じて実施されることは建て前であり、実際の認定には稼得能力を考慮しないことが行政解釈として示された。

戦後、労働基準法創設にあたって設置が必要となった障害補償の等級表には、工場法施行令の等級表が継承された。以降、この等級表と厚生年金保険の障害給付の等級表は、外部障害も含めた障害状態すべてが、どの職業にも共通する一般的な労働能力の程度を指標に配列されたものであるとして、行政によって説明されるようになる。この労働能力基準による厚生年金保険の障害給付は、「結核の治療指針」の安静度や障害補償費の日数を用いた労働能力の評価方法の確立により認定業務が標準化され、安定的な運用が可能になった。

国民年金の創設にあたっては、先行した国家公務員共済組合法や公共企業体職員等共済組合法と同様に厚生年金保険の労働能力基準の採用が想定されていた。しかし、法案提出の間際に身体障害者福祉制度の等級との調整が行われ、特に障害福祉年金の対象となる国民年金一級において身体障害者福祉制度の強い影響を受け、さらに、日常生活能力基準の唐突な創設が行われた。

以上、日常生活能力基準の創設までを俯瞰すると、以下の三つの重要なポイントを指摘できる。

1　民間労働者の保護法が創設される前に、機能障害基準と稼得能力基準の二基準が存在していた

2　工場法施行令の等級表に機能障害基準と稼得能力基準が混在し、かつ、両者の関係が曖昧にされた

3　2の等級表を踏襲した公的年金制度の障害給付に曖昧な概念（労働能力・日常生活能力）が持ち込まれ、等級表内の障害状態はこれらの概念を指標として序列化されているとの読み替えが行われた

工場法等通達の発出以降、焦点化されたのは、労働者の稼得能力の補填ではなく、その時代ごとの行政による業務上の利便性であった。障害扶助料の支給において稼得能力をめぐる労使間の紛議が多発すれば、稼得能力の評価方法の改善ではなく機能障害基準の導入が行われ、労働者の生活保障を目的とする公的年金制度の創設にあたっては稼得能力の補填を建て前とした稼得能力を評価しない基準が導入され、労災補償制度と厚生年金保険の連続性が強調されれば終戦前の等級表が労働能力基準として読み替えられ、身体障害者福祉制度との調整が必要となれば日常生活能力基準が設置された。そこで行われてきたのは、個としての障害者の保障ではなく、制度対象者を効率よく選定するための基準の整備であった。

本書で述べてきたように、障害者を対象とした所得再分配の基準は、障害者の稼得能力の補填とは隔絶された、効率的で標準的な障害認定方法の追求によって展開が促されてきたものである。労働者年金保険と同じく現在の障害年金制度においても、障害者の所得保障が目的とされている。しかし、そこで用いられる基準の原型は、稼得能力の推定とは無関係に設置されたものである。労働能力や日常生活能力が、稼得能力を

反映しない概念として設定されている以上、両概念の評価方法をいくら洗練させたところで、労働能力基準や日常生活能力基準を用いた障害年金制度では、実質的な障害者の所得保障を果たし得ないと結論する。

3　本書の限界

本書の限界として以下の三点をあげる。

1

本書が行ってきたのは障害者を対象とした所得再分配の基準についての説明であって、理論の一般化を行うものでも、如何なる制度を創造すべきか提言を行うものでもない。それらを行うためには個別の研究デザインが必要であり、本書ではこれを負うことができない。特に強調したいのは、障害者の所得保障において、障害程度の評価を排し、ミーンズテストやインカムテストによる再分配を行うべきだと主張するようなものではないということである。本書が提供した知見は、現在の構造がどのように構築されたのかについてである。それは、年金制度も含む所得保障制度の改革に際して議論基盤を提示するものであって、今後どのような制度が構築されるべきなのかという議論に直結するものではない。

2

本書の分析は、長期的過程による制度展開を重視したため、その長期的過程のなかの一時点に焦点化するならば、その時点についての精査は不十分だといえる。「その時点」についての検証の必要性を歴史研究者に喚起できたとすれば幸甚に思う。

3

本書の目的が障害を支給事由とする所得再分配基準の設置根拠の解明にあったため、分析の中心は法規定や官僚の著述に置かれた。その成果は本書で述べたとおりであるが、一方で、傷痍軍人による要求運動や業務災害に関する労働運動なども含め、当事者である障害者を主体とした制度への関与を十分に検証しきれなかったという課題がある。制度研究において当事者（障害者）が、重要なアクターであることは言うまでもない。所得保障制度の揺籃期に当事者が果たした役割については、別途の検討を要する。

あとがき

私事で本書を締めくくりたい。

気が付くと群れからはぐれている。みんなと一緒にいたはずなのに、いつの間にか、そうなっている。些細なことに気を取られて一向に動こうとしない。期待されていることは、絶対にやりたくない。要するに、成るべくしてそうなっているのである。

そう考えると本書の研究手法は筆者の気質に合っていたように思う。毎日毎日、古い資料を探して読んで、結局は使えなかった表を無数に作った。静かで芳醇な時間であったと言える。勿論、十分な成果を示し得たのかは、また別の話である。しかし、それも既に筆者の手を離れた。また新しい彷徨を始める時間である。いましばらくは、のら犬のようにありたいと思う。だが、その前に、感謝を述べなければならない。

堅田香緒里さんと大塚理加さんには、何度も貴重な助言を頂いた。そもそも、本書執筆の切っ掛は、二〇二二年一月の彼女たちとの対話にあった。数年の分析作業を経て研究の骨格を掴み、投稿論文の草稿が二本ほど手元にあった筆者に、ある程度の紙幅が見込める骨子があるのなら、一気に書き上げて出版してはどうかと教唆したのは堅田さんで、大丈夫すぐ書き上がるよと尻押ししたのは大塚さんであった。一年後、本当に本書は書き上がり、数ヶ月の推敲を経て脱稿することになった。思い起こせば、博士論文のときから、ずっと、こんな感じだ。そそのかされ、励まされ、諫められてきた。厚恩に報いる術がない。

関西学院大学図書館レファレンスサービスの仕事は素晴らしかった。どんなときでも、探索困難な資料を驚くべき早さと正確さで見つけ出してくれた。その助力がなければ本書の完成はまだ先であったと思う。

当然のことであるが、一次資料と先行研究の蓄積がなければ本書はなかった。資料をつくり残した先人たち、それを分析した研究者たちに心からの敬意を表する。紙資料は燃えやすく劣化もしやすい。それにも関わらず戦火をこえた資料群は、歴代の保管者たちの強い意志によって守られてきたのだと思う。彼らもまた共同研究者であると思っている。本書は、脈々と続くそれらの営みに、筆者も交ぜて欲しいという思いで書かれた。

最後にもう少しだけ。本書で見てきたのは、本質を問うことを回避し、討議を疎んじ、効率を求めて標準化された基準のなれの果てだ。社会のあちこちで、客観を装った評価基準が作られ、人々の能力が評価されている。その帰結は、本書が示唆している。

夫の献身に感謝し本書を捧げる。

二〇二三年五月

自宅にて　　風間朋子

＊本書は全章書き下ろしである。出版にあたっては関西学院大学の出版補助（二〇二三年度）を受けた。

巻末資料

【巻末資料1】

身体障害者福祉法別表（身体障害の範囲）（昭和二四年法律第二八三号）

一　視力障害

1　両眼の視力（万国式試視力表により、測定したものをいい、屈伸異常のある者については矯正視力についてその測定をしたものをいう。以下同じ。）が〇・一以下で、症状の固定したもの

2　一眼が失明し、他眼の視力が〇・六以下で、症状の固定したもの

二　聴力障害

1　両耳の聴力が四十センチ・メートル以上の距離において普通の話声が了解できない程度以上の障害で、症状の固定したもの

三　言語機能障害

1　言語機能の喪失その他その著しい障害で、症状の固定したもの

四　肢切断又は肢体不自由

1　両上肢又は両下肢の機能の喪失
2　両上肢を腕関節以上で又は両下肢を足関節以上で失つたもの
3　一上肢若しくは一下肢の機能を全く失い又は一上肢若しくは一下肢の三大関節のうち二関節以上の機能を失つたもの
4　一上肢を腕関節以上で又は一下肢を足関節以上で失つたもの
5　一手のおや指及びひとさし指を失つたもの又はおや指若しくはひとさし指を含めて三指以上を失つたもの（おや指については指関節その他のものについては第一関節以上を失つたものをいう。）
6　一手のおや指又はひとさし指を含めて四指以上の機能を失つたもの
7　両足又は一足をリスフラン関節以上で失つたもの
8　せき柱に障害があるもので厚生大臣の指定するもの
9　胸かくに変形があるもので厚生大臣の指定するもの
10　骨盤に変形があるもので厚生大臣の指定するもの
11　軟部組織のはんこん、欠損等により運動機能に著しく障害のあるもので厚生大臣の指定するもの
12　前各号に掲げるものの外、その障害の程度が前各号に準ずると認められるもの
1　常に就床を要し復雑※な介護を要するもので回復の見込のないもの
2　半身不随で回復の見込のないもの

筆者注釈
※官報表記のママ

・言語機能障害は、「身体障害者福祉法別表『身体障害の範囲』の解釈について」（昭和二五年七月二六日社乙発第一一六号）において「音声及び言語機能障害」（厚生省社会局 1950:107）として解説されている。

【巻末資料2】

日本国有鉄道公示第二〇号（昭和二五年二月四日）抜粋

（一）視力障害

両眼視力が〇・〇六以下の者

（二）肢切断又は肢体不自由

1　両上肢又は両下肢の機能を喪失した者

2　両上肢を腕関節以上で、又は両下肢を足関節以上で失つた者

3　十指を失つた者

（三）神経中枢機能障害者

1　常に就床を要し、複雑な介護を要する者

2　半身不随の者

【巻末資料3】

一九五〇（昭和二五）年改正　所得税法施行規則（政令第六九号）

第六条　法第八条第四項に規定する不具者は、左の各号の一に該当する者とする。

【巻末資料4】

一九五〇（昭和二五）年等級表

一　心神喪失の常況にある者

二　両眼の視力（万国式試視力表により測定したものをいい、屈伸異常のある者については矯正視力についてその測定をしたものをいう。）が〇・〇六以下で症状が固定した者

三　事故又は疾病に因り両耳の聴力を全く喪失した者

四　言語機能の喪失その他の障害（症状の固定したものに限る。）に因り職業能力が著しく阻害されている者

五　両下しを足関節以上で失つた者

六　一上し若しくは一下しの機能を喪失した者又は一上し若しくは一下しの三大関節のうち二関節以上の機能を喪失した者

七　一上しを腕関節以上で失つた者又は一下しを膝関節以上で失つた者

八　一手の五指又はおや指及びひとさし指をあわせて四指を失つた者

九　せき柱、胸かく、骨盤、軟部組織の高度の障害、変形等に因り職業能力が著しく阻害されている者

十　常に就床を要し複雑な介護を要する者で回復の見込のないもの

十一　半身不ずい（回復の見込のないものに限る。）に因り職業能力が著しく阻害されている者

1950（昭和25）年等級表

	級別	視力障害	聴力障害	言語機能障害
A	1級	両眼の視力が夫々明暗を弁別し得ないもの(以下失明という)		
	2級	一眼が失明し他眼の視力が〇．〇二以下のもの 両眼の視力が夫々〇．〇二以下のもの	両耳全ろう(補聴効果を期待し得ざるもの)	
B	3級	一眼が失明し他眼の視力が〇．〇六以下のもの	両耳の聴力損失が会話了解音域に於て八〇デシベル以上又は耳介に近接しなければ大声語を理解し得ないもの	言語をそう失したもの
	4級	両眼の視力が夫々〇．〇六以下のもの		言語に著しく障害のあるもの
C	5級	一眼が失明他眼の視力が〇．一以下のもの 両眼の視力が夫々〇．一以下のもの		
	6級	一眼が失明し他眼の視力が〇．六以下のもの	両耳の聴力損失が会話了解音域に於て六〇デシベル以上又は四〇センチメートル以上の距離で発生された会話語を解し得ないもの	

	級別	肢切断又は肢体不自由			中枢神経機能障害
		上肢切断又は不自由	下肢切断又は不自由	体不自由	
A	1級	1　両上肢の機能を全廃したもの 2　両上肢を腕関節以上で失つたもの	1　両下肢の機能を全廃したもの 2　両下肢を膝関節以上で失つたもの		常に就床を要し複雑な介護を要するもので回復の見込のないもの
	2級	1　両上肢の機能を著しく障害されたもの 2　十指を失つたもの	1　両下肢の機能を著しく障害されたもの 2　両下肢を足関節又はショパー関節以上で失つたもの	せき柱、胸かく、骨盤又は軟部組織の高度障害、変形等により起居移動の困難なるもの	半身不随で回復の見込のないもの
B	3級	1　一上肢の機能を全廃したもの 2　一上肢を腕関節以上で失つたもの ③　両手のおや指及びひとさし指を失つたもの或いはその機能を全廃したもの	1　両足をリスフラン関節以上で失つたもの 2　一下肢の機能を全廃したもの 3　一下肢を膝関節以上で失つたもの 4　一下肢の三大関節の中膝関節を含めて二関節の機能を全廃したもの		
	4級	1　一上肢の三大関節のうち二関節の機能を全廃したもの 2　一上肢の機能を著しく障害されたもの 3　一手のおや指及びひとさし指を失つたもの或いはその機能を全廃したもの 4　一手のおや指若しくはひとさし指を含めて三指を失つたもの或はその機能を全廃したもの ⑤　両手のおや指を失つたもの或はその機能を全廃したもの 6　一手の五指の機能を著しく障害されたもの 7　一手のおや指若しくはひとさし指を含めて四指の機能を著しく障害されたもの	1　一下肢の股関節及足関節の機能を全廃したもの 2　一下肢の機能を著しく障害されたもの 3　一下肢の三大関節の中膝関節を含めて二関節の機能を著しく障害されたもの	せき柱、胸かく、骨盤又は軟部組織を高度の障害変形等により職業能力の著しく損傷されたもの※	
C	5級		1　一下肢の股関節及足関節の機能を著しく障害されたもの ②　一下肢の膝関節の機能を著しく障害されたもの		
	6級		1　一下肢を足関節以上で失つたもの 2　一足をリスフラン関節以上で失つたもの		

備考

（一）本表中の同一部に二の重複する障害があるものは夫々上部下位の級に昇級する

（二）本表中の異る部に二の重複する障害のあるものは現在の重度の級とする

（三）前記（一）（二）に於て三以上の重複する障害があり地方審査部会に於て特に必要と認める場合は地方審査部会の決するところによる

（四）法別表四の（12）の障害の程度が前各号に準ずると認められるものとは本表中の○印の如きものをいう

筆者注釈

・本表は厚生省社会局（1950）に基づくが、前後関係から誤植と判断される下線部については厚生省社会局（1952）を参照した。

※の具体例は、「身体障害者福祉法別表『身体障害の範囲』の解釈について」（昭和二五年七月二六日社乙発第一一六号）によると、「（1）体幹の障害のために三十分以上の起立位又は坐位を保ち得ないもの　（2）体幹の障害のために一粁以上の歩行不能のもの　（3）体幹の障害のために一〇瓩以上のものを運搬できないもの　等」（厚生省社会局 1950:112）。

【巻末資料5】

身体障害者福祉法別表（身体障害の範囲）（昭和二九年法律第二八号）

一　左に掲げる視覚障害で、永続するもの

1　両眼の視力（万国式試視力表によつて測つたものをいい、屈折異常がある者については、きよう正視

力について測ったものをいう。以下同じ。）がそれぞれ〇・一以下のもの
2　一眼の視力が〇・〇二以下、他眼の視力が〇・六以下のもの
3　両眼の視野がそれぞれ一〇度以内のもの
4　両眼による視野の二分一以上が欠けているもの
二　左に掲げる聴覚又は平衡機能の障害で、永続するもの
1　両耳の聴力損失がそれぞれ六〇デシベル以上のもの
2　一耳の聴力損失が八〇デシベル以上、他耳の聴力損失が四〇デシベル以上のもの
3　両耳による普通話声の最良の語音明瞭度が五〇パーセント以下のもの
4　平衡機能の著しい障害
三　左に掲げる音声機能又は言語機能の障害
1　音声機能又は言語機能のそう失
2　音声機能又は言語機能の著しい障害で、永続するもの
四　左に掲げる肢体不自由
1　一上肢、一下肢又は体幹の機能の著しい障害で、永続するもの
2　一上肢のおや指を指骨間関節以上で欠くもの又はひとさし指を含めて一上肢の二指以上をそれぞれ第一指骨間関節以上で欠くもの
3　一下肢をリスフラン関節以上で欠くもの
4　両下肢のすべてのゆびを欠くもの
5　一上肢のおや指の機能の著しい障害又はひとさし指を含めて一上肢の三指以上の機能の著しい障害で、

永続するもの

6　前各号に掲げるものの外、その程度が前各号に掲げる障害の程度以上であると認められる障害

■巻末資料文献

厚生省社会局（1950）『身体障害者福祉法令通知集』厚生省社会局

厚生省社会局（1952）『身体障害者実態調査結果表：全国調査』厚生省社会局

文献一覧

【はしがき】

厚生労働省社会・援護局障害保健福祉部（2018）「平成 28 年生活のしづらさなどに関する調査（全国在宅障害児・者等実態調査）結果」https://www.mhlw.go.jp/toukei/list/dl/seikatsu_chousa_c_h28.pdf（2023/02/21 閲覧）

厚生労働省職業安定局障害者雇用対策課地域就労支援室（2019）「（別添）平成 30 年度障害者雇用実態調査結果」https://www.mhlw.go.jp/content/11601000/000521376.pdf（2023/02/21 閲覧）

厚生労働省 website「障害福祉サービス、障害児給付費等の利用状況について　利用者負担額等の状況（令和 4 年 10 月）」https://www.mhlw.go.jp/content/0410_01.pdf（2023/02/21 閲覧）

全国社会福祉協議会（2021）「障害福祉サービスの利用について」https://www.shakyo.or.jp/download/shougai_pamph/date.pdf（2023/02/21 閲覧）

日本障害者協議会（2007）「障害者自立支援法の影響:JD 調査 2006：第 2 回調査の結果および第 1 回調査（2006 年 2 月時点）との比較」https://jdnet.gr.jp/old/pdf/JDchousa2006_070410.pdf（2023/01/10 閲覧）

【序章】

安部敬太（2019）「障害年金の等級認定の歴史的変遷：労働能力・稼得能力と日常生活能力」『日本年金学会誌』38,pp.68-75

梶原徹（2013）「障害認定基準の課題」『障害年金請求援助・実践マニュアル：精神障害者の生活を支えるために』高橋芳樹編 , 中央法規出版 ,pp.369-380

岸良明（1959）「労災の今月の焦点：障害等級認定基準の改訂について＜画期的基準制定さる＞」『労働福祉』10（5）,pp5-16

厚生労働省 website「『障害基礎年金の障害認定の地域差に関する調査結果』を公表します」https://www.mhlw.go.jp/stf/houdou/0000070967.html（2022/12/19 閲覧）

国会議事録検索システム https://kokkai.ndl.go.jp/txt/120814536X00420220315/19（2023/03/09 閲覧）

小山進次郎（1959）『国民年金法の解説』時事通信社

社会保険庁年金保険部監修（1968）『国民年金障害等級の認定指針』厚生出版社

高橋正義・池邊道隆・坂中善治（1947）『身体障害等級社会保険廃疾認定基準精義』年金保

険厚生団
高橋正義（1956）『労働災害とその補償』労災協会
日本年金機構 website「国民年金・厚生年金保険　障害認定基準（令和４年４月１日改正）」https://www.nenkin.go.jp/service/jukyu/shougainenkin/ninteikijun/20140604.html（2022/12/21 閲覧）
日本年金機構（2022）『障害年金ガイド（令和４年度版）』https://www.nenkin.go.jp/service/pamphlet/kyufu.files/LK03-2.pdf（2023/03/09 閲覧）
福田素生（2019）「障害年金をめぐる政策課題」『社会保障研究』4（1）,pp.92-96
宮﨑直己（2017）『判例からみた労働能力喪失率の認定』新日本法規出版
百瀬優（2011）「欧米諸国における障害者に係る所得保障制度と日本への示唆」『欧米諸国における障害年金を中心とした障害者に係る所得保障制度に関する研究（厚生労働科学研究費補助金　政策科学総合研究事業（政策科学推進研究事業））平成 22 年度総括・分担研究報告書』, 研究代表者：百瀬優、研究分担者：小島晴洋・福島豪 ,pp.203-227
労働省労働基準局労災補償部監修（1959）『労災補償身体障害認定基準精義』労働福祉事業団

【第１章】
青木聖久（2013）『精神障害者の生活支援：障害年金に着眼した協働的支援』法律文化社
青木聖久（2018）「精神障害者の所得保障：障害年金における日常生活能力と就労能力の評価基準」『社会保障研究』2（4）, pp.455-468
青木聖久・荒川豊・河野康政・小島寛（2015）「精神障害者の障害年金における認定審査の現状と課題：障害年金に精通した３名の社会保険労務士の語りを通して」『日本福祉大学社会福祉論集』132, pp.11-30
青木聖久・小島寛・荒川豊・河野康政（2014）「精神障害者の就労が障害状態確認届の審査に及ぼす影響：実態と支援者が取り組むべき方途」『日本福祉大学社会福祉論集』130, pp.89-116
秋吉貴雄・伊藤修一郎・北山俊哉（2020）『公共政策学の基礎（第３版）』有斐閣
安部敬太（2020）「障害年金における等級認定（1）：その歴史的変遷」『早稲田大学大学院法研論集』176, pp.1-29
安部敬太（2021）「障害年金における等級認定（2）：その歴史的変遷」『早稲田大学大学院法研論集』177, pp.1-28
荒井英治郎（2012）「歴史的制度論の分析アプローチと制度研究の展望：制度の形成・維持・変化をめぐって」『信州大学人文社会科学研究』6, pp.129-147
磯野博（2020）「日本における障害者の貧困と障害年金の持続可能性：障害者権利条約の観

点から」『東洋大学社会福祉研究』13, pp.3-11
磯野博（2021）「障害年金に関する日韓比較研究：政策決定に対する障害者運動の視点から」『東洋大学社会福祉研究』14, pp.5-17
市川亨（2020）「障害基礎年金の認定格差とあるべき姿」『障害者問題研究』48（3）, pp.170-177
北山俊哉（2011）『福祉国家の制度発展と地方政府：国民健康保険の政治学 』有斐閣
厚生労働省（2022）「令和２年度被保護者調査　年次調査（基礎・個別）結果の概要」https://www.e-stat.go.jp/stat-search/files?tclass=000001157406&cycle=7（2023/03/12閲覧）
厚生労働省 website「障害（補償）年金や遺族（補償）年金などの労災年金と厚生年金の両方を受け取ることはできるのでしょうか。」https://www.mhlw.go.jp/bunya/roudoukijun/faq_kijyungyosei46.html（2022/09/23 閲覧）
河野勝（2002）『制度』東京大学出版会
河本純子（2010）『岡山医学会雑誌』122（1）, pp.43-54
古地順一郎（2012）「ピアソンの歴史的制度論」『政策過程の理論分析』岩崎正洋編 , 三和書籍 , pp.115-132
酒井伸太郎（2022）「精神障害者世帯の貧困問題に関する社会保障・社会福祉の課題：障害年金受給世帯の貧困率測定分析結果に基づく考察」『精神保健福祉』53（3）（通号130）, pp.259-272
阪野智一（2006）「比較歴史分析の可能性：経路依存性と制度変化」『日本比較政治学会年報』8, pp.63-91
菅沼隆・土田武史・岩永理恵・田中聡一郎編（2018）『戦後社会保障の証言：厚生官僚 120時間オーラルヒストリー』有斐閣
鈴木静（2020）「障害基礎年金の現状と課題：障害のある人の権利条約を踏まえた見直しをめざして」『障害者問題研究』48（3）,pp.162-169
髙阪悌雄（2020）『障害基礎年金と当事者運動：新たな障害者所得保障の確立と政治力学』明石書店
高橋芳樹（1998）「障害論と障害年金認定基準：年金制度における障害評価の改善を考える」『障害者問題研究』26（1）, pp.77-88
高橋芳樹監修・編集、精神障害年金研究会著（2013）『障害年金請求援助・実践マニュアル：精神障害者の生活を支えるために』中央法規出版
田中智子（2020）「無年金障害者における生活問題：生活実態調査を通じて」『障害者問題研究』48（3）, pp.206-211
中央法規出版編集部編（2022）『生活保護関係法令通知集（令和４年度版）』中央法規出版
仲尾育哉（2020）「障害基礎年金と児童扶養手当の併給へのたたかいの今日的課題」『障害者

問題研究』48（3）, pp.178-185
永野仁美（2012）「障害年金の意義と課題」『新・講座社会保障法第1巻　これからの医療と年金』日本社会保障法学会編 , 法律文化社 , pp.250-269
日本障害者協議会（2007）「障害者自立支援法の影響:JD 調査 2006：第2 回調査の結果および第1回調査（2006 年2月時点）との比較」https://jdnet.gr.jp/old/pdf/JDchousa2006_070410.pdf（2023/01/10 閲覧）
早川有紀（2012）「制度変化をめぐる新制度論の理論的発展：James Mahoney and Kathleen Thelen（2010）Explaining Institutional Change を手がかりに」『相関社会科学』21, pp.77-83
原静子（2020）「救済措置が取られない無年金障害者の立場から見える年金問題」『障害者問題研究』48（3）, pp.194-199
ポール・ピアソン（2004=2010）『ポリティクス・イン・タイム：歴史・制度・社会分析』粕谷祐子監訳 , 勁草書房（Pierson,Paul .（2004）, "Politics in Time: History, Institutions, and Social Analysis" ,Princeton University Press）
福島豪（2018）「障害年金の権利保障と障害認定」『社会保障法』33, pp.115-130
福田素生（2019）「障害年金をめぐる政策課題」『社会保障研究』4（1）, pp.92-96
藤井渉（2017）『障害とは何か：戦力ならざる者の戦争と福祉』法律文化社
古川孝順（2007）「自立の思想」岡本民夫他編『エンサイクロペディア社会福祉学』中央法規出版 , pp.284-287
村上貴美子（2000）『戦後所得保障制度の検証』勁草書房
百瀬優（2008a）「障害者に対する所得保障制度：障害年金を中心に」『社会保障研究』44（2）, pp.171-185
百瀬優（2008b）「四つの論点から見る障害年金改革：アメリカ、スウェーデンとの比較を手がかりに」『社会政策学会誌』19, pp.217-246
百瀬優（2010）『障害年金の制度設計』光生館
百瀬優（2011）「欧米諸国における障害者に係る所得保障制度と日本への示唆」『欧米諸国における障害年金を中心とした障害者に係る所得保障制度に関する研究（厚生労働科学研究費補助金　政策科学総合研究事業（政策科学推進研究事業））平成 22 年度総括・分担研究報告書』, 研究代表者：百瀬優、研究分担者：小島晴洋・福島豪 ,pp.203-227
百瀬優（2016）「障害年金の課題と展望」『社会保障研究』1（2）, pp.339-353
百瀬優（2019）「障害年金受給者の実態：障害種別に着目して」『週刊社会保障』73（3042）, pp.48-53
百瀬優・山田篤裕（2017）「厚生官僚オーラルヒストリー研究（第5回）公的年金の 1985 年改正」『週刊社会保障』71（2946）, pp.44-49
百瀬優・山田篤裕（2018）「1985 年年金改正：制度体系再編へ至る道」『社会保障研究』3

（1），pp.69-83
安田雪・高橋伸夫（2007）「同型化メカニズムと正統性」『赤門マネジメント・レビュー』6（9），pp.425-432
山田耕造（2001）「障害者の所得保障」『講座社会保障法第２巻　所得保障法』日本社会保障法学会編，法律文化社，pp.163-194
山村りつ（2014）「所得か自立生活か：わが国の障害年金をめぐる今日的課題」『政経研究』51（3），pp.63（649）-93（679）
DiMaggio, Paul J., & Powell, Walter W.（1983），“The iron cage revisited: Institutional isomorphism and collective rationality in organizational fields”，American Sociological Review, 48, 147-160.
Hall, Petter A.and Taylor, Rosemary C.R.（1996），“Political Science and the Three New Institutionalisms,” Political Studies, 44,936-957
Mahoney,James.and Thelen,Kathleen.（2010），“A Theory of Gradual Institutional Change”,Mahoney,James.and Thelen,Kathleen.ed.,Explaining Institutional Change, Cambridge University Press,1-37
Streeck,Wolfgang,and Thelen,Kathleen.（2005），“Introduction:Institutional Change in Advanced Political Economies”,in Wolfgang Streeck and Kathleen Thelen（eds.）Beyond Continuity: Institutional Change in Advanced Political Economies,Oxford:Oxford University Press,1-39

【第２章】

安部敬太（2020）「障害年金における等級認定（1）：その歴史的変遷」『早稲田大学大学院法研論集』176, pp.1-29
蒲原宏（1987）「日本整形外科学会が設立されるまで」『日本整形外科学会60年の歩み：第60回日本整形外科学会記念』，「日本整形外科学会60年の歩み」編集委員会編，第60回日本整形外科学会，pp.2-9
全国産業団体連合会事務局（1931）『労働者災害扶助法及同責任保険法施行命令案要綱に対する意見並に参考資料（産業経済資料第２輯）』全国産業団体連合会事務局
総務省政策統括官（恩給担当）付恩給制度研究官室編（2019）『恩給行政史（1）』総務省政策統括官（恩給担当）付恩給制度研究官室
総務省 website「恩給制度の概要」https://www.soumu.go.jp/main_sosiki/onkyu_toukatsu/onkyu.htm（2023/01/11 閲覧）
総理府恩給局編（1964）『恩給制度史』大蔵省印刷局
高塩純子（2014）「恩給制度の概要と変遷（1）」『自治研究』90（11）（通号 1089），pp.79-97

帝国議会会議録検索システム「第46回帝国議会　衆議院　恩給法中改正に関する建議案外二件委員会　第3号　大正12年2月16日」PDFファイル,p.1, https://teikokugikai-i.ndl.go.jp/#/detailPDF?minId=004610163X00319230216&page=1&current=3（2021/10/3閲覧）
長谷川銕一郎（1956）『災害補償法研究：業務災害認定の理論と実際』保健同人社
ポール・ピアソン（2004=2010）『ポリティクス・イン・タイム：歴史・制度・社会分析』粕谷祐子監訳,勁草書房（Pierson,Paul.（2004）,“Politics in Time: History, Institutions, and Social Analysis”,Princeton University Press）
DiMaggio, Paul J., &Powell, Walter W.（1983）,“The iron cage revisited: Institutional isomorphism and collective rationality in organizational fields”, American Sociological Review, 48,147-160.

【第3章】

岡實（1913）『工場法論』有斐閣書房
佐口卓（1955）「官業共済組合の成立：日本社会保険史ノート」『早稲田商学』通号117,pp.25（187）-49（211）
社会局編（1924）『労働保護資料第13輯（共済組合ニ関スル法規）』地方局第一部
鉄道省大臣官房保健課（1938）『国有鉄道共済組合三十年史』（野田正穂・原田勝正・青木栄一・老川慶喜編（1992）『大正期鉄道史資料第Ⅱ期第16巻　国有鉄道共済組合三十年史』日本経済評論社
日本国有鉄道（1974）『日本国有鉄道百年史第5巻（第2版）』財団法人交通協力会
真渕勝（2020）『行政学（新版）』有斐閣

【第4章】

愛知県工場課校閲・愛知県健康保険課校閲（1932）『工場法・健康保険法類集』能仁社
石田眞（2018）「戦前の雇用関係立法」『戦後労働立法史』島田陽一・菊池馨実・竹内（奥野）寿編著,旬報社,pp.53-71
岡實（1917）『工場法論（改訂増補3版）』有斐閣
河合栄治郎（1920）『労働問題研究』岩波書店
北岡壽逸（1930）「労働者災害扶助法制要綱に就て」『社会政策時報』119号, pp.18-48
厚生省保険局編（1958）『健康保険三十年史（上巻）』全国社会保険協会連合会
静岡県警察部編（1917-1921）『工場法ノ施行（第1輯）』静岡県警察部
全国産業団体連合会事務局（1931）『労働者災害扶助法及同責任保険法施行命令案要綱に対

する意見並に参考資料（産業経済資料第２輯）』全国産業団体連合会事務局
田村謙（1984）『日本労働法史論』御茶の水書房
中脇晃（1979）「労働災害補償法制に関する一考察：戦前編」『商学論集』47（3）,pp.1-82
西澤眞三（2009）「労資関係の変転とその動因：戦間期から戦時体制へ」『大阪府立大學經濟研究』54（4）,pp.121-135
前田貴洋（2018）「労働監督制度をめぐる戦前と戦後：二つの制度を貫く「専門性」（2）」『法学会雑誌』58（2）,pp.203-234
労災サポートセンター（2020）『労災補償障害認定必携（第17版）』労災サポートセンター
労働省労働基準局労災補償部監修（1959）『労災補償身体障害認定基準精義』労働福祉事業団
労働省労働基準局労災補償部編（1961）『労災補償行政史』労働法令協会
農商務省編（1918）『大正５年工場監督年報（第１回）』農商務省
農商務省編（1919）『大正６年工場監督年報（第２回）』国産時報社
農商務省編（1922）『大正８年工場監督年報（第４回）』国産時報社
社会局編（1924）『大正10年工場監督年報（第６回）』社会局
社会局編（1925）『大正11年工場監督年報（第７回）』社会局
社会局編（1925）『大正12年工場監督年報（第８回）』社会局
社会局編（1926）『大正13年工場監督年報（第９回）』社会局
社会局労働部編（1927）『大正14年工場監督年報（第10回）』社会局労働部
社会局労働部編（1929）『昭和２年工場監督年報（第12回）』社会局労働部
社会局労働部編（1931）『昭和４年工場監督年報（第14回）』社会局労働部
社会局労働部編（1933）『昭和６年工場監督年報（第16回）』社会局労働部
社会局労働部編（1934）『昭和７年工場監督年報（第17回）』社会局労働部
社会局労働部編（1935）『昭和８年工場監督年報（第18回）』社会局労働部
社会局労働部編（1936）『昭和９年工場監督年報（第19回）』社会局労働部
厚生省労働局編（1938）『昭和11年工場監督年報（第21回）』厚生省労働局
James Mahoney and Kathleen Thelen（2010）“A Theory of Gradual Institutional Change” in James Mahoney and Kathleen Thelen（eds.）,Explaining Institutional Change:Ambiguity,Agency,and Power,Cambridge University Press,1-37

【第５章】

ILO 駐日事務所 website　https://www.ilo.org/tokyo/lang--ja/index.htm
安部敬太（2020）「障害年金における等級認定（1）：その歴史的変遷」『早稲田大学大学院法研論集』176,pp.1-29

石田眞（2018）「戦前の雇用関係立法」『戦後労働立法史』島田陽一・菊池馨実・竹内（奥野）寿編著 , 旬報社 ,pp.53-71
伊吹貞治（1941）『船員保険法詳解』興亜出版社
岡田甲子之（1930）『独逸労働保険法』川口印刷所出版部
蒲章（1983）『船員労働災害補償の研究』日本海事広報協会
北岡壽逸（1930）「労働者災害扶助法制要綱に就て」『社会政策時報』119 号 , pp.18-48
北山俊哉（2011）『福祉国家の制度発展と地方政府：国民健康保険の政治学』有斐閣
厚生省五十年史編集委員会編（1988）『厚生省五十年史（記述篇）』厚生問題研究会
厚生省社会局（1956）『身体障害者実態調査結果表』厚生省社会局
厚生省年金局編（1968）『厚生年金保険二十五年史』厚生団
厚生省保険局編（1944）『厚生年金保険法規』年金保険厚生団（菅沼隆監修（2006）『日本社会保障基本文献集第Ⅰ期戦時体制における社会保険第 10 巻厚生年金保険の話：働く人の後盾、厚生年金保険法規、厚生省小史：私の在勤録から』日本図書センター）
厚生省保険局編（1958a）『健康保険三十年史（上巻）』全国社会保険協会連合会
厚生省保険局編（1958b）『船員保険十五年史』船員保険会
厚生省保険局編（1958c）『厚生年金保険十五年史』厚生団
厚生団編（1953）『厚生年金保険十年史』厚生団
後藤清（1942）「法律解釈論」後藤清・近藤文二『労働者年金保険法論』東洋書館 , pp.259-595（菅沼隆監修（2006）『日本社会保障基本文献集第Ⅰ期戦時体制における社会保険第 7 巻労働者年金保険法論Ⅱ』日本図書センター）
近藤文二（1942）「制度論」後藤清・近藤文二『労働者年金保険法論』東洋書館 , pp.3-255（菅沼隆監修（2006）『日本社会保障基本文献集第Ⅰ期戦時体制における社会保険第 6 巻労働者年金保険法論Ⅰ』日本図書センター）
佐口卓（1957）『日本社会保険史』日本評論新社
高橋正義・池邊道隆・坂中善治（1947）『身体障害等級社会保険廃疾認定基準精義』年金保険厚生団
田村譲（1984）『日本労働法史論』御茶の水書房
筒井実（1951）「厚生年金の廃疾認定について（2）」『社会保険旬法』295,pp.6-7
鉄道省大臣官房保健課（1938）『国有鉄道共済組合三十年史』鉄道省大臣官房保健課（野田正穂・原田勝正・青木栄一・老川慶喜編（1992）『大正期鉄道史資料第Ⅱ期第 16 巻国有鉄道共済組合三十年史』日本経済評論社
寺本廣作（1950）『労働基準法解説（改訂新版）』時事通信社
中尾友紀（2016）「労働者年金保険法案の第 76 回帝国議会への提出：なぜ閣僚らは提出に反対したのか」『社会政策』7（3）,pp.141-152
花澤武夫（1942a）『労働者年金保険法解説』健康保険医報社

花澤武夫（1942b）『労働者年金保険実務提要』新民書房
花澤武夫（1944）『厚生年金保険法大要』教学館（菅沼隆監修（2006）『日本社会保障基本文献集第Ⅰ期戦時体制における社会保険第9巻問答形式による労働者年金保険実務提要、厚生年金保険法大要』日本図書センター）
藤井渉（2017）『障害とは何か：戦力ならざる者の戦争と福祉』法律文化社
森荘三郎（1923）『健康保険法解説』有斐閣
吉原健二・和田勝（2020）『日本医療保険制度史（第3版）』東洋経済新報社
労働省労働基準局労災補償部編（1961）『労災補償行政史』労働法令協会

【第6章】

遠藤公嗣（2000）「労働基準法の国際的背景」『立法資料からみた労働基準法』日本労働法学会誌95号, pp.139-158
岸良明（1959）「労災の今月の焦点：障害等級認定基準の改訂について〈画期的基準制定さる〉」『労働福祉』10（5）,pp5-16
厚生省保険局編（1958a）『船員保険十五年史』船員保険会
厚生省保険局編（1958b）『厚生年金保険十五年史』厚生団
厚生団編（1953）『厚生年金保険十年史』厚生団
近藤文二（1942）「制度論」後藤清・近藤文二『労働者年金保険法論』東洋書館, pp.3-255（菅沼隆監修（2006）『日本社会保障基本文献集第Ⅰ期戦時体制における社会保険第6巻労働者年金保険法論Ⅰ』日本図書センター）
高橋正義・池邊道隆・坂中善治（1947）『身体障害等級社会保険廃疾認定基準精義』年金保険厚生団
寺本廣作（1950）『労働基準法解説（改訂新版）』時事通信社
野村平爾・村上茂利・松岡三郎・我妻光俊（1968）「座談会：労働基準法の制定と展開」『季刊労働法』18（2）（通号68）,pp.163-189
労災サポートセンター（2020）『労災補償：障害認定必携』労災サポートセンター
労働省労働基準局労災補償部編（1961）『労災補償行政史』労働法令協会
労働省編（1969）『労働行政史（第2巻）』労働法令協会
渡辺章（2000）「立法史料からみた労働基準法：労働基準法立法史料研究の序説」『立法資料からみた労働基準法』日本労働法学会誌95号, pp.5-43
Mahoney,James.and Thelen,Kathleen.（2010）, "A Theory of Gradual Institutional Change" ,Mahoney,James.and Thelen,Kathleen.ed.,Explaining Institutional Change, Cambridge University Press,1-37
Streeck,Wolfgang,and Kathleen Thelen（2005）, "Introduction:Institutional

Change in Advanced Political Economies",in Wolfgang Streeck and Kathleen Thelen (eds.) Beyond Continuity: Institutional Change in Advanced Political Economies,Oxford:Oxford University Press,1-39

【第7章】

安部敬太（2020）「障害年金における等級認定（1）：その歴史的変遷」『早稲田大学大学院法研論集』176, pp.1-29
学陽書房編集部編（1956）『厚生年金関係法』学陽書房
厚生省年金局社会保険庁年金保険部編（1968）『厚生年金保険二十五年史』厚生団
厚生省保険局編（1958a）『厚生年金保険十五年史』厚生団
厚生省保険局編（1958b）『健康保険三十年史（上巻）』全国社会保険協会連合会
厚生団編（1953）『厚生年金保険十年史』厚生団
杉本安知（1951）「統計からみた審査請求の状況それに対する若干の考察：但し東京都の場合」『社会保険時報』25（9）,pp.6-44
高橋正義（1956）『労働災害とその補償』労災協会
高橋正義・池邊道隆・坂中善治（1947）『身体障害等級社会保険廃疾認定基準精義』年金保険厚生団
筒井実（1951a）「厚生年金の廃疾認定について（1）」『社会保険旬報』293, pp.8-9
筒井実（1951b）「厚生年金の廃疾認定について（2）」『社会保険旬報』295, pp.6-7
筒井実（1951c）「厚生年金保険の障害給付の現況について」『社会保険時報』25（11）, pp.44-50
筒井実（1952a）「厚生年金の障害給付をめぐる問題」『社会保険旬報』313, pp.12-13
筒井実（1952b）「厚生年金の障害給付をめぐる問題Ⅱ」『社会保険旬報』314, pp.10-11
筒井実（1952c）「厚生年金保険の廃疾給付（障害年金障害手当金）実態とその在り方」『月刊社会保障』6（8）,1952,6-9
筒井実（1954）「厚生年金保険法の新しい障害給付（1）」『社会保険旬報』406, pp.6-7
筒井実（1955a）「厚生年金保険の新しい障害給付（3）」『社会保険旬報』426, p.8
筒井実（1955b）「厚生年金保険の新しい障害給付（4）」『社会保険旬報』427, pp.8-9
筒井実（1955c）「厚生年金保険の新しい障害給付（5）」『社会保険旬報』428, p.12
寺本廣作（1950）『労働基準法解説（改訂新版）』時事通信社
花澤武夫（1944）『厚生年金保険法大要』教学館（菅沼隆監修（2006）『日本社会保障基本文献集第Ⅰ期戦時体制における社会保険　第9巻　問答形式による労働者年金保険実務提要、厚生年金保険法大要』日本図書センター
労働省編（1969）『労働行政史（第2巻）』労働法令協会

「厚生年金の廃疾認定基準改正さる」（1958）『労働法令通信』11（25）,pp.8-12
Mahoney,James.and Thelen,Kathleen.（2010）,“A Theory of Gradual Institutional Change”,Mahoney,James.and Thelen,Kathleen.ed.,Explaining Institutional Change, Cambridge University Press,1-37

【第 8 章】

安部敬太（2021）「障害年金における等級認定（2）：その歴史的変遷」『早稲田大学大学院法研論集』177,pp.1-28
小栗銀三編（1952）『改正所得税法取扱通達（ファイナンス・ダイジェスト臨時増刊）』大蔵財務協会
金井恵美子・高橋芳樹（2013）「障害状態要件と障害認定の方法」高橋芳樹監修・編集『障害年金請求援助・実践マニュアル：精神障害者の生活を支えるために』中央法規出版 ,pp.141-169
岸良明（1959）「労災の今月の焦点　障害等級認定基準の改訂について：画期的基準制定さる」『労働福祉』10（5）pp.5-16
熊谷光義（1958）「国民年金制度制定への動き」『社会事業』41（4）,pp29-36
厚生省社会局（1950）『身体障害者福祉法令通知集』厚生省社会局
厚生省社会局（1954）『身体障害者福祉法令通知集』厚生省社会局
厚生省社会局（1956）『身体障害者福祉法令通知集（追録）』厚生省社会局
厚生省社会局更生課監修（1959）『身体障害者福祉法令通知集』身体障害者福祉協会
厚生省社会局更生課編（1956）『身体障害者福祉法更生指導の手引（改訂版）』身体障害者福祉研究会
厚生省年金局福祉年金課編（1960）『福祉年金関係通達通知集』全国社会保険協会連合会
厚生省年金局編（1962）『国民年金の歩み：昭和 34-36 年度』厚生省年金局（菅沼隆監修（2010）『資料セレクション：日本の社会保障第 5 巻』日本図書センター）
厚生省保険局編（1958）『厚生年金保険十五年史』厚生団
国会会議録検索システム 「第 31 回国会参議院社会労働委員会（1959（昭和 34）年 3 月 12 日）小山進次郎発言」https://kokkai.ndl.go.jp/txt/103114410X01519590312/43（2023.02.10 閲覧）
労働省労働基準局労災補償部監修（1959）『労災補償身体障害認定基準精義』労働福祉事業団
労働省労働基準局労災補償部編（1961）『労災補償行政史』労働法令協会
社会保険庁運営部年金管理課年金指導課編（1990）『国民年金三十年のあゆみ』ぎょうせい
社会保険庁年金保険部監修（1968）『国民年金障害等級の認定指針』厚生出版社

田代彦重（1953）「身体障害等級表の解説 -1」『労災』4（8）,pp.6-16
筒井実（1955）「厚生年金保険の新しい障害給付（6）」『社会保険旬報告』430,p.10
寺脇隆夫編（2010）『戦後創設期 / 社会福祉制度・援護制度史資料集成　マイクロフィルム版木村忠二郎文書資料　第 1 期』柏書房
寺脇隆夫編（2013a）『生活保障基本資料第 6 巻（資料集戦後日本の社会福祉制度Ⅱ）』柏書房
寺脇隆夫編（2013b）『生活保障基本資料第 7 巻（資料集戦後日本の社会福祉制度Ⅱ）』柏書房
寺脇隆夫編（2013c）『生活保障基本資料第 8 巻（資料集戦後日本の社会福祉制度Ⅱ）』柏書房
中尾友紀（2013）「解説：国民年金法および通算年金通則法の制定」『生活保障基本資料第 6 巻（資料集戦後日本の社会福祉制度Ⅱ）』寺脇隆夫編 , 柏書房 ,pp.3-21
中尾友紀（2018）「国民年金法の立案過程：自由民主党および厚生省における拠出制・無拠出制年金の検討」『社会保障研究』3（1）,pp.55-68.
野田卯一（1959）『国民年金法と解説』宝文館
ポール・ピアソン（2010:2004）『ポリティクス・イン・タイム：歴史・制度・社会分析』粕谷祐子監訳 , 勁草書房（Paul Pierson,（2004）,“Politics in Time: History, Institutions, and Social Analysis”,Princeton University Press）
藤井渉（2017）『障害とは何か：戦力ならざる者の戦争と福祉』法律文化社
吉原健二・畑満（2016）『日本公的年金制度史：戦後七〇年・皆年金半世紀』中央法規出版
「課長通牒：厚生年金保険の廃疾認定基準改正の要点及び廃疾認定における聴力障害の表示について」（1958.7.25）『労働法令通信』11（25）,p.12
「国民年金の障害等級を答申」（1959.1.1）『社会保険旬報』559,p.38,p.44
「国民年金法案の障害年金等級委」（1958.12）『社会保険旬報』557/558,p.23
「資料：国民年金の障害等級：委員会から厚生省へ報告」（1958.12.24）『社会保険週報』151,p.8
DiMaggio,Paul J.&Powell,Walter W.（1983）,“The iron cage revisited:Institutional isomorphism and collective rationality in organizational fields”,American Sociological Review,48,147-160.

本書のテキストデータを提供いたします

本書をご購入いただいた方のうち、視覚障害、肢体不自由などの理由で書字へのアクセスが困難な方に本書のテキストデータを提供いたします。希望される方は、以下の方法にしたがってお申し込みください。

◎データの提供形式＝CD-R、フロッピーディスク、メールによるファイル添付（メールアドレスをお知らせください）。

◎データの提供形式・お名前・ご住所を明記した用紙、返信用封筒、下の引換券（コピー不可）および200円切手（メールによるファイル添付をご希望の場合不要）を同封のうえ弊社までお送りください。

●本書内容の複製は点訳・音訳データなど視覚障害の方のための利用に限り認めます。内容の改変や流用、転載、その他営利を目的とした利用はお断りします。

◎あて先
〒160-0008
東京都新宿区四谷三栄町6-5 木原ビル303
生活書院編集部　テキストデータ係

キリトリ線

【引換券】
障害と所得保障

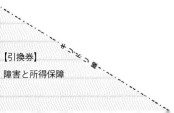

著者紹介

風間 朋子
（かざま・ともこ）

2010年3月、首都大学東京大学院（現東京都立大学大学院）社会科学研究科社会福祉学専攻博士課程修了。博士（社会福祉学）。2010年4月～2014年3月、立正大学社会福祉学部社会福祉学科、2014年4月～現在、関西学院大学人間福祉学部社会福祉学科教員。社会福祉士、精神保健福祉士。

主な著書・論文に『精神障害者の経済的支援ガイドブック――事例とQ&Aから理解する支援の意義と実務』（共著、中央法規出版、2015年）、「精神障害者家族の機能とその変遷――精神障害者福祉関連法の家族規定を手がかりに」（博士学位論文、2010年）など。

障害と所得保障

――基準の管理から分配の議論へ

関西学院大学研究叢書　第２６０編

発　行―――― 2023年12月20日　初版第1刷発行
著　者―――― 風間朋子
発行者―――― 髙橋　淳
発行所―――― 株式会社　生活書院
〒160-0008
東京都新宿区四谷三栄町6-5 木原ビル303
ＴＥＬ 03-3226-1203
ＦＡＸ 03-3226-1204
振替 00170-0-649766
http://www.seikatsushoin.com
印刷・製本―― 株式会社シナノ

Printed in Japan

ISBN 978-4-86500-163-1

定価はカバーに表示してあります。乱丁・落丁本はお取り替えいたします。